The Theory of Lawyers in Global Society
グローバル社会の法律家論

須網隆夫 SUAMI Takao

現代人文社

グローバル社会の法律家論　目次

はしがき　4

第1部

日本社会における司法
―「法の支配」実現を目指して

1　裁判所の変化が「法の支配」実現の道
　　　――欧州に見る「多様さ」と「参加」　08
2　行政訴訟論議活性化のために　20
3　司法制度改革の現状と課題
　　　――意見書から推進本部へ　29

第2部

日本の「法律家論」をめぐって
―弁護士のあるべき姿を探る

4　司法制度と法律家
　　　――弁護士法72条問題への視点　48
5　司法改革の「要」としての役割を期待する　58
6　司法制度改革と弁護士自治　68
7　企業内(社内)弁護士と弁護士倫理　84
8　2010年の弁護士たち
　　　――最終意見書の描く弁護士制度　97

第3部

法曹養成制度のあるべき姿
——法科大学院の本質

9 現行法曹養成制度の批判的分析における
 法科大学院論の位置付け *108*

10 法曹人口の増加とあるべき弁護士像
 ——ロースクール構想への視点 *117*

11 法理論教育と法実務教育
 ——研究者からの提言 *156*

12 法科大学院における教育手法
 ——体系教育先行論とソクラティック・メソッドの間 *165*

第4部

欧州に見る法律家の将来像

13 ECにおける弁護士の自由移動
 ——法律専門職の他加盟国での活動に対するEC法の新たな枠組み *174*

14 ヨーロッパにおける法律職の動向
 ——国境を越える弁護士の移動 *202*

15 EC各国における弁護士の専門化の現状
 ——ベルギー、フランス、ドイツ、オランダ、スペインの状況 *212*

16 大陸法諸国における「法曹一元」的対応
 ——ヨーロッパ大陸諸国における裁判官任用制度についての考察 *222*

17 オランダの裁判官制度
 ——裁判官の多様性・独立性、そして国民参加をどのように実現するか *241*

18 ベルギーの裁判官制度
 ——市民の批判に応える司法改革 *253*

はしがき

　本書は、著者が、司法制度について、1990年以降に公表した論稿を集めたものであり、その多くは法律家にかかわる事項をテーマにしている。著者は、欧州連合（EU）法を専攻しており、研究者としては、日本の司法制度にまったくの素人である。そのような著者が本書をまとめるに至った理由としては、二つの要因を指摘することができる。

　第一の要因は、著者が元弁護士であり、弁護士としての実務経験から、日本の司法のあり方に長年多くの疑問を感じてきたことである。著者は、1981年に司法修習を終えて弁護士登録し、東京の下町で弁護士活動を始め、行政事件・医療過誤事件・破産事件・刑事事件・少年事件など、様々な種類の訴訟に携わった。著者は、司法修習生の時代に日本の司法に接して以来、多くの弁護士がそうであるように日本の司法（特に、裁判所・捜査機関のあり方）に批判的な意識を持たざるをえなかった。その後著者は、アメリカでの1年間の留学生活を経て、1988年から1994年まで、ベルギーで現地の法律事務所に所属し、ヨーロッパ各国の弁護士とともに企業法務を中心とする仕事に携わる機会を得た。アメリカ留学とベルギーでの法律業務は、日本の司法を見直す新しい観点を提供するものであり、日本の司法への著者の批判は、この海外生活中により明確になった。弁護士・法曹養成教育に対する問題意識を持つようになったのも、この時期である。本書を貫いている日本の司法に対する視点の多くは、その萌芽は以前からありながらも、ベルギー時代により明確に意識されるに至ったものである。しかし著者は、帰国後はEU法の研究に専念したために、そのような考えを公表する機会はなく、その意思もなかった。

　そのような著者を、1990年代末期から本書に収められた諸論稿を公表するに至らせたのが、第二の要因である「月刊司法改革」の刊行である。著者は、1999年から2年間、現代人文社より刊行された月刊誌「月刊司法改革」に編集委員として加わった。それまで司法制度を正面から論じたことのない著者にとって、編集委員の仕事は手に余るものであった。しかし編

集委員であるがゆえに、筆者は、特集企画案の作成を求められるとともに、始まった司法制度改革審議会の審議に対応して、随時論稿を寄稿することを半ば強制された。そして毎月の編集会議で交わされた、司法の将来を想う他の編集委員・編集協力者の方々との熱気に満ちた議論は、貴重な情報に富むばかりか、きわめて刺激的であり、法制度に対する把握の仕方において学ぶべきところが少なくなかった。このような形で「月刊司法改革」にかかわったことは、著者の内部に胚胎していたきわめて未成熟であったアイデアを、具体的な形にまとめ上げるための触媒としての役割を果たしたのである。「月刊司法改革」にかかわらなければ、著者が、このような書物を公表することもなかったであろう。

「月刊司法改革」の刊行は日本法律雑誌史上において画期的な出来事であったと思う。1990年代の日本では、政治改革・行政改革と一連の改革が進められたが、それらの改革について、独立した雑誌が発行されることはかつてなかった。司法改革という一課題のみにターゲットを絞った「月刊司法改革」の発行は、現実と切り結ぶ雑誌の一つのあり方を示したものであり、自画自賛で恐縮であるが、審議会の経過を丹念に追えば、多くの課題について、同誌が審議会の議論を理論的にリードしたことは明白である。現代人文社の成澤壽信社長を始め、月刊司法改革の編集・販売に尽力され、同誌の発行を支えた同社の西村吉世江・桑山亜也・木村暢江・石川えりの諸氏には心より感謝申し上げたい。特に桑山さんには、引き続き本書の編集のお手をわずらわせた。また、既発表論文の転載にあたっては、関係各位に特段のご配慮をいただいた。あわせて謝意を表する次第である。なお1999年以降に発表した論稿はいずれも、その時点での審議会を中心とした議論に対応するという実践的意図を持っており、本書を読まれる際には、それぞれの論稿の公表時期に注意していただければ幸いである。

最後に、司法改革はなお道半ばである。2002年5月には、多くの人々の参加を得て司法改革国民会議が立ち上がるなど、改革の推進を求める新しい動きもある。本書を真に国民の立場に立った司法改革の実現を願って日夜奮闘されているすべての方々に捧げたい。

2002年6月

須網　隆夫

初出・原題一覧

第1部
1 「裁判所の変化が『法の支配』実現の道——欧州に見る『多様さ』と『参加』」論座（朝日新聞社、2000年8月号）
2 「行政訴訟論議活性化のために」月刊司法改革2号（現代人文社、1999年11月）
3 書き下ろし

第2部
4 「司法制度と法律家——弁護士法72条問題への視点」月刊司法改革8号（2000年5月）
5 「司法改革の『要』としての役割を期待する」月刊司法改革12号（2000年9月）
6 書き下ろし
7 「企業内（社内）弁護士と弁護士倫理」現代刑事法23号（現代法律出版、2001年3月）
8 「2010年の弁護士たち——最終意見書の描く弁護士制度」月刊司法改革24号（2001年9月）

第3部
9 「現行法曹養成制度の批判的分析における法科大学院論の位置づけ」月刊司法改革3号（1999年12月）
10 「法曹人口の増加とあるべき弁護士像——ロースクール構想への視点」シリーズ司法改革Ⅰ（日本評論社、2000年4月）
11 「法理論教育と法実務教育——研究者からの提言」月刊司法改革臨時増刊（2000年8月）
12 「法科大学院における教育手法——体系教育先行論とソクラティック・メソッドの間」月刊司法改革21号（2001年6月）

第4部
13 「ECに於ける弁護士の自由移動——法律専門職の他加盟国での活動に対するEC法の新たな枠組み」判例タイムズ732号（1990年9月25日号、臨時増刊）
14 「ヨーロッパにおける法律職の動向——国境を越える弁護士の移動」月刊司法改革18号（2001年3月）
15 「EC各国における弁護士の専門化の現状——ベルギー、フランス、ドイツ、オランダ、スペインの状況」自由と正義42巻7号（1991年7月）
16 「大陸法諸国における『法曹一元』的対応——欧州大陸諸国における裁判官任用制度についての考察」自由と正義49巻7号（1998年7月）
17 「オランダの裁判官制度——裁判官の多様性・独立性、そして国民参加をどのように実現するか」月刊司法改革15号（2000年12月）
18 「ベルギーの裁判官制度——市民の批判に応える司法改革」月刊司法改革16号（2001年1月）

各論文には、若干の加筆・修正を施した。

第 1 部
日本社会における司法
―― 「法の支配」実現を目指して

裁判所の変化が「法の支配」実現の道
――欧州に見る「多様さ」と「参加」

始めに

　バブル崩壊後の閉塞感の中で、多くの人は、何らかの改革が必要だと感じてきた。そのような人々の意識に支えられて、評価については議論があるにせよ、政治改革・行政改革・規制緩和・地方分権といった改革が90年代に進展した。

　そして今、一連の動きの総仕上げとして、司法の分野にも改革の波が押し寄せている。行政の不透明な事前規制を廃止して、事後監視・救済型社会への転換をはかるためには、司法の役割の強化が欠かせない。そのために、現在の司法制度を抜本的に改編する必要が生じたのである。イギリス・フランス・スペイン・ベルギーそして台湾など、過去10年間に司法に何らかの改革を行なった国は少なくない。しかし日本の司法は、それらの諸国よりも根本的な改革を必要としているように思われる。

　この課題に取り組むため、1999年7月に司法制度改革審議会が発足し、2年間と期間を区切って精力的に議論を進めている。しかし、先行する諸改革と比べれば、司法改革への社会の関心は薄いと言わざるをえない。司法は、政治や行政と比べて、国民との距離が遠い。選挙で投票したり、役所に行ったりしたことがない人はまれであっても裁判所の門をくぐったことのある人は、国民のごく一部でしかないからである。

　しかし、「司法のあり方」は、政治・行政と並んで、「社会のあり方」と深く結び付き、場合によっては、後者を規定しかねない。たとえば、裁判所の判決によって形成された「解雇権濫用法理」は、企業側の解雇権を厳しく制限した。この法理は単に被用者の権利を守るにとどまらず、企業と被用者をより強く結び付け、終身雇用制を強化・維持する役割を果たしてきた。

　確かに、法律は政治部門の意思決定で制定される。しかし、それを具体的な事実に適用するためには裁判官の主体的な判断が不可欠であり、その

判断の中身によっては、社会のあり方が、かなり違ってくるのである。
　このように司法が大きな影響力を持つにもかかわらず、司法改革をめぐる最近の議論は、やや細かい技術的な論点に傾きがちである。改革が現実的であるためには、個別的な課題について詳細に制度設計をしなければならないのは当然だが、それは、あくまで司法改革全体の文脈に位置付けられなければならない。
　以下では、改革の基本理念である「法の支配」が、現実の社会生活においてどのように必要とされているのかを点検した上で、その実現のために不可欠な裁判所の改革を、諸外国の現実と比較しながら考えてみたい。

「官」と司法──お粗末な日本の現状

　「法の支配」という考え方は、日本でも広く受け入れられている。それどころか、我々は「法の支配」が日本で実現していることを前提にしながら、「中国ではまだ『法の支配』が機能していない」などと論じがちである。しかし、たとえば在日のアメリカ系企業の本音を聞けばわかることだが、欧米諸国の人々は、日本に「法の支配」が確立しているとは必ずしも思っていない。これはどういうことなのだろうか。司法や法の果たす役割が、日本とそれらの国とでは異なるのだろうか。「法の支配」とはそもそもどういうことなのかを考えなくてはならない。
　「法の支配」は、まず国家機関による公権力の行使に向けられるものだ。歴史的にみても、それは明確な法によって国家機関の行動に枠をはめ国民の自由を保障するものとして発展した。
　一方、今進んでいる行政改革や規制緩和の背景には、「官主導から民主導へ」というスローガンに象徴されるように、公権力の行使を担当する行政の権限を切り縮め、行政依存の構造から脱却しようという問題意識があった。そして、行政依存からの脱却が今後実現すべき課題として重視されているのは、「法の支配」のもとで行政のコントロールを第一の任務とするはずの司法が、その役割を十分果たしていなかった、ということと裏腹の関係にあるのではないだろうか。
　実際、行政などの国家機関と個人・企業が対抗する「官対民」の場面では、日本の司法は、ほとんど有効に機能していない。そもそも、国・自治

体など行政機関の下した処分が適法かどうかを争う行政訴訟の件数が著しく少ない。1998年度に地方裁判所・高等裁判所が第一審として受理した行政訴訟は、全国で約1,700件である。これは、欧米先進諸国だけでなく、台湾・韓国などと比べても群を抜いて少ない。たとえば、ドイツで1984年に行政系の裁判所に提訴された件数は33万件以上だ。一般の民事訴訟数もドイツのほうが多いが、行政訴訟の差はきわめて大きく、90年代でも人口比で日本の700倍以上に達している。日本の弁護士数が、諸外国に比べて少ないことが頻繁に指摘されるが、行政訴訟数の相違はそれ以上にはっきりしている。

　しかも単に数が少ないだけではない。原告である「民」の勝訴率は、情報公開訴訟など一部を除くと、きわめて低い。裁判所は、行政訴訟の原告適格を狭く制限して、原告の主張を門前払いし、実質審理に入っても行政機関の裁量権を広く認めて、その権限の行使を法に基づいて厳格に審査するという役割を果たしてこなかった。事件数の少なさは、このような裁判の結果と無縁ではなく、争っても勝てないことが、訴訟提起を躊躇させている。裁判所が、公権力の行使のチェックに消極的であるのは、刑事司法の場面でも同様である。捜査機関による通常の逮捕状請求の却下率は、1994年には、わずか0.03％、件数で31件に過ぎない。これで、裁判所が有効に審査していると信じることができるだろうか。

　日本の官民関係は、「天上り」と「天下り」に象徴されるように、利益を共有する相互依存的な関係であり、両者の間には、欧米諸国には存在する緊張感が欠けている。ニューヨークで働いた渉外弁護士によると、銀行の支店開設準備のために日本の本店から来た役員に最初に説明するのは、「ニューヨーク連銀の理事を接待する必要はない。法の定める基準を満たせば、当然に開設が許可される」ということだったという。裁判所が、行政の広い裁量権を否定しなかったことが、このような癒着の構造を支えてきたのである。企業は、行政から法に基づかない理不尽な要求をされても、そのとき抵抗すれば別の機会に行政の一層理不尽な対応にさらされるだろうと恐れ、その要求に従ってきた。もし、裁判所が行政の裁量権を適切に制約していれば、企業は、安心して行政の理不尽な要求を跳ね返せたはずだ。逆に言えば、行政を裁判所がチェックしてくれない時に、行政に追従する以外にどのような選択肢が国民にあるだろうか。

ここで注意する必要があるのは、規制緩和が進んで行政権限の絶対量が減ったとしても、公的規制はなくならない、ということだ。規制緩和の実質は、政府規制の全面的廃止ではなく、市場機能の適用範囲の拡大に伴なう規制の再編成である。その結果、部分的には新しい規制が作られたり、既存の規制が強化されたりもする。具体的には、競争秩序を守るとされる独占禁止法や、セーフティーネットの確保・張り替えに伴なう公的規制などだ。新たに導入された介護保険制度も、その例に含めることができよう。東京都の銀行に対する外形標準課税の是非が、銀行側からの行政訴訟で問われようとしていることは、まさにこれからの官民関係のあり方を示している。「官」と「民」が緊張感を持って対峙するためには、「官」が一歩でも権限の行使を誤れば裁判所によって是正を強いられるという担保が必要なのである。

少ない「ルールによる解決」──際立つ司法の力不足

　「法の支配」が、まず国家機関に向けられるからといって、それ以外の場面、たとえば、私人間の紛争の解決が「法の支配」と無関係であるわけではない。「法の支配」の究極目標が、国民の自由の保障にあり、国民の自由は公権力以外によっても侵害される以上、社会内で生じる様々な私人間の紛争を法によって解決することも、「法の支配」の内容である。
　個人対個人・企業対企業という「民対民」の場面では、日本の司法は、すでに述べた「官対民」の場面に比べれば、裁判所に持ち込まれた事案に関する限り、それなりの役割を果たしてきたと評価できる。
　しかし、そもそも紛争を裁判所に持ち込むことに、多くの障害があるため、紛争の一部しか裁判所によって解決されていない現状がある。労働紛争について見ても、各種の労働相談には、年間30万件を超える事案が持ち込まれると推計されているのに、裁判所が扱った件数は、90年代は増加傾向にあるとは言え、1998年度で2,500件あまりしかない。ヨーロッパでは、フランスで15万件以上、ドイツでは約63万件、イングランド・ウェールズで約7万5,000件の労働訴訟が提起されている（いずれも1995年）。中坊公平弁護士が強調する「2割司法」という言葉は、このような事態を指している。そのため、法に照らして解決されるべき事案の多くが、非公式な方

法によって、しかも多くの場合、弱者の泣き寝入りによって決着することを余儀なくされている。

裁判所に持ち込まれた事案の処理にも問題がある。日本の司法は、司法の利用者である国民に親切ではない。このことは法曹三者それぞれに言えるが、特に裁判所について言えば、裁判官は過重な負担の中で事件処理に追われているので、丁寧な審理よりも、限られた時間内に多くの件数を処理することに強い関心を持たざるをえない。このため、当事者の気持ちに配慮せずに、いたずらに和解の成立をはかる裁判官も珍しくない。逆に、労働事件・医療過誤事件では、判決まで時間がかかることが少なくなく、最終解決まで10年以上かかることすらある。判決内容についても、「最高裁判例を重視するあまり、新しい社会状況に見合った創造的判断が下されていない」・「個々の事件での妥当性を犠牲にしている」といった批判が、裁判官自身からもあがっている。

司法には、複雑多様化した社会の要請に応え、専門化した紛争を迅速に解決することが求められるのに、日本の司法には、量的・質的に能力不足が感じられるのである。日本企業同士の紛争が、海外の裁判所に持ち込まれる例があることは、司法が経済活動の基本的なインフラとして十分に機能していないことを示していよう。

司法改革の中心課題——多様な裁判官

このような「法の支配」の現状を考えると、裁判所のあり方が、これからの司法を考える時に重要であることがわかる。裁判所は司法制度の中核であり、ここが弱ければ司法は十分な力を発揮できない。「官対民」・「民対民」の双方の場面において、どうしたら「法の支配」を担えるようになるかが、正面から検討されなければならない。以下では、諸外国の制度を参考にしながら、二つの視点から検討しよう。

第一に、将来の裁判所は、多様な裁判官によって構成されなければならない。多様性とは、出生、社会経験、政治的・宗教的信条、性別など、人間のあらゆる側面を含んでいる。

社会の中に多様な価値観・利益の対立があることは誰もが認めるだろう。しかも規制緩和が進めば、アメリカなどの経験からも推測できるように、

貧富の差は増大し、階層分化が進むことは不可避であろう。そのような状況の中で、裁判所の判断が国民に受け入れられることを制度的に担保するためには、社会に存在する様々な立場の人を裁判官集団に取り込む必要がある。多様な立場にある人々が、法律という共通項を通じて理性的な議論を行なうことによって、価値観や利害の調整がはかられるのである。このような多様性の必要は、社会に存在する特定の立場にある者だけで裁判所が構成されることを想像すれば、容易に理解されるであろう。

　たとえば、アメリカで白人だけが裁判官であれば、司法は信頼されるであろうか。実際イギリスで90年代に行なわれた裁判官任命手続きの改革は、女性や少数民族出身者が裁判官に選ばれていないことに対する批判に端を発していた。またドイツ・ベルギー・オランダなどのヨーロッパ大陸諸国でも、裁判官の構成は、社会の多様性を反映すべきであると考えられている。これらの国は、日本と同様に比較的若年の法律家を職業裁判官として採用する「キャリア裁判官制」を採っているが、その実質は日本とは大きく異なる。日本は、司法修習生から直接、裁判官を採用し、裁判所の内部で育成するという制度を採用しており、裁判官層は均質だ。しかし、これらの国は、いずれも多様性を確保するための工夫をしている。たとえば、オランダでは、キャリア裁判官を採用する一方で、実務経験が６年以上の弁護士など外部の法律家からも、多くの裁判官を採用している。両者の割合はかつては一対一だったが、1999年度は、外部からの採用が70％程度に達した。ベルギーも同様で、最近は、キャリア裁判官と同数以上の裁判官を、10年程度の実務経験を有する弁護士および大学教員・公務員・会社員（ただし、いずれも弁護士資格者）から採用している。このような制度は、キャリア裁判官制が生みがちな弊害をなくすのに有効であると考えられている。またドイツでは、素人の裁判官が職業裁判官とともに裁判を担う「参審制」が広く採用されており、キャリア裁判官の経験の不足を補っている。

　もちろん、そのような多様な裁判官を何らかの手段によって一定の方向に統制しようとしてはいけない。裁判官の独立は、裁判官の任務を遂行する上でもっとも重要である。これまでの日本の裁判所は、統一性・均質性を重んじるために、下級審裁判官の独立を重視しないきらいがあった。日本の裁判官は、事実上、最高裁事務総局によって勤務評定され、それによ

って給与・任地・裁判長指名などの点で異なる扱いを受けている。このような人事管理は、キャリア裁判官制を採用している他の国にはない日本独自のシステムである。

たとえば、ドイツでは、任命による転勤は原則としてない。誰かが転勤を決めるのではなく、裁判官が自ら応募する仕組みだ。ある裁判所に空きポストが生じれば、そのポストを希望する複数の裁判官が応募し、採用された者は現在のポストを離れて、新しいポストに移動するのである。また、同一ポストにとどまる限りは、給与は給与表に従って、年功により昇給する。このような方法は、オランダ・ベルギーにおいても同様であり、裁判官は自ら希望しない限り、移動させられることはない。

こうした事例と見比べると、現在の日本のシステムが好ましいとは言えないだろう。多元的な利益対立が、法律家による法律的な議論を通じて調整されるためには、まずもって自由な多くの議論が不可欠である。一元的に行なわれる人事管理制度のもとでは、管理権者の意向が裁判官の行動に影響を与えることが避けられないのではないだろうか。

司法と民主主義──裁判官採用への国民参加

第二に必要な改革は、裁判所への国民参加である。裁判所の司法審査と民主主義との間には、実は本質的な緊張関係がある。選挙によって正統性を付与されたわけでもない裁判官が、なぜ法を解釈してその意味を決めたり、国会による立法が憲法に適合しているかを判断できるのかという問いである。この問いへの答えは、たとえば、「法律家としての良心に従った判断によって人権が擁護される」、あるいは「民主主義の前提となる自由を守ることは、民主的な政治過程を維持するために必要な手段である」などと説明されている。

いずれにせよ、これまでの日本では、裁判所が社会においてそれほど大きな役割を果たしていなかったので、この緊張関係が強く意識されることはなかった。しかし、裁判所の果たす役割が増大すれば、両者の緊張は高まる。現行制度にある民主的な要素は、最高裁判所裁判官の国民審査であるが、これだけでは足りない。この緊張を国民が許容できる範囲にとどめるためには、国民の司法参加を強化して、裁判所に民主的な要素をより多

く注入する必要がある。司法は多数決原理に基づくものではなく、本質的に非民主的な存在であるにせよ、その正統性・判決への国民の納得を担保するためには、どこかで国民の意思と連携することが必要だからである。

現在の裁判官は、一部の弁護士任官者を除くと、司法修習直後に、最高裁事務総局によって事実上採用される。しかし、1970年以降56人に及ぶ採用希望者の「任官拒否」をめぐって指摘されてきたように、その採用基準はまったく不明確だ。今回の司法改革では、主として弁護士経験者の中から裁判官を採用する「法曹一元」制度が議論されているが、どちらの制度を採るにせよ、裁判官の任用手続きへの国民の関与を検討すべきだろう。国民は、自らが裁判官として適当であると考えた者によって裁かれる権利を持つのではなかろうか。

実際、キャリア制を採用するドイツ・オランダ・ベルギーなどでは、裁判官・検察官とともに弁護士・法学教授・議員、さらに市民代表などをメンバーにした特別な委員会がつくられ、裁判官の任用手続きに関与している。たとえば、オランダでは、外部の法律家からの裁判官採用のための選考委員会には、裁判官・検察官・大学教授・ビジネスマンのほか、主婦もメンバーに入っている。彼らは選考のために裁判官希望者と個々に面接し、経歴・職歴から始まって、社会的活動への参加、裁判官としてどのような仕事をしたいのかなどを尋ねている。そして委員会の判断は、実際に尊重されている。

司法改革の中では、国民から選ばれた陪審員が、職業裁判官から独立して事実の認定を担当する「陪審」制度や、国民から選ばれた参審員が、職業裁判官とともに裁判を行なう「参審」制度も議論されているが、これらについても、国民の司法参加という観点から、その是非が議論されるべきであろう。

司法改革後の社会――問われる「公正さ」

社会の多様さを反映できる裁判所、そして国民が参加できる裁判所の実現は、「司法改革」が成功したかどうかのバロメーターである。その実現が成し遂げられたとき、我々は今度こそ「法の支配」が実現する社会に足を踏み入れることができるだろう。ではそうした社会では、我々はどのよ

うに司法と接し、それを利用することができるのだろうか。改革の目的を鮮明にするためにも、「司法改革後の社会」のイメージを描いてみよう。

「法の支配」が実現する社会とは、まず、透明で公正なルールに基づいて、国民が、容易に、自らの権利を実現し利益を守れる社会である。

これまで国民は、行政の保護的機能によって守られてきた。行政による事前規制は、その判断に従うという制約を受け入れさえすれば、社会に存在する様々な利益対立をある程度調整する側面があった。こうした行政権限が後退すれば、国民が自己の権利や利益を自分で守らねばならない場合は増えるだろう。事前規制の役割が減少することは、対立する利益が、よりストレートな形で衝突し、紛争の増加を予測させるからである。このような社会が円滑に機能するためには、今まで行政が果たしてきた保護的機能を代替するものが不可欠である。それが、強化された、国民にとって使いやすい親切な司法にほかならない。国民、特に普通の市民が、容易に権利を守れるような司法制度が整備されなければ、国民はそのような社会を支持しないであろう。本稿前半での整理の仕方で言えば、「民対民」の場面での司法の果たす役割が、きわめて大事になる、ということだ。

「民対民」の場面で重要になってくるのは社会的弱者への配慮である。紛争が当事者の実力により解決されるのであれば、力の弱い者が不利益を被ることは言うまでもない。強者だけが勝ち続けるのでは、多元的な社会の維持は不可能だ。こう考えると、「法の支配」は、単に手続き的な公正さだけを満たせばよいのではなく、法の内容の公正さをも問題にせざるをえないことがわかる。公正なルールこそが、国民の自由を実質的に担保するのだ。

重要なことは、そのような「公正なルール」を形成するプロセス自体に、司法が大きな役割を果たすことである。事前規制の制定とその実施は、行政が全面的に担ってきた。行政通達は、行政自身がルールを作っていたことの象徴であり、いわば「天下り」的なルールであった。

これに対して、事後規制のルールは、裁判所が、個々の事件を処理する中でつくりあげる判例に大きく依存する。裁判所の判断が出され、それに対する批判が積み重ねられる中で、何が公正であるかが、徐々に確定していくのだ。多様な価値観や利害を反映し、国民に開かれた裁判所は、こうしたプロセスを充実させる役割を担わねばならない。何が公正であるかの

判断に至る厚みのある過程があってこそ、ルールの透明性が保障され、最終的に採用される「公正」の内容への信頼感も生み出されるのではないか。

生理としての訴訟──「濫訴社会」を恐れる前に

　透明で公正なルールを形成するためには、多くの紛争が裁判所に持ち込まれることが必要である。したがって、そのような社会は、訴訟が病理ではなく、生理として肯定的に評価される社会になる。
　日本では、訴訟は忌み嫌われ、なるべく避けるべきものと否定的に意識されてきた。しかし、法解釈を通じたルールの確定は、訴訟を通じてしか得られない。紛争が訴訟を通じて裁判所に持ち込まれないのであれば、それに対応するルールの形成が進まないことになる。また、仮にある種の紛争が持ちこまれても、それが紛争全体のごく一部分でしかない場合には、そこで形成されたルールが、全体に通用する普遍性を有するか疑問が生じる。日本では多くの紛争が訴訟を利用せずに解決されてきたため、たとえば、国際取引の分野などでは、重要な論点について、まったく判例がないか、あっても戦前の判例であることがまれではない。これでは、予測可能性のあるビジネス環境は存在せず、日本市場の国際化の障害にもなりかねない。
　個別の紛争解決のためには、必ずしも訴訟は必要ではなく、「ADR」と呼ばれる各種の裁判外紛争処理手続きの利用で十分かもしれない。しかし、ルール形成のためには、一定数以上の訴訟が裁判所に持ち込まれる必要があり、司法へのアクセス拡充は、国民の権利実現だけでなく、このような観点からも理解されなければならない。
　訴訟の促進を主張すると、アメリカのような訴訟社会になるのではないかとの危惧を感じる人は少なくなかろう。確かに、アメリカ司法の一部に病理的な現象があることは事実かもしれない。しかし、多くのアメリカ人は、全体としてのアメリカ司法の健全さに自信を持っているというのも一面の事実だ。仮に、アメリカが望ましい水準より「濫訴」の側に振れているのだとしても、日本は望ましい水準より訴訟が少ない側に振れていることは否定できないはずだ。「訴訟社会」を「濫訴社会」にすり替えていたずらに怯えるよりも、現段階の日本では、訴訟提起を促進して、ルールが

明確になることを優先すべきであろう。欧州諸国でも訴訟を積極的に肯定する傾向にあるが、アメリカに比べれば訴訟件数は少ない状態を保っている。濫訴に至らず適正な水準を維持することは可能なはずだ。

「法の支配」の実現する社会では、法の実現の仕方も変わってくる。

日本では、これまで法の実現を行政機関がほぼ独占してきたが、「官から民へ」をまじめに具体化しようとすれば、私人である国民を法の実現に積極的に参加させる必要がある。そのためには、単に司法制度だけでなく、様々な法の中にそれを可能にする仕組みが埋め込まれなければならない。2001年に成立した独占禁止法改正は、違反行為によって損害を受ける消費者などが、違反者に対して行為の差し止めを求める訴訟を起こせる制度を創設したが、この改正は、その文脈で積極的に評価できる。私人が裁判所を利用するのは、その人の利益になるだけでなく、法が達成しようとする目標の実現に資するものであるとの視点が忘れられてはならない。法の実現における私人の役割が、現在とは変化するのである。

法律家の役割──細分化の克服を

このように法の果たす役割が大きくなる社会では、司法の人的基盤である法律家層が、量的・質的に強化される必要がある。今までの日本の法律家は、社会的に高い地位を得てきたが、多くの国民にとって身近な存在ではなかった。しかし司法改革は、日本の法律家が、活動分野を広げて、個人・企業・行政それぞれにとってより必要な存在となることを前提としている。たとえば、今までは行政のお墨付きによって行動していた企業は、問題に直面した時は、弁護士に法律的な意見を求め、それに従って行動することになる。今までの行政機関には、法学部出身者はいても、本当の意味の法律家はいなかった。しかし行政機関も、弁護士をメンバーとして受け入れる。すでに国際経済法の領域では、弁護士が官庁に採用され出している。また政治の分野でも、法案の作成を法律事務所に依頼することは、諸外国の状況を考えればありうることである。このような要請に応えるためには、法律家、特に弁護士は、今までの訴訟中心の業務形態から脱皮して、より総合的な法律サービスを提供できる能力を備えなければならない。

現状では、弁護士と隣接職種が細かい資格で分化されているし、法曹三

者の中ですら共通のアイデンティティーが必ずしも形成されていない。さらに、法学研究者と実務家も分断され、両者は別世界に住んでいる。日本の法律家を、国際的な競争力を持った、新しい司法を支えるに足る存在としていくためには、これらの分断の克服が必要である。

　以上、「法の支配」の実現する社会のイメージを先取り的に描いてきたが、現実には、改革の目的と日本の司法の伝統・現状とのバランスをどうはかるかも重要なポイントになろう。伝統・現状に拘泥するあまり改革の目的が損なわれることがあってはならないし、他方、改革は現実的に受け入れられるものでなくてはならない。

　日本は、明治維新後、急速にヨーロッパ、特にフランス・ドイツの法制度を輸入し、近代国家としての形態を整えた。法制度は、それが適用される社会のあり方と切り離すことはできない。その意味で、これらの近代的な法制度には、日本的に異質に変容した部分がある。しかし、グローバル化の進展は、日本の社会自体に変容を迫っている。そうであれば、日本の司法制度が変容せざるをえないこともまた当然である。求められているのは、単なる「改良」ではなく、「改革」であることを改めて銘記すべきであろう。

行政訴訟論議活性化のために

行政訴訟と司法改革

　1990年代後半の日本は、「規制緩和」の過程を歩んでいる。規制緩和とは、これまで行政が適用してきた、経済・社会活動に対する詳細な事前規制を緩和することを意味している。そして、規制緩和の結果、事前規制から事後規制に規制の重点が変化することが、司法の役割をより重要なものとし、司法をより充実・強化するための司法改革が必要とされるに至った主たる理由である。このことは、司法改革に関する各界からの意見・提言に、ニュアンスの相違はあれ等しく指摘されている。規制緩和の進展によって出現する自由で公正な社会では、人々は、透明なルールに従って行動し、その結果に自己責任を負う。そして、そこでの紛争は社会の基本的インフラである司法によって解決されるという論理である。第1回司法制度改革審議会の冒頭における小渕総理大臣のあいさつもこの趣旨を述べている。

　しかし、司法改革をめぐる最近の議論の中で、行政権に対する司法のコントロール、より具体的には、民間と地方自治体を含めた行政官庁間の紛争を最終的に規律する行政訴訟についての関心は、決して高くない。規制緩和に熱心な経団連の意見でも、行政依存型経済・社会からの脱却が強調されながら、そこで想定される紛争は、主に私的当事者間の一般民事紛争であり、行政訴訟についての問題意識を見出すことはできない（経団連「司法制度改革についての意見」〔1998年5月〕）。自民党意見も、行政府・地方自治体において適正に法令を解釈・適用するための法曹資格者の活躍を期待し、行政に対する司法審査手続のあり方を検討課題とするなど、一部に積極的な部分はあるが、やはり司法による行政統制の発想は弱い（自民党司法制度調査会報告「21世紀の司法の確かな指針」〔1998年6月〕）。市民の権利保障に重点を置く弁護士会の提言は、さすがに行政に対する司法審査の充実・強化に言及するが、これも全体の中で中心的な位置付けが

与えられてはいない（日弁連「司法改革ビジョン」〔1998年11月〕）。わずかに、行政法学者である神戸大学阿部泰隆教授の提言が、行政訴訟の重要性を強調している程度である[1]。

このように、行政訴訟の問題は、今回の司法改革では、ひいき目に見ても周辺に追いやられていると言わざるをえない。しかし、それは論点の正しい位置付けなのであろうか。筆者には、行政権の行使をコントロールする司法の役割への認識、具体的には行政訴訟の現状をどのように改革するかについての認識が各種意見の中で低いことは、とても奇妙に思えるのである。

行政訴訟の悲惨な現状

もちろん、行政訴訟に大きな関心が集まらない状況に理由がないわけではない。第一の原因は、行政訴訟の悲惨な現状にあろう。日本の行政訴訟は、欧米諸国だけでなく一部のアジアの国々と比べても著しく事件数が少ない。平成10年（1998年）度の司法統計によると、同年に地方裁判所が第一審として受理した行政訴訟は、全国でわずか1,318件、同じく高等裁判所の新受件数も423件に過ぎない。行政訴訟は、行政庁の下した行政処分の取消しや無効確認を求める訴訟である。中央省庁の許認可権限だけでも、1万件を超えると言われてきた規制権限の数は、規制緩和の進展により、この間いくぶん減ったかもしれない。しかしそれでも、許認可など行政処分の件数は、毎年膨大な数に及ぶはずである。日本の行政官の質が高いと仮定しても、そのような処分のうち、当事者が不満を持ったものがわずか1,700件あまりしかないとはとても考えられない。換言すれば、多くの違法な行政処分が、司法によって是正される機会を与えられずにそのまま通用していると見るのが自然であろう。人口比で見ると、日本の何百倍・何十倍もの訴訟件数がある国は、フランス・ドイツなど先進諸国では決して少なくない。さらに注意すべきことは、確かに日本の訴訟件数は、一般的に先進諸国より少ないが、その中でも行政事件数の少なさは、群を抜いていることである。日本の司法は、「民対民」の状況ではそれなりに機能していると言えても、「官対民」の状況（そこには、刑事司法の領域も含まれる）ではほとんど期待される役割を果たしていないと評価せざるをえな

い。

　訴訟件数自体が著しく少ないだけではない。日本の裁判所は、行政裁量権の範囲をきわめて広く認める傾向にあり、そのため行政処分の違法を主張する原告が勝訴する率もかなり低い。最近は、情報公開関係の訴訟や住民訴訟などで原告勝訴の報道に接することもある。それでも第一審の原告勝訴率は、多くても10％台であり、仮に一審で原告が勝訴しても、上訴されると控訴審では行政側が勝つことが多いと常々指摘されている。このような事情が、処分に不満な者に訴訟を起こすことを躊躇させ、事件数の少ない大きな原因となっていると思われる。

　また、これまでの行政訴訟の原告は、多くの場合、個人であった。日本の企業、特に大企業は、工業所有権など一部の分野を除いて、行政庁の判断を訴訟の場で争った経験をほとんど持っておらず、多くの大企業は、行政相手の訴訟提起など考えたこともないというのが実状ではないだろうか。JRの年金移管問題でJR側が最終的には訴訟を断念したことは、そのことを示している。そして、事件数が極端に少ないために、弁護士の中でも行政訴訟について十分な経験を有する者は、少数であると言わざるをえない。加えて、最近の法律選択科目の廃止に伴い、司法試験科目からも行政法が外された。

　これらの事情は、いずれも行政訴訟への関心を低いものにするのに貢献している。そして、多くの論者は、行政訴訟の現状を固定的に捉え、その改革をイメージできないでいるのであろう。

規制緩和と行政訴訟

　第二の原因は、規制緩和の意味が、論者によって正しく理解されていないところにあると思われる。EUなどにおける規制緩和の状況を見れば理解できるように、規制緩和は、単に行政規制の数・範囲が、量的に減少することを意味するのではない。それは、社会における個人・企業のあり方、それらと行政との関係を根本的に変革するというシステム全体の転換であり、そこでは、これまで相互依存的であった行政と民間（特に企業）との関係は、法を媒介にして、より対等の当事者的な関係に移行することが予定されている。このような官民関係の質的変化は、単に規制を量的に減ら

すだけでは達成されない。すなわち、政府の規制緩和推進3カ年計画の内容を見てもわかるように、規制緩和の実質は、市場原理の機能する場面を拡大する方向での規制の再編成と国から地方への権限の移譲であり、決して規制の無条件の全面的撤廃が実現するわけではない。そうであれば、規制緩和が進行しても、地方自治体を含む行政庁が民間に対して規制権限を保持する分野は、なお相当広く残る。そのような分野における官民関係をどのようにして変化させていくかも、規制緩和の重要な課題なのである。

ところが、このような行政庁の規制権限を前提とした官民関係の質的変化の必要は、多くの意見において十分に認識されていない。むしろ、規制の量的減少により、行政はこれまでのような力を失う結果、官民関係の変化は自動的に実現し、司法との関係では、民間にある当事者間の紛争処理のみが残された課題であるかのように描かれている。そのため、司法改革の重点も民事紛争の解決であると位置付けられることになるのである。しかし、これはあまりに楽観的な見解である。行政の規制権限が引き続き広く存在する以上、現在の官民関係を質的に変化させるためには、両者の関係を規律する行政訴訟分野の改革が不可欠である。それは、この分野における司法の機能不全が、相互依存的官民関係の存在を背後から支えてきたからである。

官民依存関係と司法

1990年代には、様々な産業分野で、企業と官庁の癒着が社会問題を生み出し、批判を浴びてきた。住専処理や山一証券の破綻などで露呈した旧大蔵省と銀行・証券業界の癒着、血液製剤によるHIV感染問題で明らかとなった旧厚生省と製薬業界の癒着など、その例は枚挙にいとまがない。これらの事実は、両者の関係が、法によって規律される公正かつ透明な関係ではなく、いわゆる「天上り」と「天下り」に象徴されるように、特殊な利益を共有する共同体的な相互依存関係であったことを示している。

しかし、このような依存関係を生み出してきた原因の一つに司法の機能不全があったことは、必ずしも十分には認識されていない。強固な官民の相互依存関係の構築・再生産には、実は司法に少なからぬ責任があったのである。さらに言えば、企業の行政への依存は、企業の責任ではなく、裁

判所が行政過程を的確に統制する役割を放棄してきたために、やむなく生じた現象と言えなくもない。このことは、企業側に、この依存関係を断ち切ることを期待できる可能性がなかったという趣旨である。たとえば、行政庁が不当な行政指導（法令に根拠を有するか否かを問わない）を行なった時にも、企業はこれに甘んじて従ってきた。行政指導には、政府・民間双方にとって様々なメリットがあったことが、行政学の立場から論じられている[2]。しかし、行政庁が企業に対して違法な処分を行なった場合に、裁判所が行政の裁量権行使に適切な枠をはめて、被害企業を迅速に救済するという制度が正しく機能していれば、企業は、不当な要求に対して常に行政の言いなりになる必要はなく、場合によっては、毅然とした態度をとることができただろう。

　しかし、司法による救済が得られないのであれば、企業のとるべき対応は一つしかない。企業としては、行政が自己に不利な決定を下さないように、行政の意思を尊重した行政依存的な行動をとらざるをえないことになる。これは、当該状況においては、企業にとってきわめて合理的な選択である。そして、行政の規制権限が、企業活動の様々な場面に広範に及ぶ状況のもとでは、企業の行政依存傾向は一層強化される。ある場面で行政の決定を争ったために、他の場面で理由もなく「リベンジ」され、しかもそれがまた司法によって救済されないとなれば、企業としては泣くに泣けないからである。

　したがって企業は、ひたすら行政の意を呈した行動を先取りしていくしかなく、行政の決定を訴訟によって争うなどもってのほかということになる。前述のように、企業が行政訴訟を提起する事例が、きわめて稀であり、行政訴訟と言えば、個人が提起するのが相場であったことは、以上のように考えれば説明可能である。行政処分とのかかわりが一回性である個人が、その後の行政庁の意地悪をそれほど顧慮せずに訴訟に踏み切れるのに対して、監督官庁との継続的関係から逃れられない企業は、その継続的関係ゆえに、部分的にせよ正面から行政と対立することができない。日本における行政と企業との相互依存関係は、歴史・文化的な要因に加えて、司法の機能不全というシステム上の要因によって強化されてきたのである。

　このように考えてくれば、規制緩和の目的を達成するためには、行政訴訟の改革が必要であり、今回の司法改革の中でもこれが主要なテーマとし

て位置付けられるべきことは、容易に理解できるであろう。現在の行政権限を減少させても、その狭くなった権限の濫用が司法によって許容されてしまうならば、自律した企業・個人の活動を活性化するという規制緩和の目的は達成されないからである。司法が行政裁量権の限界を明確に示すことによってのみ、透明なルールに基づく官民関係が構築できるのである。

欧米における官民関係は、一般に日本の官民関係とは著しく異なる。両者の間には、日本には見られない緊張関係が存在する。それは、司法が本来担うべき行政統制の役割を正しく果たしているからである。たとえば、EUの裁判所である欧州裁判所の扱う訴訟には、欧州の大企業を含む諸企業が当事者となって、EUの行政機関である欧州委員会の決定を争う訴訟が少なくない。規制緩和の結果として求められる新しい官民関係は、まさに行政庁が一歩裁量権を不適当に行使すれば、ただちに企業によって訴訟を提起され、行政庁の違法な処分は取り消されるという緊張感のあるものでなければならない。

現状を改革するためには

それでは、どのようにすれば、司法による行政過程の統制が実現するのであろうか。その答えは、現状の機能不全の原因分析を通じて得られるであろう。行政訴訟の現状を改善するためには、行政事件訴訟法の内容を改善する必要があることが、これまで重ねて指摘されている。これは、現在の裁判所が行なっている原告適格（訴えの利益）・訴訟の対象（処分性）についての厳格な解釈を、立法により克服する趣旨である。この指摘自体は、正しいものであり、佐藤幸治司法制度改革審議会会長も、行政事件訴訟法改正の要点を審議会で検討する意向であることを明らかにされている[3]。しかし、司法制度を制度目的の予定する通りに機能させるためには、制度を担う法曹の問題が決定的に重要である。

行政訴訟の改革は、第一に、裁判所・裁判官の問題を抜きにしては語れない。そのことは、現行訴訟法を前提としても、国民の権利救済を目指した創造的解釈論の展開が決して不可能ではないことを考えれば明らかであろう。現在の行政訴訟をめぐる問題の根源は、裁判所が、行政と企業を含めた国民との中間に位置せず、著しく行政寄りのポジションをとっている

ところにある。個々の裁判官を見ても、特にエリートコースに乗っていると目される裁判官には、独立の裁判官というよりも、民間に対峙する国家機関の一員としてのメンタリティーを持つ人が少なくないように思う。このようなメンタリティーは、裁判官としての採用時にすでに萌芽がある場合もあろうが、多くは、任官後の最高裁の人事統制、市民生活から距離を置いた日常生活、最高裁判例に沿った事件処理、判検交流による訟務検事または行政庁への出向などの体験によって強化されたものと推測できる（ちなみに、判検交流・出向が、それ自体として悪いわけではない。むしろ、その交流先が、社会の一部のみに限定されていることが問題なのである）。市民から離れた閉鎖的な裁判官社会の中で、行政庁との接触のほうが強ければ、行政に好意的な判断が出やすいのも首肯できる。現在の裁判官が、憲法の予定する裁判官像といかにかけ離れているかは、現職裁判官の手による最近の著作を一読すれば、多くの説明を要しないであろう[4]。これは、日本における「官僚（キャリア）裁判官制」の弊害である。そうであれば、訴訟法の手直しとともに、裁判官制度自体の改革が合わせて必要であることになる。

今回の司法改革では、キャリア裁判官の市民感覚から離れた常識のない判断が問題とされ、法曹一元、陪参審制の導入が対応策として議論されている。しかし、そのような観点からだけでなく、司法による行政統制の文脈で理解する時に、キャリア制度の改革は、もっともその意味が明確となる。現在のキャリア裁判官制度は、採用から始まって、転勤・昇給などすべて最高裁事務総局の裁量によって行なわれているところ、その基準は外部には明らかにされていない。基準の不明確性は、その不明確性のゆえに、基準を適用される裁判官に過度の自主規制を強いることになる。透明なルールに従った社会には、裁判官の社会も含まれることが銘記されなければならず、仮にキャリア制が維持される場合にも、その改革は不可欠である。たとえば、司法行政権の地方への移譲などは、地方分権の流れにも合致するであろう。

行政訴訟と弁護士

法曹にかかわる問題の第二は、行政訴訟に精通した弁護士が著しく不足

していることである。まず日本の弁護士は、欧米の弁護士が業務の重要な領域としている行政訴訟という分野を、自分たちがまったく逃してしまっていることに気がつかなければならない。たとえば、1998年度に地方裁判所で終了した1,366件の行政訴訟のうち、双方に弁護士がついた事件は446件、一方のみに弁護士のついた事件は596件である。これでは、行政訴訟に弁護士の関心が薄いのもいたしかたないところである。確かに、現在の行政訴訟は、業務として見た場合には、弁護士にとってはまったく魅力のない領域である。

しかし、欧米諸国の事情は異なる。欧米では、企業・個人を代理しての対行政交渉および行政訴訟の代理は、多くの弁護士にとって重要な収入源となっている。たとえば、ベルギーのブリュッセル弁護士会（約2,500名）は、各分野の専門弁護士リストを作成しているが、そこでは多くの弁護士が、行政法関連の分野に専門弁護士として登録している。1991年度のリストを見ると企業法務一般に227名の弁護士が登録しているのに対して、社会法一般に141名、税法一般94名、公法一般54名という人数配分は、行政法の分野が有力な業務分野になっていることを示している。またドイツは、行政法・税法・社会保障法・労働法という4分野について、弁護士会の審査に基づく専門家認定制度を実施しているが、これら4分野の専門家と認められた弁護士数は、1991年当時で3,633名にのぼっていた[5]。行政と民間との関係が、法によって規律されるようになれば、そこに弁護士が関与せざるをえなくなるのは必然的な流れであろう。

このように諸外国の状況を検討すれば、法曹人口の観点からも、行政訴訟の改革が重要であることが理解できるであろう。行政訴訟の活性化は、日本の弁護士にとって、業務分野の相当程度の拡大につながる可能性を秘めているからである。

「法の支配」の実現のために

今回の司法改革では、「法の支配」というキーワードがよく使われる。三権分立の統治構造下において、他の二権、特に日常的には行政権の行使を抑制するという司法の本質的役割に鑑みれば、「法の支配」とは、第一義的には行政権に向けられた言葉でなければならない。そうであれば、司

法改革がおよそ改革の名に値するためには、行政訴訟の改革が重要であることを理解できるであろう。そして特に経済界には、これからは、自らが行政庁の権限行使を監視する存在でなければならないという認識をぜひ持っていただきたいと思う次第である。

〈注〉
(1) 阿部泰隆「司法改革への提言（上）（中）（下）」自治研究75巻7号3頁以下、8号3頁以下、9号21頁以下（1999年）。
(2) 新藤宗幸『行政指導——官庁と業界のあいだ』岩波新書（新赤版218）（岩波書店、1992年）。
(3) 「21世紀に向けて司法のあり方を変える——佐藤幸治氏（司法制度改革審議会会長）に聞く」月刊司法改革1号（1999年）6頁。
(4) 日本裁判官ネットワーク『裁判官は訴える！私たちの大疑問』（講談社、1999年）。
(5) 須網隆夫「EC各国における弁護士の専門化の現状——ベルギー、フランス、ドイツ、オランダ、スペインの状況」自由と正義42巻7号（1992年）67頁以下、本書第4部212頁。

司法制度改革の現状と課題
——意見書から推進本部へ

始めに

　日本法は、1990年代に、第二次世界大戦の敗戦に引き続く戦後改革の時期以後、ほとんど初めてとも言える大きな変革期に直面した。それまで、民事法・刑事法の中心的な部分は、大きな改正を経ることなく推移してきたが、1990年代には、民事法分野では、商法・民事訴訟法の改正、借地借家法・製造物責任法の制定など、また刑事法分野においても刑法・少年法の改正、通信傍受法の制定など、多くの法分野で、既存法の改正を含む新法の制定が活発に行なわれた。ところで、これらの変化に対して、法を適用する役割を担う司法制度それ自体は、部分的な修正はありながらも、敗戦直後に作られた制度が、20世紀の終了まで基本的に維持されてきたと言って良い。しかし、「冷戦」終了後に生じた世界情勢の変化を背景とする日本社会の変化は、20世紀末に至って、司法制度についても変化を余儀なくさせることになった。およそ社会に対する法による規制の程度は、実定法と司法制度双方の内容によって決定されることを考慮すれば、司法制度にまで変革が及んだことは当然である。そのような変革を指向する動きは、すでに1990年代前半から、日弁連を中心に経済界にも見られた。そして、それらを受けて、現在進行しつつある司法制度改革（以下、司法改革と言う）の直接の出発点となったのが、1999年7月の「司法制度改革審議会（以下、審議会と言う）」の設置であった[1]。審議会は、その後2年間に渡る濃密な審議の結果、2001年6月に最終意見書[2]を小泉首相に提出し、現在は、この意見書を具体化するための過程が進行しつつある。

　本稿は、このような日本における司法改革の現状を紹介するとともに、その課題を明確にすることを試みるものである。

司法改革の背景

1 異なる流れの合流

　最初に確認しておく必要があるのは、今回の司法改革は、日本社会の変化に対する対応という本質的な要素を持ちながらも、異なる複数の流れが一つに合流したことによって、その実行が可能になったと考えられることである。すなわち、第一の流れは、主として国際競争に直面している経済界から発したものであり、経済界は、グローバル化する日本経済の基盤としての司法制度を拡充・整備することを要求していた。経済界は、具体的には、判決まで長期間を要する迅速性を欠く裁判、知的財産権などの専門的知識を要する事件に対応できない裁判所、人数が少なく専門性を欠いた弁護士などに不満を持ち、日本が国際競争に勝ち抜いていくために、経済活動の観点から、司法の容量の増大を始めとする司法制度の改善を求めた[3]。そこでは、政治改革・行政改革・規制改革（規制緩和）など1990年代に進展した一連の改革の延長線上に、司法改革が位置付けられている[4]。

　他方第二の流れは、日弁連を含む国民・市民から発し、その起源は、1970年代に始まった民主的な司法の確立を要求する運動にある。1970年代には、裁判官任官希望の司法修習生に対する任官拒否・宮本裁判官再任拒否事件など、政治の干渉によって司法の独立が損なわれる事態が生じた。そのため、多くの国民は、政治に従属しない国民の権利の守り手として裁判所が確立することを期待し、様々な運動を展開した。そして日弁連は、それらの延長線上に、1990年代初頭から、市民の立場から司法の改革を求める活発な活動を展開した。当時の定期総会が採択した「司法改革宣言」は、その象徴であり[5]、弁護士任官・弁護士過疎対策など、意見書に盛り込まれた弁護士制度に関する内容には、この時期にその骨格が作られたものが少なくない。

　これら二つの流れが、現行制度を抜本的に改革する必要性が存在することについて共通の認識を持つに至ったことが、今回の改革を実行可能にしたのである[6]。しかし、このことは、改革を目指す動きの中に、異なる要素・方向性が含まれることをも意味し、その結果全体としての改革自体には合意しながらも、個々の争点については、なお激しい意見の対立が生じ

ることになるのである。

2　経済界の要求と市民の要求

ところで、今回の司法改革を、基本的に経済界の要求に基づくものであると理解する見解が、一部に根強く存在している[7]。経済界が賛成しなければ、改革が開始されなかったであろうという意味では、その見解は間違いではない。しかし、さらに進んで、司法改革が経済界の要求に全面的に従属する形で行なわれているという趣旨であれば、その見解は正確ではない。日本の司法は、「2割司法」・「小さな司法」と呼ばれるように、量的には容量が小さく、そのため本来果たすべき役割を十分に果たせず、また質的にも、行政庁・警察など公権力の行使を統制することに消極的過ぎるという本質的欠陥を抱えており、経済界に限らず、多くの国民が、それぞれ異なる立場でその問題性を認識していた。これらは、前述のように、視点こそ同じではないものの、既存の司法制度を抜本的に改革し、その拡充・強化を求める点では共通していた。そうであったからこそ、この時期に司法制度の改革が、言わば国民的課題として成立しえたのである。経済界と市民では、改革の方向性について意見が異なる部分が少なくないことは事実であるが、「経済界を含む、改革を求める国民」と「既存の司法を維持しようとする勢力」という対立軸の存在にも、また目を向ける必要があるのである。

審議会の特徴

1　委員主導の審議会運営

司法改革の必要性は、前述のように、1990年代後半には、各界において広く認識されるに至っていた。しかし、各当事者の司法制度に対する問題関心は様々であり、具体的な制度改革の方向性についても明確な一致はなかった。これを一定の方向性にまとめ上げたのが、前述の審議会であった。そして「司法制度改革審議会」は、日本の「審議会」としては異例に運営されたことに注意しなければならない。過去の「審議会」は、一般的に言って、当該事項に関係する各省庁の出身である官僚によって構成される事務局が主導的な役割を果たすことが普通であり、全体の審議の進め方から、

多くの場合には、最終的な結論に至るまで、事務局の意向が強く反映すると考えられてきた。しかし、本審議会の場合には、そのような事務局主導の色彩は薄く、佐藤幸治会長を始めとする各委員の議論は充実していた。すなわち、審議会の会議回数は、設置から意見書提出までの2年間に63回に達しただけでなく[8]、各回の議論が3時間を越えることも少なくなかった。また、そこでは、委員の間で激しいやり取りが交わされたことも、議事録を一読すれば容易に理解できる。このような委員間の活発な議論の中から、司法制度の将来像に対する基本的な方針が導き出されたのである。

2 情報公開の重要性

このような委員主導による審議会運営が実現し、事務局が文字通りの「事務局」として審議会の運営を補佐した要因としては、審議会の会議がマスコミに公開されたことが大きい。審議会開始当初は、公開について委員の間でも意見が一致せず、第1回会合では、傍聴の可否をめぐって委員の間で意見が対立した[9]。しかし、その後第9回会合（1999年12月）での合意に基づいて、マスコミは、別室においてテレビ・モニターを通じてではあるが、審議会の議論を事実上傍聴することができるようになった[10]。加えて、発言者の氏名が記載された詳細な議事録が、当初よりホームページに迅速に公開されたことにより、審議会の議論に関心を持つ者は、誰でも議論の内容を知ることができた。

このように、広く国民が審議会の動向を注視することが可能であったために、各委員は、常に国民の監視にさらされていることを意識せざるをえず、実際にも、委員の不適切な発言は、ただちに批判にさらされた[11]。そのため委員は、国民に向けて発言することを余儀なくされ、自己の出身母体の利害を正面から主張することが困難であった。その意味では、審議会は、国民の立場に立って制度の改革を構想することを半ば強制されたのである。

意見書の内容と残された問題点

1 意見書の描く社会像

以上のような審議会における議論を経てまとめられた意見書は、現在の

司法制度のあり方を大幅に変化させる内容となっている。

　意見書の内容を検討する際には、意見書が、日本社会のあり方自体が、「事前規制・調整型社会」から「事後監視・救済型社会」に変化することを、司法制度に関する議論の前提に置いていることにまず留意しなければならない。意見書は、総論部分において、21世紀の日本社会のあり方を示し、それを前提に司法制度のあり方を論じている。それによれば、これまでの日本社会は、「霞ヶ関」の各省庁を中核とする行政に大きな裁量権が与えられ、行政が紛争の発生を予防するために、社会内の利益対立を積極的に調整する役割を果たすことを予定する「事前規制・調整型社会」であった。しかし、これからの日本社会は、中央への権限集中を改め、個人・企業が、自らの判断に基づいて行動することを前提に、法の定める基準に違反する事実があれば、行政は自動的に定められた措置を取り、また当事者間で生じた紛争は司法制度によって解決されるという「事後監視・救済型社会」に変化せざるをえない[12]。そして、このような事後規制型の社会では、社会に生起する様々な紛争が、司法制度によって解決されざるをえないがゆえに、司法の果たす役割は、従来よりも飛躍的に重要となるのである。

　このような事後規制型の社会は、また「法の支配」が実現する社会でなければならない。「法の支配」は、意見書のキーワードの一つとして、随所に用いられている。意見書は、これまでの日本には、本来の意味での「法の支配」は必ずしも確立していなかったと認識している[13]。特に、「法の支配」は、私人間の水平的な関係においては相当程度確立しているとしても、その本質的な適用場面である「行政」対「民間」の垂直的な関係においては、その確立は未成熟であった。たとえば、行政訴訟において原告側の勝訴率が非常に低いことが示すように行政訴訟は機能せず、そのことが不透明な行政裁量が温存されることに寄与してきた。また、捜査令状申請の却下率が著しく低いことに象徴されるように、裁判所は捜査機関の違法行為を監視することにも消極的であった。裁判所が憲法によって保障される違憲立法審査権を行使した違憲判決も少なく、三権分立とは言いながら、司法は、行政・立法に比して、きわめて劣弱な存在であり、日本国憲法の予定する役割を果たしてこなかった。その意味では、意見書は、今回の司法改革に、憲法の理念を実現する意味が含まれていることをも示

唆している。

2 意見書の提案する改革の概要

　意見書は、総論部分に続く部分において、「改革」という言葉に相応しく、日本の司法制度の大規模な変革を提案している。その趣旨は、一言で言えば、司法の全面的な拡充・強化である。すなわち意見書は、総論部分に続き、「国民の期待に応える司法制度」、「司法制度を支える法曹のあり方」、「国民的基盤の確立」という3部構成で、司法制度自体・法曹制度・司法制度への国民参加の諸点について、改革の具体像を示している[14]。それらの要点は、以下の通りである。

(1) 法曹人口の増加

　意見書の特徴は、改革の対象をいわゆる狭義の司法制度に限定せず、制度を支える人的資源にまで拡大したことにある。それを象徴するのが、意見書が提言する「法曹人口の大幅な増加」である[15]。司法制度を強化するためには、司法制度の運営を担う、弁護士・検察官・裁判官という「法曹」の質的・量的強化が不可欠である。いくら理想的な制度が作られても、それを運用する法律家が存在しなければ、制度は機能しない。日本では、司法試験合格者数が、1990年まで毎年500人前後と厳しく制限されてきたために、法曹人口は、諸外国に比してきわめて少ない[16]。法曹人口の不足は、地方における「弁護士過疎」に象徴されるように、国民の司法制度へのアクセスを妨げ、また法曹の専門化を困難にするなど、様々な問題を生じさせている。そのため意見書は、2004年に現行司法試験合格者を1,500人に増加させるとともに、2010年頃には、新司法試験合格者を年間3,000人とすることにより、2018年頃には、5万人規模の法曹人口が達成されると予定している[17]。

　そして、法曹人口自体の増加に伴い、裁判官・検察官も大幅に増員される。意見書は、増員数を明示していないが、最高裁・法務省の提出した、裁判官について、今後10年間に500名程度、検察官について1,000名程度という数字に言及している。増加するであろう訴訟事件の充実した審理と迅速な処理をはかるためには、両者の著しい増加は不可欠である。

(2) 法科大学院の導入

　年間3,000人の法曹を産み出すためには、司法試験を中心とする現行制

度では対応が困難であり、そのため、法科大学院を中心とする新しい法曹養成制度が導入されるべきである。意見書は、法学教育、司法試験、司法修習を有機的に連携させた「プロセス」としての法曹養成を構想し、その中核に法曹養成を目的とするプロフェッショナルスクールである法科大学院を位置付け、2004年の開校を予定している[18]。

　日本の法学部教育は、学位と司法試験受験資格が無関係であったこと・司法試験合格者数が少ないことなどの要因から、法曹養成を主目的とはせず、その結果、日本には法曹養成を目的とする専門の教育機関は存在しなかった。このことは、法曹養成制度自身の欠陥であるとともに[19]、法学研究のあり方を歪め、また法律実務の理論的水準をも低下させてきた。理論と実務を架橋する法曹養成教育を目的とする法科大学院の創設は、これらの欠陥を解消するとともに、法学部出身者ではない他学部出身者・社会人を広く受け入れることにより、多様なバックグラウンド・価値観を法律家集団に取り込むことを可能とし、次に述べる弁護士の活動領域の拡大にも対応している。

(3) 弁護士の活動領域の拡大

　意見書は、弁護士を社会的責任（公益性）を負ったプロフェッションと位置付け、その上で、法曹人口の増加に伴い、特に弁護士の活動領域が拡大し、その業務形態も従来とは異なるものになることを期待している[20]。

　これまでの日本の弁護士は、少人数の弁護士によって構成される法律事務所に所属し、自営業者として訴訟事件の処理に当たることを業務の中核とする者が大半であった。しかし意見書は、弁護士の相当部分は、様々な組織に所属して被用者の立場にあって、雇用者のために法律事務を処理するようになることを展望している。すなわち、多くの弁護士は、企業・官庁・国際機関・労働組合・消費者団体・その他のNGOに所属して活動することになる[21]。そして意見書は、その際には、組織内弁護士としての「弁護士倫理」の遵守が重要となることに注目している。なお、弁護士の活動領域は、業務形態の多様化だけではなく、地理的な面でも拡大しなければならない。すなわち、意見書は、公設事務所等の設置により、地方において国民の弁護士へのアクセスが困難な事態を解消することも提言している[22]。このようにして社会の隅々にまで入り込むことにより、弁護士は、「国民の社会生活上の医師」である法曹の一員として、「法の支配」が

実現できる条件を整備するのである。

(4) 司法制度の改革

　意見書は、裁判制度を中心とする民事・刑事の両司法制度についても、もちろん様々な改革を提言している。法曹人口が増大し、弁護士が国民の身近に存在するようになっても、制度自体が、国民の司法の利用を妨げるものであっては、司法は十分に機能しない。国民の利用を促進するためには、制度自体が使いやすいことはもとより、その制度により、内容として、実効的に法が実現されるものでなければならない。

　まず民事事件について意見書は[23]、第一に、「民事裁判の充実・迅速化」のために、各種事件について、審理期間をおおむね半減させることを目標に、「計画審理の促進」とともに、当事者が早期に証拠を収集することを可能とする「証拠収集手続の拡充」を提案している。裁判官・裁判所職員の大幅増員も、この目的に資する。第二は、「専門的知見を要する事件への対応強化」であり、専門家を専門委員として訴訟手続に参加させる「専門委員制度の導入」・「鑑定制度の改善」、さらに「法曹の専門性の強化」が合わせて提案されている。専門的事件については、特に「知的財産権関係事件」と「労働関係事件」について、前者については東京・大阪両裁判所への専属管轄化、後者については「参審制」導入の当否の検討など、それぞれ事件の特質を考慮した具体的対応策が提案されている。第三は、「裁判所へのアクセスの拡充」であり、裁判所へのアクセスを容易にするために、「提訴手数料」の減額・「弁護士報酬の敗訴者負担」など「利用者の費用負担」を軽減すること[24]、同様の観点から「民事法律扶助」をより充実させること、また夜間・休日サービスなど「裁判所の利便性の向上」が各々提案されている。さらに侵害された権利が実効的に救済されることこそが、国民の司法の利用を促進するとの観点から、「損害賠償額の認定」の検討、「少額多数被害への対応」として団体訴権の導入が検討課題とされていることも注意する必要がある。そして第四に、訴訟と並ぶ選択肢となるように「裁判外の紛争解決手段の拡充・活性化」を図ることが提案されている。

　他方刑事事件についても[25]、第一に、「刑事裁判の充実・迅速化」のために、争点整理と証拠開示をまとめた「新たな準備手続の創設」が、意見書によって構想されている。さらに意見書は、迅速化のために、公判は連

日開廷を原則とすること、そのような連日開廷を実施するためには、それに耐えうる弁護体制の整備が不可欠であることを提言している。第二は、被疑者・被告人に対する「公的弁護制度の整備」である。意見書は、現在は被告人にしか提供されていない国選弁護制度を発展させ、被疑者および少年事件にも公的費用による弁護制度を導入し、それに伴い制度を整備することを提案している。第三は、「捜査・公判手続の在り方」の改革であり、意見書は、「刑事免責制度」導入の検討などに加えて、特に被疑者取調べを適正化するために、取調べ過程・状況につき、書面による記録を義務付ける制度を導入すべきであるとしている。さらに、第四として、「犯罪者の改善更生」の重要性、「被害者の保護」のための体制整備が言及されている。この他刑事事件については、後述の「裁判員制度」の導入が、その実体を大きく変化させる可能性を秘めている。

(5) 裁判所の独立の強化

より多くの紛争が訴訟として裁判所に持ち込まれてくる以上、裁判所の果たす役割は、より重要とならざるをえない。そのため意見書は、質の高い裁判官が、独立して職権を行使できることを保障するために、以下のような「裁判官制度の改革」を提言している[26]。

第一は、裁判官の「給源の多様化、多元化」である。これまでの「キャリア制度」のもとでは、裁判官は、司法修習終了直後に判事補として採用された者がほとんどであり、彼らは、その後定年まで、裁判所内で転勤と昇進を繰り返しながら過ごすことが通例であった。しかし、この制度では、様々な知識・経験が裁判官集団の中に持ち込まれにくい。そのため意見書は、最高裁と日弁連が協力して、弁護士経験を有する者を積極的に裁判官に採用する「弁護士任官」を強力に推進する必要があると述べている。また、従来と同様に採用される判事補については、裁判官の身分を離れて、弁護士・検察官など他の法律専門家としての経験を相当期間積ませる仕組みを整備すべきであるとされている。このようにして、豊かな知識・経験を備えた裁判官が確保されるのである[27]。

第二は、「裁判官の任命手続の見直し」である。現在の裁判官の任命は、最高裁の作成した名簿に基づいて行なわれているが、「任官拒否」が示しているように、その指名過程は透明ではなく、国民の意思も及ばないと批判されてきた。意見書は、このような批判を考慮し、最高裁に適任者を選

考するための諮問機関を設置し、合わせて任官希望者にかかわる情報収集のための下部組織を地域ブロック単位に設置すべきであると提言している。このような仕組みは、恣意的な任命を防ぎ、任命への国民の信頼を高めることに有益であろう。

　第三は、「裁判官の人事制度の見直し」である。現行制度における裁判官人事は、透明性・客観性を欠き、個々の裁判官の独立を損なっていると批判されてきた[28]。そのため意見書は、裁判官に対する人事評価を透明化し、客観化する制度が整備されるべきであるとの立場から、評価権者・評価基準を明確化するとともに、評価内容を本人に開示し、不服申立手続を整備すべきであると提言している。加えて、現在は細分化されている報酬の段階の簡素化も検討されねばならない。

(6) 国民の司法参加

　拡充・強化された司法が、期待される役割を果たすためには、広範な国民によって司法制度が支えられる必要がある。意見書は、統治主体である国民が、司法の様々な場面に主体的に参加することにより、「司法の国民的基盤」がより強固に確立されると考えている[29]。その意味で、国民の司法参加には、今回の改革全体を支える意味が付与されていることに注意する必要がある。

　国民の司法参加の中心は、国民が裁判内容の決定に実質的に関与する「裁判員制度」の導入である。意見書は、法定刑の重い重大刑事事件について、選挙人名簿から無作為抽出で選ばれた裁判員が、裁判官とともに評議して、有罪・無罪の決定および刑の量定を判断する制度を新たに導入すべきであると提言している。裁判員制度は、一種の参審制度であるが、国民の健全な常識が裁判内容により反映されることが期待される。同制度の実施には、訴訟審理自体を、一般の国民に容易に理解できるものに変化させることが必要となる。また、国民の積極的協力なしにこの制度が機能することは困難であるだけに、国民の司法に対する理解を深めることが不可欠となる。

　意見書は、裁判員制度の他にも、以下のような場面で、国民参加を進めることを提言している。すなわち、第一は、既存の参加制度の改善である。たとえば、意見書は、検察審査会の議決に対して法的拘束力を付与することを提言している。第二は、裁判官の選任過程である。前述の適任者選考

のための諮問機関の設置は、国民の意思を反映させることを目的とするものでもあり[30]、委員の構成には、国民の意思を代表する者が含まれることになろう。第三に、国民はまた、裁判所、検察庁、弁護士会の運営にも参加する。たとえば、弁護士会の綱紀・懲戒手続を担う機関における非弁護士委員の増加、綱紀委員会の非弁護士委員への評決権の付与などが提言されている[31]。

3 意見書に残された問題点

以上のような意見書の提言する改革の方向性はおおむね支持されるべきものであり、そこに含まれた多くの提案が具体化されれば、日本の司法制度をめぐる風景が一変することは、容易に推測できるであろう。しかし意見書に、審議会内に存在していた相異なる潮流間の妥協として形成された側面がある以上、また意見書が多数決ではなく、全員一致に基づいて作成された以上、その内容に不十分・不明確な部分があることは当然である。それらのうち主なものを指摘すれば、以下の通りである。

(1) 法律家制度の全体像の欠如

第一に、意見書には、法律家制度全体の制度設計が欠如している。日本には、法曹三者以外にも、司法書士・税理士・弁理士など様々な隣接法律専門職種が、人数としては、法曹を上回って存在している。そして、意見書に従って法曹人口が大幅に拡大した場合には、これらの隣接職種と法曹の現在の関係が維持できないことは明白である。しかし、将来の法律家の存在形態に対する意見書の立場は必ずしも明確ではない。意見書は、総合的な検討が必要であることに言及してはいるが、その方向性を示唆してはいないのである。また短期的にも、隣接職種の訴訟業務への権限拡大は、それら隣接職種に適用される行動規範の整備と自治の強化を伴っていなければならないところ、意見書は、隣接職種の能力活用の観点からのみ権限の拡大を論じているが[32]、それも不十分である。

(2) 行政訴訟改革の方向性

第二に、意見書が、規制改革と一連のものとして司法改革を把握する以上、「司法の行政に対するチェック機能の強化」は、司法改革の最重要な論点の一つであるはずである。しかし意見書の記述は、甚だ抽象的である。意見書は、総論部分においては、行政訴訟制度の見直しが不可欠であるこ

とを指摘し[33]、それなりにこの論点を重視しているが、各論における記述では、指摘された問題点を検討課題として指摘するにとどめ、改革の具体的内容をすべて先送りしてしまっている。チェック機能強化の方向性を明示した点は評価できるが、さらに今後の検討作業にあたっての具体的指示が必要ではなかっただろうか。

(3) 手つかずの事務総局改革・検察庁改革

第三に、意見書は、裁判官の任命手続・人事制度などの点で重要な成果を上げているが、裁判官制度については、なお十分に切り込めなかった部分も少なくない。特に人事制度については、諸外国の例を見てもわかるように、本来、中央集権的な人事管理が必要であるか否か自体が問われなければならなかったはずであるが、この点は、意見書では正面からは検討されなかった。また意見書が、最高裁事務総局の改革に何も言及しなかったことも妥当ではない。これまで、裁判官の任命・人事を実際に担当してきたのは事務総局であり、それらの透明性・客観性に問題があったと意見書が認識する以上、事務総局のあり方が、正面から問われなければならなかったはずである。

なお意見書は、検察庁改革にも言及しているが、教育・研修制度を中心とする部分的改革にとどまっている。今回の司法改革の中では、検察庁に関する議論は、裁判所と比して、活発ではなかったと言うべきであろう。しかし、2002年4月の大阪高検公安部長の詐欺容疑での逮捕に関連して、検察庁の調査活動費の私的流用疑惑が報道されている[34]。報道が事実であれば、検察庁についても根本的な改革が必要であるかもしれない。

(4) グローバル化に対する理解の不足

第四に、意見書は、随所に「グローバル化」・「国際化」という言葉を使っているが、なお一国主義的発想から脱却できず、グローバル化の真の意味を理解しきれないでいる。たとえば、日本の弁護士の活動領域としても、国際機関と法整備支援を除けば、日本国内を無意識に前提とし、弁護士が世界各地で活動し、他国の弁護士と競争するという発想は見られない。同様に、法科大学院によって育てられる弁護士の国際競争力への配慮もない。意見書は、「国際化への対応」という一項目を立てて議論しているが[35]、本来この課題は、改革の個々の課題すべてについて意識されるべきであり、そのような項目立てに見られるような内外二分的発想自体が、問い直され

(5) 実施過程における裁量の余地

　第五に、意見書の提言を仔細に検討すると、制度改革の詳細が十分明確になっていないものが少なくないことに気づく。特に「裁判員制度」、「裁判官人事の客観化」など改革の中心的部分についても制度の詳細は必ずしも明確になっていない。民事司法への国民参加についても同様である。また、「法曹養成制度の改革」のように制度の趣旨とは矛盾する要素が取り込まれて、制度の一貫性が阻害されている場合もある。たとえば、法学既習者の存在は、プロフェッショナルスクールとしての法科大学院とは矛盾し、法科大学院を修了しない者にも司法試験の受験を認め、法曹資格取得の可能性を開いていることも、「プロセス」としての法曹養成という考え方とは相容れない。このため、現行の法学部教育の維持を重視した東大案が公表されることになるのである[36]。

　意見書が煮詰め切れなかった部分については、これからの実施過程に細部の設計が委ねられることになる。そのことは、具体化される内容如何では、意見書の趣旨から出来あがった制度が逸脱する可能性を否定できないことを意味する。

推進体制とその問題点

1　推進体制の整備

　意見書の最大の課題は、意見書が、意見書の趣旨に従って本当に実現されるかどうかであると言うこともできる。意見書は、単なる政策提言ではない。意見書の内容を具体化するためのプロセスは、すでに始まっている。すなわち政府は、意見書が提出された後ただちに、意見書を最大限尊重して改革を実現することを閣議決定し、「司法制度改革推進準備室」を設置し、「司法制度改革推進法」制定の準備に入った。そして、同推進法が2001年11月に成立すると、翌12月には、小泉首相を本部長とする「司法制度改革推進本部」が設置された。そして、意見書を具体化するためには、各課題ごとに制度の詳細設計を行なわねばならないところ、事務局の諮問機関的位置付けで[37]、10の「検討会」が主要な課題について設置され、2002年1月より具体的な検討作業が開始されている。設置された検討会は、

「労働」、「司法アクセス」、「ADR（裁判外紛争処理）」、「仲裁」、「行政訴訟」、「裁判員制度・刑事」、「公的弁護制度」、「国際化」、「法曹養成」、「法曹制度」である。また、推進本部令により、推進本部には、「顧問会議」と「事務局」が置かれた。特に前者は、本部長に対して意見を述べることを職務とし、意見書に従った具体化作業が行なわれることを監視する役割が期待されている。そして、2002年3月には、「司法制度改革推進計画」が閣議決定され、個々のテーマごとに法案提出時期が明示された。改革の具体化は、いよいよ佳境に入ろうとしているのである。

2　推進体制の問題点

しかしながら、推進本部の体制および本部設置後の進行状況を見る限り、意見書の趣旨に沿った改革の具体化について、いささかの危惧を抱かざるをえない。それは、以下のような諸理由による。

(1)　情報公開の不徹底

第一に指摘すべきことは、「公開性の後退」である。審議会が大きな成果をあげることができた主要な理由が、その論議が広く公開され、国民が審議会における議論の内容を十分に知りえたことにあることは異論のないところである。そして、前述のように意見書の定める制度の詳細に明確ではない部分があることから、情報公開の重要性は、実施段階においても変わらない。そのため、推進法に関する国会の議論でも、公開の重要性は再三指摘され、森山真弓法務大臣も、審議会と同様の公開を実現する意向を表明していた[38]。ところが、検討会が開始されると、議事録自体は公開されるものの発言者の氏名を記載しない「非顕名」の扱いを取る検討会が半数にのぼっている[39]。発言者名を記載しないことを正当化する理由は見出しがたく、そのような扱いは、立法過程の透明性の観点からも不適切であろう。特に裁判員制度については、意見書自体が「制度設計の段階から、国民に対し十分な情報を提供し、その意見に十分耳を傾ける必要がある」と明記しているにもかかわらず[40]、これを担当する「裁判員制度・刑事検討会」が顕名を拒否したことは、きわめて遺憾である。

(2)　官僚中心の事務局体制

第二は、「官僚中心の事務局体制」である。推進法のための国会論議において、森山法務大臣は、推進本部事務局に民間人を積極的に活用したい

との意向を表明し、山崎潮推進本部事務局長もほぼ法相と同様の発言をしていた[41]。しかし、実際には、弁護士2名を除くと民間出身の事務局員はおらず（2002年2月現在）[42]、事務局は、各省庁出身者のみによって構成されている。特に法務省出身者が多いようであるが[43]、法務省と関連する検察庁・警察庁の所掌事務自体が改革の対象になっていることを考慮すると適当とは思われない。意見書を前提に立法作業を行なう事務局の役割が、審議会の事務局とは異なることを考慮しても、官主導の推進体制には疑問が残る。

(3) 顧問会議の形骸化

官僚中心の事務局体制と裏腹であるのが、「顧問会議の形骸化」の危険である。顧問会議は、佐々木毅・東京大学総長、奥島孝康・早稲田大学総長を始め各界から選ばれた8名の有識者によって構成され、審議会会長であった佐藤教授が座長を務めている。顧問会議の議事録を見ると、意見書の趣旨を最大限生かして改革を実現させようと願う顧問が多数であることが理解できる。しかし、会議の開催は1カ月に1回程度と頻繁ではなく、しかもこれまでのところ各回の会議時間が1時間ときわめて短い[44]。このようなあり方では、事務局による具体化の中身が意見書から逸脱した場合に、効果的にそれを是正できるか不安がある。顧問会議の一層の実質化が望まれる。

意見書は、その末尾において、今後の制度改革のあり方についても言及し、改革は「国民の目に見える分りやすい形で進めなくてはならない」・「利用者の意見・意識を十分に汲み取り」、改革に反映させて行かねばならないと述べている[45]。現在の推進体制は、そのような観点からただちに見直される必要があろう。

最後に

現在は、「推進計画」が決定された直後であり、「検討会」における議論も法曹養成検討会を除いて、始まったばかりである。そのため、意見書がどのように具体化されていくのかを現時点で評価することは、なお時期尚早である。しかし、各分野において、意見書の趣旨に従った改革の具体化に対する抵抗が少なくないことには注意しなければならない。法曹・官

庁・大学など、改革の影響の及ぶところでは、当然のことながら、どこにも従来の制度をなるべく維持しようとする勢力が存在し、しかもその力は微弱ではない。しかし、日本社会全体が大きな変革期にある時に、司法制度だけが、その流れから自由であることが可能であるはずがない。

　最後に、日本の大学は、国民の立場に立って、日本社会の現状を批判し、その改革のための積極的な提言を行なってきた歴史と伝統を持っている。法曹養成に対する大学の対応は、その歴史と伝統が、現在もなお真実息づいているか否かを社会に示すことであろう。

　（本稿は、2002年4月3日に早稲田大学において開催された、早稲田大学比較法研究所・中国社会科学院共催の日中共同シンポジウムでなされた筆者の報告原稿をもとに、加筆・修正を加えたものである。）

〈注〉
(1)　水野邦夫「司法制度改革審議会はどのように設立されたか」月刊司法改革1号（1999年）53-61頁。
(2)　審議会「意見書──21世紀の日本を支える司法制度」月刊司法改革22号（2001年）44-91頁。
(3)　宮内義彦「特別インタビュー・改革は司法の容量を増やすことから」月刊司法改革14号（2000年）3-6頁。
(4)　阿部泰久「規制改革としての司法制度改革を」月刊司法改革14号（2000年）22-23頁。
(5)　「第41回日弁連定期総会報告」自由と正義41巻8号（1990年）114-117頁；「日弁連第42回定期総会報告」自由と正義42巻8号（1991年）111-114頁。
(6)　斎藤浩「司法制度改革──2つの流れの合流点」月刊司法改革1号（1999年）47-52頁；椛島裕之「変革の道具としての『意見書』」月刊司法改革23号（2001年）44-45頁。
(7)　本間重紀「財界統治戦略としての規制緩和的司法改革論の現段階──自民党報告と司法審『中間報告』」民主主義科学者協会法律部会編『だれのための「司法改革」か──「司法制度改革審議会中間報告」の批判的検討』（日本評論社、2001年）31頁；小田中聡樹『司法改革の思想と論理』（信山社、2001年）3、71-75、137頁；米倉勉「司法の現状と改革の方向」戒能通厚監修『みんなで考えよう司法改革』（日本評論社、2001年）31-32頁。

(8) 「資料ファイル・司法制度改革審議会審議」月刊司法改革24号（2001年）270-273頁。
(9) 審議会・第1回議事録、月刊司法改革1号（1999年）100-101頁。
(10) 審議会・第9回議事録、月刊司法改革6号（2000年）113-115頁。
(11) この点では、筆者が編集委員の1人として参加していた月刊誌「月刊司法改革」も、一定の役割を果たすことができたと思う。
(12) 審議会・前掲注（2）46-47頁。
(13) 同・47頁。
(14) 意見書に対する全体的なコメントとしては、月刊司法改革編集委員会「徹底検証・審議会『最終意見書』」月刊司法改革22号（2001年）3-17頁を参照されたい。
(15) 審議会・前掲注（2）66頁。
(16) すなわち、日本の法曹人口は、1999年において約2万人であり、法曹1人あたりの国民の数は約6,300人である。これに対して、同年度におけるアメリカの法曹人口は、約941,000人（国民1人あたり約290人）、先進国のうち法曹人口が小さいフランスでも法曹人口は約36,000人（国民1人あたり約1,640人）に達している（審議会・前掲注（2）66頁）。
(17) 同。
(18) 同・67-68頁。
(19) 柳田幸男『法科大学院構想の理想と現実』（有斐閣、2001年）23-24頁。
(20) 審議会・前掲注（2）73-74頁。
(21) 同・74頁。
(22) 同・66、74頁；弁護士へのアクセスを拡充するためには、その他、「弁護士報酬の透明化・合理化」、弁護士広告の自由化など「弁護士情報の公開」、法律事務所の法人化など「弁護士の執務態勢の強化・専門性の強化」も指摘されている（同74-75頁）。
(23) 同・50-59頁。
(24) 「弁護士報酬の敗訴者負担」制度の導入に対しては、訴訟提起に対する萎縮効果への懸念から、強い反対論が主張され（海渡雄一「司法制度改革審議会はどちらを向いているのか――経済的弱者の司法的正義を否定する弁護士費用の敗訴者負担」月刊司法改革13号〔2000年〕58-62頁）、大きな争点となり、意見書の記述もそれを反映して、慎重なものとなっている。
(25) 同・60-64頁。
(26) 同・78-81頁。
(27) なお、判事補に判事の職務を代行させる現行の「特例判事補制度」は段階的

に廃止される（同、79頁）。
(28)　日本裁判官ネットワーク『裁判官は訴える！――私たちの大疑問』（講談社、1999年）を参照されたい。
(29)　審議会・前掲注（2）81-84頁。
(30)　同・79-80、84頁。
(31)　同・75-76頁。
(32)　同・76-77頁。
(33)　同・47頁。
(34)　日本経済新聞2002年4月23日（朝刊）、朝日新聞2002年4月23日（朝刊）。
(35)　審議会・前掲注（2）64-65
(36)　東京大学大学院法学政治学研究科・法学部「改革の骨子案について」『法律時報増刊・司法改革2002』（2002年）141-143頁。
(37)　「司法制度改革新事情・司法制度改革推進本部・検討会の現状と課題」『法律時報増刊・司法改革2002』（2002年）52頁。
(38)　尾崎純理「司法改革新事情・司法制度改革推進法の審議と附帯決議」『法律時報増刊・司法改革2002』（2002年）49頁。
(39)　前掲注（37）53頁。
(40)　審議会・前掲注（2）82頁。
(41)　尾崎・前掲注（38）49-50頁。
(42)　同・51頁。
(43)　前掲注（37）53頁。
(44)　同・55頁。
(45)　審議会・前掲注（2）86頁。

第２部

日本の「法律家論」をめぐって
―― 弁護士のあるべき姿を探る

司法制度と法律家
——弁護士法72条問題への視点

始めに

　現在進行中の司法制度改革では、弁護士とその他の法律専門職種の関係が一つの争点となっている。日本では、弁護士法72条により、広範な法律事務について弁護士に独占権が認められ、この規制は、違反者に懲役刑を含む刑事制裁を科すことによって担保されている（弁護士法77条）。そして、司法書士を始めとする隣接法律専門職（以下、隣接職種と言う）[1]が、法律事務を限定的に取り扱うことができるのは、各専門職を規制する立法が、弁護士法の例外と位置付けられるからである[2]。

　このような弁護士の法律事務独占には、最近は批判が集中している。その主たる理由は、独占によって弁護士が負っているはずの法律事務の供給義務が、十分に機能していないからである。このため独占を一部開放し、隣接職種に限定的な訴訟代理権を付与することなどが主張されている。1999年12月に司法制度改革審議会（以下、審議会と言う）が公表した「論点整理」も、弁護士と隣接職種との関係を弁護士のあり方の文脈で検討すると述べており、これまでの審議会委員の発言を見る限り、弁護士の独占を緩和する方向で議論がまとまる公算が高い[3]。

　ところで弁護士法72条をめぐる対立は、ともすれば弁護士を始めとする各専門職の職域論、わかりやすく言えば「縄張り争い」と意識されがちである。しかし、この問題をそのように矮小化してはならない。72条問題は、司法制度を支える法律家は、どのような存在形態としてあるべきかにかかわる問題として、「法の支配」の実現に密接に関連する。これが、本稿を貫く問題意識である。

「法律家」とは何か

1 法律家の範囲

　司法制度の運営に対して、法律業務に従事する法律家の果たす役割は決定的であるところ、日本における法律家をめぐる議論には、一つの特徴がある。それは、現在の法曹三者だけが「法律家」であるとの前提で議論が進められることである。現在の審議会における議論もその例外ではない。隣接職種という呼称自体、法曹三者以外は、本来の法律家ではないとのニュアンスを含んでいる。その結果、国民と司法制度をつなぐ在野の法律家は、弁護士だけということになる。これまで公表されたロースクール構想でも、そこでの養成の対象は、多くの場合、法曹だけである。

　しかし、そのような狭い法律家の定義は、国民に提供されるべき法律事務の範囲の広さを考慮するとそのまま受け入れることはできない。欧米の弁護士の業務範囲は、一般に、日本の弁護士のそれよりも広く、司法書士・税理士・行政書士・社会保険労務士の業務を含むことが少なくない[4]。その程度は、その国で法律業務がどのように規制されているか[5]、隣接職種がどの程度存在するかによって異なるが、知的財産権関係を扱う弁理士を別とすれば、欧米では、法律専門職の資格が、日本のように細分化されていない場合が多く、そこでは弁護士が、人口的にも法律専門職全体の過半数を占め、法律業務の大半を処理している[6]。たとえば、アメリカの法律家とは、弁護士とほぼ同義である[7]。フランスには、弁護士の他に、コンセイユデタ・破毀院付弁護士・控訴院付代訴士という職種があるが、これらは隣接職種ではなく、弁護士内部の分化であり、人数もきわめて少ない[8]。ベルギーにおいても、法律家は、弁護士・公証人・執行士よりなるが、量的には全体の9割近くが弁護士であり[9]、弁護士は、訴訟代理および契約書の作成など予防法学的業務に加えて、日本であれば、司法書士が行なう会社設立・商業登記申請、税理士が行なう税務申告・税務署との交渉、行政書士の行なう各種行政庁への申請（たとえば、移民労働者の労働許可申請）・交渉、社会保険労務士の行なう社会保険当局への申請・交渉なども行なっている。

　ここにおいて我々は、日本において法律専門職が細分化され、しかも人

数的には、独占権を与えられているはずの弁護士が、専門職全体のごく一部を占めるに過ぎないことの意味を考えなければならない[10]。

2 法律家の本質としての自由と独立

考察の出発点は、専門職としての法律家の本質に求めるべきであろう。法律家とは、そもそもどのような職種であり、どのような条件を満たせば法律家と言えるのであろうか。

法律家が、法律専門知識に基づき依頼者に対して法的なサービスを提供する存在であることは間違いない。しかし逆に、法的サービスを提供する者がすべて法律家と言えるわけではない。法律家は、依頼者の単なる代弁者ではなく、「リーガル・プロフェッション」として公益に奉仕する必要があり、そのためその内部において、守るべき独自の倫理規範が成立していなければならない[11]。そして、その職務を遂行するためには、法律家は、自由であり、かつ独立した存在でなければならず、個人的な利益や社会的な圧力によって、職務の遂行が歪められてはならないのである[12]。このことは、在野の法律家を考える場合には、それが、国家機関との関係で、十分な独立性を備えている必要があることを意味し、それを担保する制度が、職能団体による自治ということになる。

自治とは、狭義には、職能団体が、資格の取得・組織の運営・綱紀の維持を他からの干渉なしに行なえることであり[13]、広義には、後継者の採用・教育を行なうことまで含む。法律家と言いうるためには、当該職種に、個々の法律家の自由と独立を守るために、この種の自治が確立している必要があるのである。それでは、日本の法律専門職の自治は、どのような状況にあるのであろうか。

日本の法律家と自治

1 弁護士の完全な自治

日本の弁護士は、狭義の意味では、ほぼ完全な自治を享受している。戦前の自治は、限定されていた。旧弁護士法のもとでは、弁護士会は、司法大臣の監督下にあり、懲戒手続は、検事長の申立てによって開始された[14]。この時代は、正当な弁護活動や裁判所に対する批判的言動が、多く懲戒の

対象にされていた[15]。これに対し、1949年に制定・施行された現行弁護士法は、弁護士会による完全な自治を保障している。すなわち、弁護士の開業・登録、指導監督、懲戒の権限は、すべて強制加入団体である弁護士会が保有するところとなり、裁判所等の国家機関は、弁護士および弁護士会に対する監督権を認められていない。

このような弁護士自治の徹底は、世界的には例外的なものである。しかし、諸外国の弁護士制度を見ても、弁護士団体には、概ね高度の自治が認められており、国家機関が最終的な監督権限を持つ場合も、監督の程度はそれほど強くないように思われる[16]。たとえば、ラント司法行政部が弁護士会を監督するドイツの弁護士自治は、一般に弱いと指摘される[17]。確かに、懲戒手続の第一審について見ても、懲戒権者は、国家機関としての名誉裁判所である。しかし、同裁判所の構成員は、弁護士会作成の名簿に基づいて任命される弁護士であり、法廷は弁護士会内に設けられ、弁護士会職員が法廷事務を担当する。このため、名誉裁判権は、弁護士会に大幅に委譲されているとの評価もある[18]。

EC加盟国弁護士会の連合体である欧州共同体弁護士会評議会（CCBE）（当時）は、1988年に「ECにおける弁護士職務規則」を採択したが、同規則は、法律家は、国家権力・社会内の他の利益に対抗して人権を擁護するために、自由で独立した存在でなければならないことを強調している[19]。EC各国の弁護士自治は、この規則と矛盾しないことを求められている。ところが日本の法律家は、弁護士以外には、十分な自治が認められておらず、プロフェッションとしての独立性が十分に備わっていないのである。

2 隣接職種の不完全な自治

隣接職種にも、職種によって程度は異なるが、一定の自治は認められている。すなわち、一般に開業・登録は、各専門職団体の自治に委ねられている。しかしその後は、行政庁に団体への監督権限が認められており、したがって懲戒権も行政庁が保持し、懲戒手続も行政庁の職権で開始できる。

たとえば、司法書士の場合、弁護士と同様に、業務を行なうためには、連合会の備える名簿に登録されねばならず（司法書士法6条）、連合会は、登録を拒否することができ（同法6条の3）[20]、また登録取消もできる（同法6条の9）。しかし、それ以外の分野では、自治は著しく制限され、

会則の制定・変更には、法務大臣の認可が必要であるし（同法15条の2）、懲戒権限も、法務局または地方法務局の長にある（同12条）。このような自治の現状は、司法書士の法律家としての独立性に危惧を抱かせる。一方で、永年職務に精励した司法書士を法務大臣が表彰し[21]、他方で、法務省の進めた登記所統廃合に反対した司法書士が、綱紀に問われかけたり、表彰対象から外されるなど嫌がらせを受けたとの指摘は[22]、それを示している。自治をある程度実現していると言われる司法書士においても、なお行政の一部としての性質が残り、行政に対抗する独立した法律家としての実体は未だ備わっていないと判断すべきであろう。このことは、他の隣接職種にとってもあてはまる。

「法の支配」と隣接職種

1 72条問題への視点

以上の検討から、日本では、法律事務の少なからぬ部分が、隣接職種によって担われているにもかかわらず[23]、彼らは、行政庁の監督下にあって独立性を担保する自治が十分に保障されていないことが明らかとなった。このような状況は、司法改革の指導理念である「法の支配」の実現とは適合しないと言わざるをえない[24]。

弁護士自治の根拠は、弁護士はその職務遂行のためには、裁判所・検察庁・その他行政機関と対立する可能性があり、そのためこれらの国家機関による監督を受けることは妥当ではないからであると説明されている[25]。しかしこのことは、弁護士に限定されないはずである。法律事務には、本質的に、行政庁・裁判所との厳しい緊張関係の中で遂行されざるをえない側面があり、その意味で、弁護士自治の根拠として述べられたことは、法律事務を扱うすべての隣接職種に該当しうる。しかも司法改革は、これまでの行政と個人の関係が変容することを予定しており、行政と個人が対立する場面はますます増加すると予測される[26]。もし隣接職種の現状を固定したままで、弁護士の独占を緩和した場合には、専門職によって処理される業務全体のうちで、行政に十分対抗できない隣接職種によって扱われる割合が増加しかねないことになる。

法律事務と言っても、隣接職種の担当する業務は、行政庁の補助業務に

過ぎず、そこでは行政との対立は生じないとの見方もあろう。しかし、以下の2点に留意すべきである。

第一に、現在議論されている弁護士による独占の緩和は、隣接職種が、そのような補助業務以外の本来の法律事務に進出することを認めるものである。訴訟代理権の限定的付与・法律相談権の付与は、行政への申請代行業務の枠内にはおさまらない。そして第二に、司法改革の進展は、申請業務自体についても、行政の裁量判断に基づいた運用から、法に基づいた運用への変化を要求し、そこでは申請業務も、もはや単なる定型的な業務にはとどまらなくなる可能性がある。

2 専門職の統合へ向けて

弁護士による法律事務独占は、弁護士が社会のすみずみまで良質なサービスを提供できることが前提であり[27]、それが可能ではない以上、独占の維持に正当性を見出すことは困難である。独占の緩和に向けた隣接職種の主張に説得力があるのは、弁護士の不足を補って、これまで隣接職種が実際に果たしてきた実績があるからである[28]。

しかし、独占が緩和されるだけでは十分ではない。「法の支配」を実現するためには、各職種が独立した法律家として行動できるような制度的担保を整備する必要がある。すなわち、隣接職種も、行政の監督対象から離脱し、懲戒権を中核とする自治を確立していかなければならない。

このようにして、一方で隣接職種の業務範囲が、従来の弁護士の業務に部分的に広がり、併せて自治の確立に向かい、他方で弁護士も、弁護士人口の増加に伴い、従来の訴訟中心の業務から脱却して、隣接職種の業務にも参入すると、職種によって程度は違うが、弁護士と隣接職種を区別する必要性は低下せざるをえない。そうであれば、その次の段階としては、隣接職種の中で条件の整ったものを、自治の保障された弁護士に統合する可能性が模索されねばならない。このように理解してこそ、法律事務独占の緩和は、単なる職域論としてではなく、司法改革の中で積極的な意義を持つものと位置付けられるのである。しかし、このような視点は、これまでの議論では必ずしも十分ではない。

それでは、異なる歴史・伝統を持ち、異なる意識に支配されている専門職の統合に現実性はあるのであろうか。以下には、二つの先例を指摘し、

それが不可能ではないことを指摘する。

3　専門職統合の先例

(1) フランスにおける法律顧問職の弁護士への統合

　法律専門職の統合に先例がないわけではない。たとえば、フランスの法律家の歴史は、統合の歴史でもある。フランスでは、1971年の法改正により、第一審レベルにおける弁護士の一元化が達成された。すなわち、一般的な一審裁判所である大審裁判所付代訴人・商事裁判所代理士が、弁護士に統合された[29]。

　さらに、1990年法により1971年法は改正され、法律顧問職（コンセイユ・ジュリディク）が、1992年1月から弁護士に統合された。法律顧問職は、主として企業を依頼者として、会社法、労働法、税法について法律相談を行なっていた職種である[30]。法律顧問職の統合は自動的に行なわれた。統合のために、法律顧問職が新たに試験を受ける必要はなく、その他、追加研修・職務宣誓すら必要なかった[31]。その結果、フランスの弁護士人口は、1989年の18,107名から、1994年には28,541名に増加した[32]。なお、この統合には、ECの域内市場統合の過程で、加盟国の弁護士資格が相互承認されることに伴い、フランス法曹の国際競争力を強化しようとする目的があったと指摘されている[33]。

(2) 沖縄返還時の沖縄弁護士の統合

　外国に例を求めなくても、類似の例は、我が国にもある。それは、米軍施政権下にあった沖縄の本土復帰に伴う、沖縄弁護士の統合である。

　復帰前の沖縄の法曹は、本土とは異なる要件によって資格を付与されており、それによる資格取得者が、当時の沖縄法曹の大部分を占めていた。そのため、復帰に際して、その扱いが問題となった。結論として、沖縄法曹には、試験・講習および選考によって本土の法曹資格を認めることとし、「沖縄の弁護士資格者等に対する本邦の弁護士資格等の付与に関する特別措置法」が制定された[34]。これにより沖縄法曹は、基礎的素養の有無を判定する民事・刑事の訴訟実務についての筆記試験を受け、合格者は、さらに面接試問および経歴評定の方法による選考を受け、選考合格者は、司法修習を終えたものとみなされることになった[35]。ちなみに1970年の第1回選考には、192人の沖縄法曹が受験し、183人が合格している[36]。

最後に

　弁護士と隣接職種の統合が短期的に進むとは思えない。しかし、司法改革の目的に照らして、両者の関係を発展させるためには、長期的な展望を持って方向性を定め、現実的な改革を進めることが必要であろう。すなわち、短期的には、弁護士により独占されている事務の一部を開放するとともに、隣接職種の自治を強化する措置を取る必要がある。それは、将来の統合へ向けた条件を整備することになろう。

　なお、紙幅の関係で論じることができなかったが、WTO設立に伴うサービス貿易自由化の流れの中で、弁護士資格の国際的相互承認が検討される可能性もある[37]。前述したフランスの例に見るように、相互承認に伴う競争の激化が、統合を進める要素となることにも留意すべきであろう。

〈注〉
(1) 本稿では、隣接職種として、司法書士・税理士・弁理士・行政書士・社会保険労務士・公認会計士を念頭に置いている。
(2) 塚原英治「弁護士法七二条をめぐる問題点と解決の方向」自由と正義51巻7号（2000年）57頁。
(3) 審議会「司法制度改革に向けて――論点整理」月刊司法改革4号（2000年）14・17頁。
(4) 須網隆夫「EC各国における弁護士の専門化の現状――ベルギー、フランス、ドイツ、オランダ、スペインの状況」自由と正義42巻7号（1991年）67頁以下。本書第4部212頁。
(5) 法廷代理以外の法律業務、特に法律相談業務が規制されていない国は、フランス・イギリス・オランダなど少なくない（ローラン・フランソワ・デュボア「フランスの弁護士制度」ジュリスト1021号（1993年）83頁；リチャード・プレイル「イギリスの弁護士制度」同・80頁；Hoegen, Dijkhof, The Legal Professions in the Netherlands, in The Legal Professions in the New Europe, A Handbook for Practitioners 229〔A. Tyrrel and Z. Yaqub ed., 1993〕）。
(6) もっとも、イングランドには様々な隣接職種が存在し、法律業務の相当部分を担っていると指摘される（本間正浩「イングランドにおける「隣接法律業務」(1)・(2・完)」自由と正義48巻7号〔1997年〕61頁以下；同巻8号〔1997年〕

87頁以下)。
(7) アメリカにも、弁理士に類似する「パテント・エージェント」が存在するが、その業務は、弁理士より限定されている。また「パテント・アトーニー」は、通常の弁護士資格を有している(ヘンリー・幸田『米国特許法逐条解説〔第3版〕』〔発明協会、1995年〕23-24頁)。
(8) このほか、司法管財人・企業清算人・商業裁判所書記などが専門職として存在するが、これらは裁判所の機能を補充する職種であり、本稿での検討からは除外した(山本和彦「フランス司法見聞録(1)——司法制度の概観」判例時報1432号〔1992年〕17頁)。また、1991年時点では、破毀院付弁護士は84名、控訴院付代訴士は330名に過ぎない(Sanglade, The Legal Profession in France, in The Legal Profession in the New Europe, A Handbook for Practitioners 〔A. Tyrrel and Z. Yaqub ed., 1993〕)。
(9) Philippe with Roberts, The Legal Profession in Belgium, in The Legal Professions in the New Europe 69-70 (A. Tyrrel and Z. Yaqub ed., 1993)。
(10) 日本において、弁護士と隣接職種の合計人口のうち、弁護士人口は全体の10%に満たない(本間〔2・完〕・前掲注(6)91頁)。
(11) 兼子一・竹下守夫『裁判法〔第4版〕』(有斐閣、1999年)383-384頁。
(12) CCBE, Code of Conduct for lawyers in the European Community (28 October 1998).
(13) 利谷信義「『弁護士自治』について」『法学セミナー増刊・現代の弁護士(司法編)』(日本評論社、1982年)61頁。
(14) 兼子・竹下、前掲注(11)373頁。
(15) 上野登子「弁護士自治の歴史」第二東京弁護士会編『弁護士自治の研究』(日本評論社、1982年)22-24・31-32頁。
(16) 日本における完全な弁護士自治を特殊日本的な要因に基づくものと理解する意見がある(辻誠「弁護士自治——諸外国との比較を中心にして」東京弁護士会編『東京弁護士会創立百周年記念論文集・司法改革の展望』〔有斐閣、1982年〕346頁)。弁護士自治の徹底が特殊日本的であることは肯定できるが、諸外国でも、高度な自治は保障されており、弁護士制度自体が自治を本来的に要求していると理解すべきだろう。
(17) 服部正敬「西ドイツの弁護士自治」第二東京弁護士会編『弁護士自治の研究』(日本評論社、1982年)214-216頁。
(18) ペテル・アレンス(霜島甲一・福井厚共訳)『弁護士倫理と懲戒手続き(日弁連弁護士倫理叢書・西ドイツ②)』(ぎょうせい、1986年)3・139頁。
(19) CCBE, supra note 12.

(20)　以前は、法務局・地方法務局への登録であったが、1985年の司法書士法改正により、現在のように改められた（兼子・竹下、前掲注（11）450頁）。
(21)　月報司法書士330号（1999年）31頁。
(22)　清水富美男「更なる戦いに向けて」全国青年司法書士協議会登記所統廃合対策委員会編『見捨てないで』（1998年）4頁。
(23)　三ケ月章「序にかえて――『日本の法律家』の置かれている環境」ジュリスト700号（1979年）12頁。
(24)　宮澤節生「弁護士・隣接法律職・企業法務部員」ジュリスト1168号（1999年）2頁。
(25)　兼子・竹下、前掲注（11）372頁。
(26)　須網隆夫「行政訴訟論議活性化のために」月刊司法改革2号（1999年）10頁以下。本書第1部20頁。
(27)　宮川光治「法律事務独占の今日的課題――プラクティスの改革と非弁問題の再検討」自由と正義35巻2号（1984年）17頁。
(28)　たとえば、全青司は1998年度より司法書士過疎および登記所統廃合地域を対象に全国を巡回して法律相談を行なっている（中村優子「巡回法律相談活動」法と民主主義338号〔1999年〕58頁）。
(29)　松川正毅「フランスの弁護士（2）」国際商事法務21巻5号（1993年）628-629頁。
(30)　山本和彦「フランス司法見聞録（14）――弁護士（続き）」判例時報1453号（1993年）18-21頁。
(31)　同・20頁。
(32)　菊地伸・鈴木秀彦「フランス弁護士制度の現状とその理念――パリ弁護士会長とフランス司法大臣の講演を通じて」自由と正義47巻8号（1996年）16頁。
(33)　山本和彦「フランス司法見聞録（3）――フランス司法制度の現状（続き）」判例時報1435号（1993年）10-11頁。
(34)　石川弘「沖縄の法曹資格と裁判所、検察庁、弁護士会」自由と正義23巻4号（1972年）48-49頁。
(35)　寺嶋芳一郎「沖縄法曹資格」自由と正義22巻2号（1971年）13頁以下。
(36)　石川・前掲注（34）49頁。
(37)　小原望「ＧＡＴＳと弁護士業の国際的規制緩和――パリ・フォーラムとその後の展開と対応」自由と正義50巻7号（1999年）34頁以下。

司法改革の「要」としての役割を期待する

法曹人口問題の位置

　2000年8月に行なわれた司法制度改革審議会（以下、審議会と言う）の集中審議は、新規法曹資格取得者を年間3,000人程度に増員することで合意に達した。この合意は、今後の司法改革の推移にも大きな影響を及ぼすと思われる。しかし、合意に至る過程には、紆余曲折があった。

　法曹人口問題は、今回の司法改革において、当初から主要な争点であった。すでに1990年代半ばより、行政改革・規制緩和に伴う要請として、政府・経済界は、法曹人口の増加に頻繁に言及し[1]、他方弁護士会は、大幅な増員に概ね消極的であり[2]、対立が顕在化していたからである。このため、審議会設置法の国会審議における参考人意見聴取でも、ほとんどの参考人が法曹人口増加の是非に言及していた[3]。しかし、審議会が始まると、改革が法の支配を実現するための司法の拡充を目的とすることがより明確となり、また法曹一元が課題となることにより、法曹人口は、新たな文脈で議論されるようになった。

　司法制度が法律家によって支えられている以上、法曹人口が司法制度の人的基盤に関連することは当然である。しかし、法曹人口の増加は、それにとどまらず、司法改革の中核に位置する課題であると言ってもよい。なぜなら、少ない法曹人口を前提に構築されてきた日本の司法制度にとって、その増加は、現行制度の枠組みを維持した上での単なる増加ではなく、法曹の入れ物となる司法のあり方に根源的な見直しを求める契機を含むからである。その意味で、審議会内部において、いわゆる改良派と改革派が増加の程度をめぐって対立したことは、当然のことなのである。

　本稿では、以下、合意に至る議論を整理し、残された課題を検討する。

これまでの議論の整理と到達点

1 審議会の議論の経過
(1) 法曹人口増についての一致

市民・経済界を問わず、法曹人口増加の必要性が広く承認されている状況を反映し[4]、審議会においても、法曹人口の増加は、さしたる抵抗なく受け入れられたように見える。すなわち、1999年11月の第6回審議会で、「論点整理」のために意見が交換されたが、そこでは多くの委員が増加に賛意を示し、増加の必要性についてすでに共通の認識が形成されていると受け止めた委員さえいた[5]。あえて言えば、法曹の量とともに質の維持に言及する委員があり、量の増加を最優先するか、それとも質の問題が量的拡大を制限する要素として機能する余地を認めるかに対立の可能性が残っていた[6]。

もっとも、この段階では、増加の具体的内容は未だ不明確であった。ほとんどの委員が、具体的数字に言及していなかったからである[7]。その中では、中坊委員が、具体的数字をあげて、増員を積極的に主張したことが目立つ[8]。すなわち、1999年10月の第4回審議会において、中坊委員は、発想を大胆に転換し、フランス並みと仮定して6万人程度という数字をあげる。ただしこの時点では、中坊委員も6万人という数字にそれほど固執しておらず、増員の具体的イメージを明確にする一つの例としての意味が強かったように思われる。しかし、「フランス並み」は、1999年11月の第7回審議会における青山善充東大副学長の説明にも現われる。青山教授は、主要先進国では、フランスの法曹人口がもっとも少なく、日本もフランス並みの法曹人口が最低限必要との意見が多いこと、そのためには毎年3,000人の合格者が必要であると説明した[9]。このようにしてフランス並みの法曹人口は、一つの目安としての市民権を次第に確立していく。

(2) 法曹三者間の対立

しかし法曹三者は、なお増員の程度について対立していたことを認識しておかねばならない。まず最高裁は、増加には終始消極的であり、質の維持を理由に、人口増はやむをえないとしても、その程度をなるべく小さくしようとする傾向が顕著であった。このことは、1999年12月の第8回審議

会における法曹三者からの意見聴取で明確となった。弁護士会は、国民各層の要求に応えられるだけの弁護士人口の増加を実現する姿勢を示したが[10]、最高裁の泉事務総長は、法曹人口の増加が必要と言いながらも、続けて、諸外国の法曹人口との対比で論じるのは不十分であり、質の確保も考慮して、「継続的、漸進的拡大を図ることが現実的かつ妥当である」と述べて、慎重な姿勢を示した[11]。法務省の態度は、より複雑である。審議会に提出した文書では、検察官・裁判官を含めて増員の必要を肯定しているが、原田事務次官は、人数検討の意義を否定するようにも取れる発言をし、合格者1,000人体制の継続を予測した。省内に意見の差が存在することがうかがえる[12]。

(3) 論点整理——「適正な増加」から「大幅な増員」へ

このような議論を受けて、1999年12月に公表された「論点整理」は、諸外国の法曹人口に言及し、現在の人口が過少であることを指摘しながら、「法曹人口の適正な増加を実現する方策を検討する」と言及するにとどまった[13]。

ところがその後、「適正な増加」の内容は、次第に「大幅な増加」へと変化していく。ここでもイニシアチブを発揮したのは中坊委員であった。同委員は、2000年2月の第13回審議会で、「弁護士のあり方」について報告し、将来の弁護士人口を、外国との比較・住民人口と弁護士との関係・法的需要・法曹一元裁判官の供給母体という4つの観点から試算し、フランス並みの5ないし6万人の弁護士人口を明確に提案した[14]。そして、中坊報告を受けて、佐藤会長は、6万人という数字はともかく、「弁護士の相当大幅な増員を図らなければいけない」ことについて、審議会のコンセンサスができたとまとめ、第14回の冒頭で再度確認する[15]。そして、第18回に配布された「司法の人的基盤の充実・強化の必要性」と題する書面で、法曹人口の大幅増員が最終的に確定するのである[16]。

なお、増員の中心は弁護士であるが、審議会は、第13回・第14回において、裁判官・検察官の大幅増員についても同時に確認していることに留意しなければならない[17]。その意味では、審議会は、最高裁の説明には納得しなかったのである。

(4)「大幅な増員」の中身についての対立

しかし審議会は、具体的数字を確認せずに大幅増員だけを確認したため

に、その後も、増加の程度、具体的人数は依然明確ではなく、決定される具体的人数如何では、まったく異なる状況が出現しかねない状況にあった。このことは、具体的数字をめぐって対立が生じうることを予測させ、その通りに、法曹養成制度を議論した2000年4月の第18回審議会で、大幅増員の内容について激しい論戦が戦わされた。すなわち、大幅増員と言う以上、フランス並みの5～6万人の法曹人口を当然とする中坊委員に対して、竹下会長代理は、大幅増員の内容は「これから議論する」のだから具体的には言えないと対峙し、水原委員も数字の明示に反対した。これは、増員の程度についての対立を示唆している[18]。しかし、他方で竹下氏も、大幅増加とは、「2、3割の増加を指すものではない、もっと大きな数を考えている」ことには一致があると述べ、佐藤会長もそれを確認している[19]。

　従来の司法試験改革の延長線上の議論としては、毎年の合格者1,500人程度が一つの目安であったことは間違いない。たとえば、日弁連内の増員積極派が当初予定したのは1,500人であり[20]、行政改革推進本部規制改革委員会の、「規制改革についての第2次見解」（1999年12月）も、合格者の1,500人程度への増員を着実に推進すべきとしている。弁護士増員に積極的な六本教授の提案でも1,800人であった[21]。しかし、より大幅な増員を求める声も当然に強かった。たとえば、企業法務部員が構成する経営法友会は、1999年12月の「司法制度改革に関する提言」で、司法試験の資格試験化を前提に、中期的には合格者を4,000～5,000人程度とすることを提言していた[22]。

　この時期、審議会内では、フランス並みの5ないし6万人の法曹人口は、少しずつ支持を広げていくが[23]、その推移には予断を許さないものがあった。

(5) 集中審議における3,000人合意

　ところが、2000年8月の集中審議において、審議会は、新規法曹資格取得者数を年間3,000人程度に拡大することで合意に達した[24]。法科大学院構想の進展を見極めるために、増員の時期は明示されていないが、3,000人体制の開始は「できるだけ早い時期」であり、早ければ、2005年に法科大学院修了者を中心に3,000名となる可能性がある。3,000人は、従来の議論から見ると思い切った数字であるが、その意味については、これを最小限と捉えるものと、ほぼ最大限と捉えるものがあり、なお対立している。

3,000人体制が10年続けば、3万人の新しい法曹が既存の法曹に加わり、その時点でフランス並みにほぼ近い法曹人口が整備されることになろう。その意味で、法曹人口5ないし6万人という主張が、審議会において原則的に承認されたと評価して良かろう。

2　3,000人体制を導いたもの
(1) 弁護士会の対応の変化
　最近まで深刻な対立があったはずの審議会が、一転して大幅増員の内容について合意に達したことには、どのような要因が影響したと見るべきであろうか。

　第一の要因は、これまで増員に消極的であった弁護士会が、審議会開始後その立場を変え、増員に慎重な最高裁が孤立したことにある。すなわち、日弁連は、内部に増員反対派を抱えながらも、1999年10月には、「国民が必要とする弁護士の増加と質の確保を実現する」と提言し、従来と比べて増員に積極的に対応する立場を明確にした[25]。そして、提言の内容は、2000年5月の日弁連第51回定期総会で可決された「司法改革に関する宣言」で正式に確認される。宣言は、日弁連が、市民が必要とするだけの量の弁護士を確保するために、「法曹人口の適正な増加」に取り組むとしている[26]。さらに、2000年秋の日弁連臨時総会に提出予定の「法曹人口と法曹養成制度に関する決議案」(2000年7月16日付)は、提案理由において、法曹三者が法曹人口を決定してきた過去と決別し、合格者数を決定してきたこれまでの総会決議を変更することを明確にしている。もし同決議案が採択されれば、今後、弁護士会が人口増の制約要因として機能することはないであろう。

　このような弁護士会の変化は、弁護士の業務環境が急速に変化しつつあることに対応している。それは、第一に、訴訟外業務の拡大であり[27]、第二に、国際化による海外の法律事務所との競争の激化である[28]。これらの変化が、多くの弁護士人口を必要とする基盤となっているのである。

(2) 政府・自民党の増員要求
　第二の要因は、政府・自民党が、文字通りの大幅な増加に積極的であったことである。2000年3月に閣議決定された「規制緩和推進3カ年計画」は、合格者1,500人増員を既定の事実とした上で、審議会の検討結果を踏

まえて大幅増員の実現を図るとしている。これにより、1,500人を相当上回る数字でなければ、「大幅」とは評価されない状況が形成された。

そして、2000年5月の自民党司法制度調査会報告は、法曹人口の大幅増加が不可欠と認識し、具体的には、やはりフランスに注目し、例としてではあるが、「一定期間内にフランス並みを目指していくというような目標の設定が望ましい」と具体的な増員の程度をイメージし、増員のペースについても、「適正な競争を生み出す」ことが必要と述べ、かなり速い増加を予定している[29]。同じ5月に公表された通産省企業法制研究会の報告書が、フランスを例にして弁護士数の早急な増加と裁判官の増員を要求していたことにも留意すべきである。

これらを考慮すれば、司法改革に政府・自民党の支持を調達するためには、フランス並みの法曹人口を比較的短期間に実現することが求められていたと言えよう。増員に慎重な最高裁は、このような状況を十分に理解していなかったことになる。

中間報告の課題

1　大幅増の内容

すでに合格者3,000人程度という数字が審議会で合意された以上、中間報告の作成にあたっては、これを達成する時期とそれまでの道筋が主要な課題となろう。審議会は、「できるだけ早い時期」と述べて増員について具体的な時期を定めていないが、そのことにより実施の時期が遅れるようなことが許されてはならない。2005年に法科大学院修了者を出すためには、修了年限を2年としても2003年に開校しなければならず、そのための予定表・必要な措置について、十分に検討される必要がある。

また、数字自体にも問題がないわけではない。第一に、報道による限り、3,000人が上限であるか下限であるかについて、委員の認識に差がある。第二に、より重要なことは、この数字の意味である。従来法曹三者で合意された数字は、ほぼストレートに現実の司法試験合格者数を意味していた。1999年の合格者が1,000名であったことは、まさにその例である。しかし、今回の数字の持つ意味は、そうではない。そもそも人数を規制すべきか否かの議論があり[30]、司法試験の資格試験化と合わせて考えれば、3,000人

という数字は、増員のための制度整備の目安に過ぎず、現実には、毎年の合格者は、これを前後して相当変化するものと見なければならない。そうであれば、そもそも3,000人を上限と考えて、それ以上の合格者を出さないようにするという論理は、成り立つ余地がない。

　さて、3,000人の法曹が毎年新たに生み出されることは、法科大学院・隣接職種の議論に大きな影響を与えずにはおかない。以下、それぞれ検討する。

2　法曹人口と法科大学院

　法科大学院構想の誕生は、本来、法曹人口の大幅な増加を前提として、多数の質の高い法曹の養成をどのように実現するかという問題意識に由来する部分が大きかった。もし、毎年の合格者を現行の1,000人からせいぜい数割増やすという程度であれば、現行制度にいくら問題があっても、既存の大学に著しい変化を強要する法科大学院構想より、現行制度を改良するほうが、費用対効果の面でも優れるとの議論に説得力があるからである[31]。この意味で、法科大学院と法曹人口は、密接な関係にある。そして、どの程度の増員が行なわれるかは、法科大学院の数・各校の定員・教育内容など具体的な制度設計に影響する。いままでの法科大学院論議は、法曹人口について具体的数字を前提とせずに進められたために、ともすれば構想の細部を詰めきれないきらいがあった。たとえば、研修所には何人でも受入可能という裁判所側の発言を前提に[32]、多くの大学では、法実務教育はなるべく研修所に任せようとする傾向が強い。しかし、3,000人に対して、現行の司法修習を維持することは現実的に可能であろうか。可能でなければ、法科大学院の教育内容は、司法修習の内容を取り込む方向へ拡大せざるをえないであろう。このように、3,000人という具体的人数に照らして、いままでの議論を見直す必要があるのである。

3　法曹人口と隣接職種

　法科大学院とともに、3,000人の新規法曹により深刻な影響を被るのが、司法書士をはじめとする隣接法律専門職、いわゆる隣接職種の問題である。フランスには、日本のように弁護士を数で上回る法律専門職種は存在しない。したがって、フランスの法曹人口との比較が意味を持つためには、本

来は隣接職種の人口を含めなければならない。フランス並みの法曹人口を一貫して提案した中坊委員も、それには「関連業種との関係をどう調整するか」という前提が付くと述べている[33]。もし弁護士だけでなく、隣接職種を含めた全体の人口を比較すれば、欧州主要国と比較して、日本の法曹人口が少なすぎることはないのである[34]。

結論として、現在の細分化された隣接職種の現状をそのままにして、フランス並みの弁護士人口を実現しようとすることは矛盾であり、「フランス並み」を追求する以上、すでに別稿で指摘したように、隣接職種の弁護士への統合の可能性を真剣に検討しなければならない[35]。毎年3,000人の新規法曹が産み出されることにより、多くの弁護士が、現在の隣接職種の業務分野に参入する可能性がある。そして、このことは法科大学院の教育内容にも反映せざるをえず、不動産登記法・税法などの諸科目が教育内容に含まれねばならないことを意味するだろう。

最後に

およそ制度改革には、必ず「要（かなめ）」となる部分が存在する。「要」とは、その部分が変わることによって、制度全体が変わらざるをえないことを意味する。現時点で今後の推移を完全に予測することはもちろん困難である。しかし、毎年3,000人程度という法曹人口の増加は、多くの改革論者の予測をも超える大胆な数字であり、前述のように法曹養成・隣接職種のあり方に大きな影響を与え、しかも法曹一元の前提条件を整備するものである。それゆえ、そこに司法改革の「要」としての役割を期待することは根拠のないことではない。およそ改革を望む者は、その積極的意義を十分に理解しなければならないのではなかろうか。

〈注〉
(1) 斎藤浩「司法制度改革──２つの流れの合流点」月刊司法改革１号（1999年）47-50頁。
(2) 増員に積極的な立場でも、毎年1,500人程度への増員により、2010年の弁護士人口約28,000人を構想するにとどまっていた（日弁連司法基盤整備・法曹人口問

題基本計画策定協議会「弁護士と司法の2010年戦略——弁護士は国民が利用しやすい職業に、司法は国民が求める役割を」自由と正義49巻4号〔1998年〕166頁）。
(3) 水野邦夫「司法制度改革審議会はどのように設立されたか」月刊司法改革1号（1999年）59-60頁。
(4) たとえば、ヒヤリングに参加した島田晴雄教授・松尾龍彦氏など、法曹人口の拡大を支持している（審議会・第3回議事録、月刊司法改革3号〔1999年〕94頁、審議会・第4回議事録、同122頁）。
(5) 高木審議会委員の発言（審議会・第6回議事録、月刊司法改革4号〔2000年〕129頁）。
(6) 量と同時に質の重要性に言及したのは、井上・竹下・藤田・石井の各委員であった（審議会・第6回議事録、月刊司法改革4号〔2000年〕126・131・134・153・155・161・168頁）。
(7) ただし、北村委員は、第6回に毎年2,000人程度の合格者という数字をあげていた（月刊司法改革4号〔2000年〕128頁）。
(8) 審議会・第4回議事録、月刊司法改革3号（1999年）131・137-138頁。
(9) 審議会・第7回議事録、月刊司法改革5号（2000年）82頁。
(10) 審議会・第8回議事概要、月刊司法改革5号（2000年）125頁；審議会・第8回議事録、同6号（2000年）90頁。
(11) 審議会・第8回議事概要、月刊司法改革5号（2000年）118-119頁；審議会・第8回議事録、同6号（2000年）85頁。最高裁は、第17回審議会の中山総務局長も、これまでの増員によって裁判官の負担は「相当程度改善されてきている」と発言し、本人も現状肯定的に受け取られかねない発言であったことを認めている（同11号〔2000年〕87・90-91頁）。
(12) 審議会・第8回議事概要、月刊司法改革5号（2000年）112頁；審議会・第8回議事録、同6号（2000年）80-81頁。第17回の但木官房長は、検察官・検察事務官の人員不足を強調し、法曹人口そのものが諸外国より少なすぎると指摘しており、原田事務次官と対照的である（同11号〔2000年〕84・89頁）。
(13) 審議会「司法制度改革に向けて——論点整理」月刊司法改革4号（2000年）15頁。
(14) 審議会・第13回議事録、月刊司法改革8号（2000年5月号）105-106頁。
(15) 同122頁；審議会・第14回議事録、月刊司法改革9号（2000年）79頁。
(16) 審議会・第18回議事録、月刊司法改革11号（2000年）139頁。
(17) 審議会・第13回議事録、月刊司法改革8号（2000年）119・122頁；審議会・第14回議事録、同9号79頁。
(18) 審議会・第18回議事録、月刊司法改革11号（2000年）134頁。

(19) 同135-136頁。
(20) 前掲注（2）166頁。
(21) 六本佳平「法曹人口」ジュリスト1170号（2000年）53頁。
(22) 経営法友会「司法制度改革に関する提言」NBL680号（2000年）71頁。
(23) たとえば、吉岡委員は、民事司法との関連で、フランス並みを目指すのが妥当と発言している（審議会・第20回議事概要、月刊司法改革10号〔2000年〕138頁）。
(24) 2000年8月9日付日本経済新聞・朝日新聞。
(25) 日本弁護士連合会「司法改革実現に向けての基本的提言」自由と正義50巻12号（1999年）172頁。
(26) 「日本弁護士連合会第51回定期総会報告」自由と正義51巻8号（2000年）173・176頁。
(27) 日弁連は、すでに1988年に訴訟中心の業務形態を改めて、裁判外業務を重視し、開拓することを宣言している。これは、新たな市場の拡大であり、拡大されるニーズに対応しうる法曹人口の供給が必要であるのは当然である（堤淳一「弁護士業務の新展開」日本弁護士連合会編『21世紀弁護士論』〔有斐閣、2000年〕369-370頁）。
(28) 海外の法律事務所との共同事業が可能となった場合、日本弁護士の独立性を維持するためには、弁護士の大幅な増加が必要との指摘がある（小原望「法律業務の国際的競争と弁護士の法律事務独占——MDPとGATSの主要原則を中心として」自由と正義51巻8号〔2000年〕31頁）。
(29) 自由民主党司法制度調査会「21世紀の司法の確かな一歩——国民と世界から信頼される司法を目指して」月刊司法改革10号（2000年）159頁。
(30) 高野隆「弁護士の数は市場に任せろ」月刊司法改革5号（2000年）63頁。
(31) 中坊委員は、第18回審議会において、大幅が現行の2ないし3割程度の増員も含むのなら、法科大学院を作らずに、現行制度の改革で対応できるという議論が出てくると指摘するが、まさにその通りである（審議会・第18回議事録、月刊司法改革11号〔2000年〕133-134頁）。
(32) 2000年7月29日に開催された日弁連シンポジウム「日本型ロースクール」において、パネリストの加藤新太郎判事は、その趣旨の発言をされた。
(33) 審議会・第16回議事録、月刊司法改革10号（2000年）104頁。
(34) 小原望「社会・経済活動の国際化と弁護士の対応」日本弁護士連合会編『21世紀弁護士論』（有斐閣、2000年）398頁。
(35) 須網隆夫「司法制度と法律家——弁護士法72条問題への視点」月刊司法改革8号（2000年）16-17頁以下、本書第2部48頁；小原・前掲注（28）30-31頁。

司法制度改革と弁護士自治

始めに

現在進行中の司法改革は、これまで日本の弁護士が享受してきた「弁護士自治」にも、様々な影響を及ぼさずにはおかないだろう。本稿は、司法制度改革審議会意見書を具体化する中で、弁護士自治にどのような変化が予測され、それに対応するためには何が課題となるのかを明らかにすることを目的としている。

しかし、弁護士自治について論じることは必ずしも容易ではない。その第一の理由は、弁護士自治をテーマとする研究が、1980年代後半以降、あまり活発に行なわれていないことである。弁護士自治を扱った論文が、その期間に、あまり公表されていないことがそれを示している。加えて、日本の弁護士自治の程度が、概して諸外国より進んでいる事情がある。そのため、他分野では有用な諸外国を参考にした比較法的研究が、弁護士自治については有効に機能しにくい。しかし、司法改革に伴って生じる弁護士をめぐる状況の変化は、弁護士自治研究の必要性を高めよう。本稿が、今後の本格的研究の契機となれば幸いである。

弁護士自治の発展

1「弁護士自治」の定義

「弁護士自治」という用語は、様々な文脈で使用され、その意味も一様ではない。狭義には、弁護士会が、弁護士資格の付与・弁護士会の運営・会員に対する指導監督と懲戒を、外部からの介入なしに自らの権限として行なうことを意味すると理解するのが普通である[1]。そこでは、特に弁護士会の有する会員弁護士に対する懲戒権が、弁護士自治の核心を構成すると評価され、懲戒権の行使に外部の機関が関与する程度が少ないことが、高度な自治が保障されていることを意味する[2]。他方、この概念をより広

く理解する見解もあり、その場合には、さらに資格試験・弁護士実務の修習など後継者の養成を弁護士会自身が行なうこと、強制加入の弁護士会が設立されることなども、弁護士自治の内容であると説明されている[3]。

このような定義の違いは、当然のことながら、現状に対する評価の相違に結び付く。後者の定義によれば、司法試験が法務省により、司法修習が最高裁に設けられた司法研修所が実施している現状を（ただし、弁護修習については、委託を受けて弁護士会が行なっている）、弁護士自治が完全に保障されているとは評価できない[4]。これに対して、狭義の定義に基づけば、日本の現状を、自治が高度に保障されていると評価することが一般的である[5]。

そして、弁護士を含む多くの論者は、狭義の定義を前提に、日本では弁護士自治が高度に保障されていると認識していると言って良い[6]。このような認識に関連しては、弁護士会により登録を拒否された者・懲戒処分を受けた者が、裁判所に出訴して、その適法性を争うことができることは（弁護士法16・62条）、自治に対する侵害とは認識されていないことにも注意する必要がある。換言すれば、弁護士会の意図に反して会員が懲戒されるという状況こそが、弁護士自治に対する脅威と理解されているのである。そして、このような認識の背景には、弁護士自治の獲得をめぐる歴史的な経緯が存在する。

2　弁護士自治の獲得——戦前から新弁護士法の成立

日本の弁護士は、第二次世界大戦以前から、現在のような自治を享受していたわけではない。むしろ戦前の経験への反省から、戦後の弁護士法改正により弁護士会に自治権が保障されるに至ったのである。

すなわち、1893年に施行された旧々弁護士法では、弁護士会の活動および懲戒手続は、国によって厳格に規制されていた。弁護士会は、所属地方裁判所検事正による監督を受け、会議の開催すら、事前に検事正に届け出て、その結果を報告する義務を負っていた。懲戒も、検事正が検事長に訴追請求し、検事長の懲戒訴追により管轄控訴院に設置される懲戒裁判所において、判事懲戒法の規定を準用して行なわれた[7]。1936年に施行された旧弁護士法においても、事態は本質的には同様であった。弁護士会を監督する者は、司法大臣に変更されたが、従来の監督権の内容の多くは、その

まま司法大臣に引き継がれ、懲戒も、検事長の申立により、管轄控訴院の懲戒裁判所が担当した[8]。そして、これらの時期における懲戒事例の特色としては、裁判官に対する忌避申立など正当な弁護活動の一環として行なわれた、裁判所・裁判官に対する批判的言辞が、懲戒の対象とされている場合が少なくない[9]。このように不当な懲戒事例が少なくなかったことが、戦前の弁護士自治を求める運動を惹起した中心的な要因であったと言えよう。

このため、戦前の「弁護士自治獲得運動」を基礎に[10]、1949年に議員立法として制定された現行弁護士法は、司法省・裁判所の弁護士に対する監督権を排し、弁護士に対する指導・監督を弁護士会に委ね、懲戒の権限を弁護士会に付与するなど高度の自治を保障するものとなった。すなわち、弁護士登録、弁護士の指導・監督、弁護士に対する懲戒などの諸権限は、すべて弁護士会に移譲されたのであり、従来の裁判所・司法省と弁護士・弁護士会との関係は、ここに一変するに至った。そのため、多くの弁護士は、新弁護士法を「弁護士に対し、世界に類のない完全な自治を与え」たものと高く評価し[11]、それ以上の自治への欲求を強くは持たなかったのである。

3 弁護士自治に対するこれまでの対立

このように弁護士からは、最大級の賛辞を持って迎えられた現行弁護士法の弁護士自治には、その後、弁護士集団の外部から批判が加えられるようになる。外部との主要な対立は、これまで以下の3回生じている。

すなわち、第1回は、1964年に公表された「臨時司法制度調査会意見書」である。意見書は、綱紀委員会への第三者の参加など懲戒制度に対する改革を内容としていたが、日弁連を中心とする反対運動により、その具体化は実現しなかった[12]。第2回は、1970年代後半であり、「弁護人抜き裁判特例法案」に関連して、当時の弁護士会による懲戒制度の運用に対して、法務省・最高裁から厳しい批判がなされた。そして、「法曹三者協議」の結果、懲戒委員会の外部委員の増員・綱紀委員会への参与員制度の導入が実現した[13]。この結果は、弁護士自治の譲歩であるとも評価されている。そして第3回は、現在の司法改革に繋がる動きであり、1997年に自民党司法制度特別調査会が公表した「司法制度改革の基本的な方針」(1997年11

月11日）では、弁護士自治のあり方の見直しが検討項目にあがっており、弁護士の懲戒について外部機関による審査方式を導入することが、具体的に記載されていた。もっとも、同調査会がその後公表した報告においては、弁護士自治にかかわる部分は削除されていた[14]。

これらの批判は、いずれも懲戒手続に向けられたものであり、懲戒手続のあり方が、弁護士自治をめぐる中心的な争点であることが理解できる。それでは、今回の司法制度改革審議会において、弁護士自治はどのように位置付けられ、また扱われているのであろうか。

審議会と弁護士自治

1 審議会における議論

(1) 弁護士倫理に関する論点設定

自民党が弁護士自治への関心を失ったことが反映したためか、審議会が開始された当初の段階では、審議会も、弁護士自治について検討するという考えを明確には持っていなかった。このことは、審議会が1999年12月に公表した「論点整理」から明らかである。そのため、たとえば、1999年12月の法曹三者からのヒアリングにおいても、小堀樹・日弁連会長（当時）は、弁護士倫理問題について、きわめて簡単にしか言及しなかった[15]。2000年2月には、審議会において、中坊公平委員が2回に渡って「弁護士制度改革の課題」について報告しているが、そこでも「弁護士自治の強化と倫理の確立」が述べられているとは言うものの[16]、自治の現状を前提した上で、その強化を論じており、旧来の弁護士自治の枠組みを越えるものではなかった。そして、その後の委員による意見交換でも、この課題についての議論はなかった。ただし、中坊委員報告および意見交換をもとにまとめられ、2000年3月14日の審議会で確認された検討すべき論点についてのメモでは、検討すべき論点に「弁護士自治の在り方と弁護士会の運営に第三者の意見を反映させる方策」が含まれていることには注意を要する[17]。

その後の経緯を概観すると、2000年9月には、「弁護士の在り方」に関する審議の中で、弁護士会は弁護士に対する指導監督を、国民に開かれた形で行なう必要があり、その見地から綱紀・懲戒手続の透明化、迅速化、実効化を図るために制度を見直すことがおおむね確認され[18]、さらに

2000年10月の会合において了承された審議の取りまとめでは、従来の議論の延長線上に、弁護士倫理の強化のために、弁護士会運営への国民参加など、国民の意見を反映させる具体的な方策を検討すると記されている[19]。そして2000年11月に審議会が公表した「中間報告」は、弁護士倫理の強化について、弁護士自治を前提にしながら、綱紀・懲戒に関する諸手続の透明化、国民に対する説明責任の実行、諸手続の運営への国民参加など、弁護士会の自律的権能の行使にも、国民の意思を反映させる必要があると述べている[20]。「中間報告」は、改革の三本柱の一つとして「国民的基盤の確立」をあげており、そのためには、「裁判所、検察庁、弁護士会等の運営等について国民の意思をより反映させる仕組みを整える必要がある」ことを明確にしている[21]。ここにおいて、綱紀・懲戒手続への第三者の参加は、裁判官選任過程への国民参加・検察審査会の議決の法的拘束力と並ぶ、司法の運営への国民参加を具体化する方策と位置付けられたのである。

(2) 中間報告から最終意見書へ

中間報告の内容は、なお抽象的なものにとどまっていた。審議会が、それを具体化する作業を行なうのは、2001年に入ってからである。作業の出発点となったのは、同年1月の審議会における久保井一匡・日弁連会長（当時）のプレゼンテーションであった。久保井会長は、懲戒権限は国民から付託されたものであることを前提に、弁護士会運営に対する国民参加とともに、綱紀委員会の外部委員への議決権付与、綱紀・懲戒委員会への市民代表、懲戒請求者の不服申立への配慮（市民代表によって構成される「懲戒審査会」の新設）など、最終意見書の内容と基本的に同趣旨の改革を弁護士会が行なうことを明らかにした[22]。2001年1・2月は、審議会は、「弁護士のあり方」と「国民の司法参加」を、ほぼ1回おきに議論しており[23]、そのため綱紀・懲戒手続への外部委員の役割の強化が、より国民の司法参加の観点から議論されるに至ったとも推測できる。

意見書案の審議は、2001年5月に始まったが、この段階では、弁護士自治に関する審議会の考え方は、すでに固まっていた。意見書案についての審議では、懲戒請求者が裁判所に不服申立を行なうことの是非、綱紀・懲戒委員会において外部委員が過半数を占めるべきか否かが、それぞれ議論されたが、いずれも原案を修正するまでには至らず[24]、最終意見書の弁護士自治のあり方に関する部分の内容は、意見書案からまったく変わって

いない[25]。

総じて言えば、弁護士自治に関する審議会の議論は、それほど活発ではなく、弁護士自治は、本審議会における中心的な論点の一つであったとは言えない。そのことはまた、綱紀・懲戒手続の改革が、弁護士会内部に反対意見はあるものの[26]、全体としては弁護士会によって承認されていたことの反映でもあるだろう。

2 意見書の内容

以上のような経緯を経てまとめられた最終意見書は、綱紀・懲戒手続を含む弁護士自治のあり方に一定の変化を迫る内容となっている。以下には、その内容を概観する[27]。

第一は、「弁護士会運営の透明化」にかかわる事項である。意見書は、「弁護士会運営の透明性を確保し、国民に対する説明責任を実行する」ことの重要性を強調している。具体的には、意見書は、会務運営に国民の声を反映させるために、弁護士以外の者を関与させること、意思決定過程の透明性の確保、業務・財務等に関する情報公開を求めている。さらに、弁護士会が改革課題に専門的・系統的に対応するための態勢整備も期待されている。

第二は、綱紀・懲戒手続を中心とする弁護士倫理にかかわる問題である。意見書は、まず「綱紀・懲戒手続の透明化・迅速化・実効化」の観点から、諸手続について様々な措置を提言している。その中核は、綱紀・懲戒委員会における非弁護士委員の増加、綱紀委員の非弁護士委員への評決権付与、懲戒請求者が綱紀委員会議決に対して国民が参加する機関に不服申立できる制度の導入である。綱紀・懲戒手続には、その他、職権調査を実効化するための弁護士の協力義務、迅速化のための標準審理期間の設定、懲戒請求者の手続参加、懲戒処分結果の公表の拡充が、それぞれ提言されている。また綱紀・懲戒手続以外では、意見書は、その前段階である苦情処理の充実、弁護士賠償責任保険の普及、倫理教育の強化なども提言している。

なお、綱紀・懲戒委員会の構成については、弁護士以外の委員が過半数を占めるべきであるとの意見もあったが、他方それは弁護士会に任せるべきであるとの意見もあり[28]、意見書は特定の立場を採らず、判断は弁護士会に任されている。

審議会意見書への評価

1 非弁護士委員の関与
(1) 関与の意味

それでは、以上のような意見書の内容をどのように評価すべきであろうか。まず、綱紀・懲戒手続への非弁護士委員の関与強化の点について検討する。従来、綱紀・懲戒委員会における非弁護士委員による関与の程度が増加することは、弁護士自治に対する侵害であると理解されてきた。そして、現在もなおそのような考え方は根強く残っているはずである。そこでは、自治とは、まさに弁護士が自らの同僚に対する懲戒を決定することであり、たとえば、外部委員が過半数を占めるような事態は許容できないと指摘される[29]。しかし注意すべきことは、そこでの外部委員とは、おおむね裁判官・検察官という他の法曹が予定されていたことである[30]。

これに対して、意見書の提言する非弁護士委員の関与の強化は、同じ外部委員の参加とは言っても、その意味が異なる。そこでは、弁護士自治の根拠を国民の付託に求めた上で、「司法への国民参加」の一形態として、非弁護士委員の参加が位置付けられており、非弁護士委員は、あくまで国民の意思を代表する存在である。これは、従来の外部委員が、主として法曹内部における相互監視の役割を果たすものであったこととは趣旨を異にする。そして、そのような国民参加は、従来の弁護士自治に対する考え方とも必ずしも矛盾するものではない。すなわち、弁護士自治の本質的根拠は、基本的人権の擁護という弁護士の職業的使命であると理解されてきた[31]。そこでは、前面には出ていなかったとは言え、その職業的使命の遂行が、究極的には国民のためであることが当然の前提であったと考えられる。そうであれば、綱紀・懲戒委員会の外部委員に、裁判官・検察官ではなく、市民代表を参加させることを拒否する理由は見出しがたく、仮に市民が過半数を占める場合すら、一概に否定されるべきではないかもしれない。審議会における中坊委員の発言は、そのことをよく示している[32]。このように考えれば、意見書の提言する非弁護士委員の関与の強化を弁護士自治の侵害と理解することはできず、むしろそれを弁護士自治の延長線上に位置付けることが可能である。そうであるからこそ、それが弁護士会

自体によって主張されたのであろう。
(2) 具体的な制度設計の留意点
　ただし、これを具体化するためには、幾つかの事項に注意しなければならない。第一に、意見書は、「弁護士以外の委員」と述べるのみで、具体的にどのような人が委員になるべきかについて言及していない。審議会の議論は、弁護士・裁判官・検察官・学識経験者のほかに一般国民代表を加えるというイメージで行なわれていたように思われるが[33]、国民参加の趣旨に従えば、一般国民代表の参加こそ重視されるべきであり、国民参加を、裁判官・検察官など弁護士と対立する契機を内在する他の法曹によって代替させるべきではない。換言すれば、非弁護士委員の参加にあたっては、一般国民代表以外の委員数は現状にとどめ、弁護士の利用者である一般国民代表の参加を優先させるべきであろう。第二に、非弁護士委員の関与強化が、国民の司法参加の一部である以上、その制度設計は、裁判所・検察庁への国民参加を含めた司法参加全体の中でバランスが取れたものでなければならない。換言すれば、権力の行使に直接関わる裁判所・検察庁と弁護士会とでは、前二者が国民に対してより重い責任を負うべきことは当然である。その結果、綱紀・懲戒委員会の委員構成の見直しについても、それだけを独立して考えるべきではなく、たとえば、裁判所に対する国民参加の実施状況（たとえば、裁判官選考に係わる諮問機関の委員構成）と均衡を図りながら具体化されるべきであろう。そして、前述のような性格の相違を考慮すれば、弁護士以外の委員の割合が、諮問機関への裁判官以外の者の参加割合を上回ることは、理論的には説明が困難であろう。

2　懲戒請求者の不服申立
　綱紀・懲戒手続改革のもう一つの重要な課題が、懲戒請求者による不服申立制度の導入である。現行制度では、請求者による懲戒請求は、まず各弁護士会に設けられた綱紀委員会によって調査されるが（弁護士法58条2項）、同委員会が懲戒することを相当と認めない場合には、手続はそれ以上進行しない。その場合、綱紀委員会の認定に不満な請求者は、さらに日弁連に異議を申し出ることができ、日弁連では懲戒委員会がその申出を審査する。そして懲戒委員会が、申出に理由があると議決する場合には、懲戒手続が実質的に再開されることになるが（同61条）、懲戒委員会が、申

出には理由がないと判断する場合には、やはり手続は終了することになる。意見書は、この場合に、請求者が、「国民が参加して構成される機関に更なる不服申立ができる制度の導入」を提言している。意見書は、不服申立制度の詳細については言及しておらず、その判断の拘束力についても明確にはなっていないが[34]、この不服申立制度により懲戒手続が再開される場合には、弁護士会の意思に反して、当該弁護士が懲戒される事態が生じることになり、弁護士自治の侵害ではないかという疑念が生じる。

審議会の議論を検討すると、このような独自の不服処理機関の設置とともに、異議が認められなかった場合に裁判所への出訴を可能にすることが選択肢として議論されたが、後者については、弁護士自治と整合しないとの意見が強く、審議会の採るところとはならなかった[35]。中坊委員だけでなく、竹下会長代理・藤田委員も指摘したように、請求者が裁判所であった場合を想定すると、出訴を認めることは、裁判所による弁護士活動への監督権を認めるに等しい事態を招来しかねないことを考えると当然の結論であったろう。これに対して、独自の不服処理機関の導入は、弁護士自治とは矛盾しないと考えられた。

不服処理機関については、その判断が拘束力を有する場合と有さない場合を区別して議論する必要があろう。まず、その判断が懲戒手続の最終的な結論について拘束力を有しない場合には、現行の検察審査会と検察庁の関係と同様に、弁護士会は再度検討することは要求されるものの、最終的な判断権は、なお弁護士会が完全に保有しており、現行の懲戒制度の枠組みが維持されているため、弁護士自治と矛盾しないと考えることが可能である。他方、その判断が拘束力を有する場合には、検察審査会の議決に法的拘束力が付与された場合と同様に、不服処理機関が懲戒相当と考える場合には、弁護士会は、懲戒しないという判断を下せないことになる。そして、そのような事態は、弁護士会の意思に反して、会員を懲戒することが強制されることを意味し、弁護士自治とは矛盾するように思われる。意見書は、全体として、現行の弁護士自治のあり方を前提にしており、その意味では、拘束力を認めることは、意見書の趣旨から逸脱するかもしれない。また、そのような制度を導入しようとする場合には、従来の弁護士自治の枠組みを部分的にせよ変更すべきか否かが、正面から問われることになろう。

もっとも、不服処理機関の場合も、その機関がどのようなメンバーによ

って構成されるかが重要である。たとえば、全員が市民代表で構成される場合には、弁護士自治が国民から付託されている趣旨から、たとえ拘束力が付与される場合にも、弁護士自治との抵触の度合いは少なく、許容されることも考えられよう。

3 弁護士自治に影響するその他の要素

これまで、「弁護士会の在り方」に関する意見書の記述を検討してきた。しかし、注意すべきであるのは、意見書には、その他の部分にも、弁護士自治のあり方に影響を及ぼす多くの内容が含まれていることである。主なものを、以下に指摘する。

(1) 隣接職種の権限拡大

第一は、司法書士を始めとする隣接法律専門職種の権限拡大である。意見書は、隣接職種の能力活用の観点から、司法書士に簡易裁判所での訴訟代理権を付与することを始めとして、弁理士・税理士に訴訟にかかわる権限を付与することを提言している[36]。このことは、弁護士自治の対象が、現在より限定されることを意味する。すなわち、これまでは、弁護士による法律事務の独占を定める弁護士法72条により、訴訟手続にかかわるサービスを提供する者全体が弁護士自治の対象であった。しかし、隣接職種の権限拡大により、弁護士自治の対象は、相対的に局部化されることにならざるをえない。そして隣接職種は、いずれも行政官庁の監督下にあり、自治は十分に保障されていない[37]。意見書は、権限の拡大に照応する自治の拡大には言及していないが、各隣接職種が戦前の弁護士のように自治権獲得の運動に取り組むことが望まれる。そうでなければ、国民にとって、弁護士とは異なった性質の訴訟サービスが提供されることになるかもしれない。

(2) 異業種との協働

第二は、弁護士と異業種との関係が緊密化することによって生じる影響である。意見書は、依頼者の便宜の観点から、弁護士と隣接職種との協働を積極的に進める立場に立ち、「総合的法律経済関係事務所」の推進を提言している[38]。意見書の言う隣接職種には、公認会計士は含まれていないので、もっとも議論の対立する弁護士と会計士の協働は除外されているが、他の隣接職種との協働は進むであろう。このような他業種との関係強化は、両者の相互浸透を促進し、両者に対する扱いを収斂させる方向での

圧力を生じる可能性がある。そこでは、隣接職種を含めた法律職全体としての統合したアイデンティティーが、これまでの弁護士のそれを中核に確立する方向に向かうのか、それとも逆に弁護士のアイデンティティーが法律サービス提供者一般のアイデンティティーに拡散するのかが問われることになろう。いずれにせよ、日本における法律専門職の全体的あり方とその中でどのように各職種の区別を維持すべきであるのかが議論されねばならない。

(3) 弁護士の産業化と拡散

　第三は、今後進行するであろう弁護士の産業化による弁護士自治への影響である。弁護士自治は、その自治を守ろうとする弁護士の強固な意識によってのみ支えられるものである。しかし、意見書の提言する改革の結果として生じる変化は、今までの弁護士階層自体の性格を本質的に変える可能性がある。すなわち、法曹人口の大幅な増加、そして専門性の強化・広告の自由化は、サービス産業としての側面を強化するとともに弁護士間の競争を激化させ、弁護士層の階層分化を促進する要因となる。弁護士層の分化は、弁護士の活動領域の拡大により、勤務弁護士が増加するなど業務形態の多様化によってももたらされる。意見書の提言している変化は、いずれもこれまでのような弁護士集団の強固な一体性を損なう方向に作用するのであり、弁護士集団内部における一致点の形成をより困難にするだろう。アメリカにおいては、弁護士の産業化・それによる弁護士の多様化により、弁護士内部の一致点が喪失し、弁護士自治の弱体化の傾向が指摘されていることを考慮すれば[39]、弁護士自治を支える弁護士集団の拡散の危険は、決して少ないものではない。

　もっとも意見書は、弁護士のプロフェッション性を基礎に、弁護士の公益性を強調している。そのことは弁護士の一体感の醸成に貢献するかもしれない。しかし、それだけでは十分ではなく、そのような状況が無制限に進行すれば、弁護士自治の必要性自体が疑問視されることになりかねない[40]。

弁護士自治の課題

(1) 自治を発展させるために

　以上のように、単に綱紀・懲戒手続の改革が、既存の弁護士自治のあり

方に影響を及ぼすだけではなく、意見書の具体化は、これまでの日本における弁護士自治を支えてきた様々な要因を変容させる可能性がある。しかし、今回の司法改革の基本的な方向性自体は支持されねばならない。また、状況の変化は、日本社会自体の変化に伴う不可逆的な変化でもある。そうであれば、弁護士自治を発展させるためには、様々な状況の変化を所与の条件として受け止め、その上で、弁護士自治の守るべき伝統を維持・発展させていくための方策を模索しなければならない。そのような観点から、最後に、これからの弁護士自治のあり方を考える際に必要と思われる幾つかの視点を提示しておきたい。

(2) 弁護士自治が機能する条件の整備・維持

第一に、弁護士自治が円滑に機能するためには、客観的・主観的にある程度の共通性が弁護士集団内部に存在するなど、一定の前提条件が満たされている必要があるのではなかろうか。これまでの日本の弁護士集団は、人数的にも小規模であり、また難しい司法試験に合格し、司法研修所における司法修習を受け、仕事も訴訟業務を中心とするなど多くの共通体験を持ち、そのような前提条件が満たされていることを言わば当然のこととしてきた。このため、弁護士自治についても、常に外部からの批判に対応することだけで事足りてきた。しかし前述のように、今後予想される変化は、弁護士をより多様化する方向に向かうことは必至である。したがって、弁護士、特に弁護士会は、今後は、弁護士集団内部において自治が機能するために必要な条件自体をどのように創出し、維持していくかという問題意識を持たねばならないことになろう。そして、弁護士倫理、「プロボノ」と言われる公益活動の義務化についても[41]、そのような観点からも検討する必要がある。

(3) 外国法事務弁護士への対応

第二は、外国法事務弁護士への対応である。外国法事務弁護士は、弁護士ではないが、日弁連の名簿に登録することにより、資格取得国法についての法律事務を処理することが認められている。そして、日本で業務を行なう限りにおいて、弁護士倫理の適用を受け、弁護士会の指導・監督のもとにある。しかし、日本語以外による倫理研修が行なわれていないことを始めとして、必ずしも十分な監督が行なわれているとは言いがたい。しかし、2000年の「外国弁護士による法律事務の取扱いに関する特別措置法」

の改正により、「特定共同事業」として、日本弁護士とパートナーシップを構成することが可能となった（同法49条の2）。このように両者の協働が進む場合には、外国法事務弁護士に対する指導・監督を、日本弁護士と同じレベルまで強化する必要がある。業務を協働している両者に対する統制の程度が異なる場合には、協働する日本弁護士に対する指導・監督が、事実上弱体化する危険が生じるからである。

(4) 裁判所との関係の変化

　第三は、弁護士任官の推進に伴う裁判所との関係の変化である。たとえば、アメリカでは、弁護士資格の授与は、実際には、弁護士の中から裁判所が任命した委員によって構成される弁護士試験委員会が実質的決定を行なっているとは言うものの、その最終的権限は州の最高裁判所に属し、懲戒も同様に州最高裁判所の権限に属する[42]。しかし、弁護士自治と国家権力との緊張関係はあまり明確ではなく、権力に対して弁護士自治を主張するという認識も乏しく、そのような認識の要因としては、法曹一元制度を採用していること、弁護士会が裁判官の任命過程に影響力を行使していることなどが指摘されている[43]。意見書は、弁護士任官を強力に推進することを提言している。弁護士任官の推進が文字通り実現し、毎年何十人という優秀な弁護士が任官していく状況が生まれ、裁判官集団の相当部分が、十分な弁護士経験を有する裁判官によって構成されるようになった場合には、現在の裁判官・裁判所と弁護士・弁護士会の関係が変化する可能性がある。法曹一元を実現するまでもなく、弁護士の裁判官に対する意識は変化し、日本でも弁護士の在野意識は弱まる可能性があるのである。

最後に——歴史的に形成された弁護士自治

　現在の日本における弁護士自治のあり方は、弁護士としての職務にとっての必然というよりも、日本の歴史・社会的条件の中で成立したものである[44]。現行の弁護士自治の根拠について、それが政策的に選択された制度か、弁護士という職業に本来的に伴っている制度であるかという意見の対立が弁護士会内に存在するとの指摘があるが[45]、各国の弁護士制度が、日本と同様の弁護士自治を本来的なものとはしていない以上、それは、各国の歴史・社会状況によってのみ正当化されるものであろう[46]。

弁護士が、「法の支配」の担い手であることは、どの国においても妥当する。しかし、日本の弁護士集団は、過去においてそれ以上の社会的役割を果たしてきた。それは、そのような役割を果たさざるをえなかった状況が存在したためであり、また、それを可能にする高度に保障された自治が存在したからである。しかし、弁護士自治の意味が、弁護士の存在する特定の社会の中で問われなければならない以上、それがあらゆる場合に永久不変なものではないことも、また認識しておかねばならないであろう。

〈注〉
(1)　利谷信義「『弁護士自治』について」『法学セミナー増刊／現代の弁護士——司法編』(1982年) 61頁；服部正敬「西ドイツの弁護士自治（第七章）」第二東京弁護士会編『弁護士自治の研究』(日本評論社、1976年) 204頁。
(2)　司法制度改革審議会意見書も、弁護士会が、綱紀・懲戒手続を含む弁護士に対する指導・監督の権能を有することを弁護士自治と理解している（審議会「意見書——21世紀の日本を支える司法制度」月刊司法改革22号〔2001年〕）76頁）。
(3)　明石守正「弁護士自治の概念（第一章）」第二東京弁護士会編『弁護士自治の研究』(日本評論社、1976年) 8-9頁。
(4)　同・8-10頁。
(5)　辻誠「弁護士自治——諸外国との比較を中心にして」（東京弁護士会編『東京弁護士会創立百周年記念論文集・司法改革の展望』〔有斐閣、1982年〕) 308頁。
(6)　坂野滋「日本弁護士連合会の自律的機能（第二章第二節）」大野正男編『弁護士の団体（講座・現代の弁護士2)』(日本評論社、1970年) 139頁。
(7)　同・144頁。
(8)　同・145頁。
(9)　上野登子「弁護士自治の歴史（第二章）」第二東京弁護士会編『弁護士自治の研究』(日本評論社、1976年) 30-35頁。
(10)　同・42-49頁。
(11)　坂野・前掲注 (6) 139頁。
(12)　辻・前掲注 (5) 341-344頁。
(13)　辻・前掲注 (5) 343-344頁。
(14)　司法制度特別調査会報告「21世紀の司法の確かな方針」(1998年6月16日)；同調査会が、2000年5月に公表した「21世紀の司法の確かな一歩——国民と世

界から信頼される司法を目指して」でも、弁護士自治にかかわる事項は取り上げられていない（月刊司法改革10号〔2000年〕153頁以下）。
(15) 審議会・第8回議事録、月刊司法改革6号（2000年）90頁。
(16) 審議会・第13回議事録、月刊司法改革8号（2000年）110頁。
(17) 「『弁護士の在り方』に関し今後重点的に検討すべき論点について」月刊司法改革8号（2000年）132頁。
(18) 審議会・第29回議事録、月刊司法改革15号（2000年）93-95頁。
(19) 「『弁護士の在り方』に関する審議の取りまとめ」月刊司法改革15号（2000年）151頁；審議会・第33回議事録、月刊司法改革16号（2001年）162-166頁。
(20) 審議会「中間報告」月刊司法改革15号（2000年）182頁。
(21) 同・176頁。
(22) 審議会・第44回議事録、月刊司法改革20号（2001年）61-62頁；久保井一匡（日弁連会長）「『弁護士のあり方』について、司法制度改革審議会・日弁連プレゼンテーション」月刊司法改革18号（2001年）175-176頁。
(23) 審議会・前掲注（2）90頁。
(24) 審議会・第60回議事録、月刊司法改革24号（2001年）196-199頁。
(25) 「意見書（案）」月刊司法改革23号（2001年）199-200頁。
(26) 正木みどり「弁護士・弁護士会の果たしてきた役割と弁護士自治」戒能通厚監修『みんなで考えよう司法改革』（日本評論社、2001年）252-253頁。
(27) 審議会・前掲注（2）75-76頁。
(28) 審議会・第44回議事録、月刊司法改革20号（2001年）77-79頁。
(29) 土田和博「新自由主義的司法制度改革と憲法原理」法律時報73巻6号（2001年）19-20頁。
(30) たとえば、懲戒委員会は、弁護士、検察官、裁判官および学識経験者の委員によって構成されると規定されている（弁護士法69条、52条3項）。また、第二東京弁護士会の場合、綱紀委員会の参与員は、裁判官、検察官、学識経験者であり、学識経験者には大学法学部の教授に委嘱している（司法改革推進二弁本部弁護士自治問題検討部会『弁護士自治問題報告書』〔1998年4月〕）。
(31) 明石・前掲注（3）5頁。
(32) 審議会・第44回議事録、月刊司法改革20号（2001年）。
(33) 同・77-78頁。
(34) なお、久保井・日弁連会長のプレゼンテーションによれば、日弁連の構想する「懲戒審査会」は、現在の検察審査会に匹敵するものであり、その是正勧告に基づき、再度調査する制度であり、拘束力は予定されていない（同62頁）。
(35) 同・79-81頁。

(36) 審議会・前掲注 (2) 76-77頁。
(37) 司法書士の場合、懲戒処分権者は、法務局長または地方法務局長であり、司法書士会は、注意勧告の権限を有するのみであり、所属の司法書士が、法・命令に違反すると思料する時は、懲戒処分権者への報告義務を負っている。
(38) 審議会・注 (2) 76-77頁。
(39) 吉川精一『「グローバル・スタンダード」を越えて［弁護士制度改革の課題と方向］』自由と正義50巻8号 (1999年) 113-115頁。
(40) 弁護士業務を「ビジネス・パラダイム」に転換すべきであり、このパラダイムのもとでは、弁護士自治は当然には必要ではないとの主張もある（同・115頁）。
(41) 吉川精一「規制緩和とプロフェッショナリズム——21世紀への課題」日本弁護士連合会編集委員会編『あたらしい世紀への弁護士像』（有斐閣、1997年）44頁。
(42) 吉川精一「アメリカの弁護士自治（第六章）」第二東京弁護士会編『弁護士自治の研究』（日本評論社、1976年）193-196頁。
(43) 同・198-202頁。
(44) 日本のような二元法曹制度と官僚優位の歴史的条件のもとでは、弁護士が官僚法曹より独立であることは、職責を尽くすための重要な条件である（大野正男編『講座現代の弁護士2・弁護士の団体』〔日本評論社、1970年〕118頁）。
(45) 辻・前掲注 (5) 345頁。
(46) 辻弁護士は、「その国の弁護士が、国民の権利擁護を使命とし、憲法上もそれが要請され、その使命を貫徹するための国家権力から独立することが、その国の歴史と司法制度の実態から必要とされる場合に、そこにはじめて国家機関の権力的介入を排除する高度の自治がその国の弁護士に認められるべきであり、わが国の弁護士自治は、戦前の教訓と戦後の日本国憲法によって生れた歴史的所産である。そう解することによって、はじめて合理性を持ち、存在意義が理解されるのである」と述べておられるが（辻・前掲注 (5) 346頁）、筆者も同感である。

企業内（社内）弁護士と弁護士倫理

始めに

　本稿は、企業に雇用され、主として法務部に所属して法律業務に従事する企業内弁護士（社内弁護士）の行動を、弁護士倫理の観点から検討しようとするものである。企業内弁護士の守るべき弁護士倫理がどのようなものであるかは、日本ではあまり論じられることがなかった。それは、日本における企業内弁護士が、きわめて少数であったことと無関係ではないであろう。しかし、現在議論が進みつつある司法制度改革は、弁護士の活動分野の著しい拡大と、それに伴う業務形態の変化を予定しており、近い将来、企業内弁護士の数は、かなり増大する可能性がある。そして、企業の従業員でありかつ弁護士である彼らが、社内でどのように行動すべきであるかは、企業社会における「法の支配」のあり方に大きな影響を及ぼさざるをえない。本稿では、企業内弁護士の現況を概観した後に、司法制度改革審議会における議論の方向性を踏まえて、企業内弁護士に弁護士倫理が適用される意義を明らかにし、その具体的内容を、主としてアメリカの弁護士倫理を参考に検討することとする。

企業内弁護士の現況

　日本において、企業内弁護士は、きわめて例外的な存在であったが[1]、そのことはアメリカ・ヨーロッパと比べた場合、日本の弁護士業務に見られる特徴の一つと言えるだろう。

　企業内弁護士の数についての正確な統計は入手できなかったが、幾つかのデータより、1990年代にその数が相当程度増加したことは推測できる。すなわち、1980年代前半には、企業内弁護士は、全国で十数名程度であったと考えられる[2]。これに対して、日本弁護士連合会（以下、「日弁連」という）が、2000年3月末の全会員17,146名に対して実施した「弁護士基

礎データ調査（弁護士センサス）」によれば、「あなたは社内弁護士ですかという問いに、回答総数5,660名のうち、73名が「はい」と答えており、弁護士全体を考えれば未だ少数であるとは言いながら、着実な増加が見て取れる[3]。また、弁護士法30条３項は、弁護士は、所属弁護士会の許可を受けなければ、営利を目的とする者の使用人となることはできないと規定しており、企業内弁護士になるためには、この営業許可を所属会より受ける必要があるが、第二東京弁護士会の企業内弁護士に対する営業許可件数は2000年秋の時点で31件であり[4]、企業内弁護士の多くは、大都市の弁護士会に所属していることが窺われる。

企業内弁護士にとっての弁護士倫理の意義

1 活動領域の拡大と企業内弁護士の増加

1999年７月に発足した司法制度改革審議会は、１年余に渡る活発な審議を経て、2000年11月に中間報告を公表した。中間報告は、弁護士の活動分野が大きく拡大することを予定している。すなわち報告は、法曹が「司法制度の直接の担い手となるのみならず、より広く社会の様々な分野においても活躍することが期待される。ことに、法曹の中で圧倒的多数を占め、国民と司法との接点を担う弁護士は、（中略）広く社会で多様な機能を発揮していくことが期待される」との認識を基礎に、「弁護士の活動領域の拡大」が望ましいと述べている[5]。活動領域の拡大とは、具体的には、弁護士が、これまでのように法律事務所に所属して執務するという形態にとどまらず、民間企業・中央ないし地方の官庁・労働組合・その他の非政府組織（NGO）など、様々な機関・組織に所属して、その一員として法律業務に従事することを意味する。これに対応して、最近では、弁護士会内部からも、弁護士が企業にその一員として進出することを促進する施策を講ずるべきであるとの提言が現われている[6]。終身雇用と年功賃金を柱とする従来の日本的雇用慣行の中では、企業にとっても、専門職である弁護士を雇用することは困難であったが[7]、そのような雇用慣行も最近は次第に変化しつつある。アメリカだけでなく、ヨーロッパにおいても多くの弁護士が、企業内弁護士として執務している状況に鑑みると[8]、法曹人口の大幅な増加が実現すれば、日本においても企業内弁護士が増加する蓋然性

は高いと考えるべきであろう。

　企業内弁護士の増加に象徴されるような弁護士の活動領域の拡大は、「法の支配」の実現という司法改革の理念に応えるものとして、原則として積極的に評価されるべきであろう[9]。しかし他方では、活動領域の拡大に必然的に伴う業務形態の変化、具体的には、弁護士が独立した自営業者としてではなく、組織の一員、特に営利企業の従業員として執務することが、法律家としての独立性に矛盾するばかりか、その種の弁護士の増加は弁護士集団全体の性格を変質させ、結果的に「法の支配」を損なうものではないかとの批判がある[10]。

2　組織への所属と弁護士の独立

　企業に限らず、勤務弁護士（いわゆる「イソ弁」、ローファームであれば「アソシエイト」）として法律事務所に雇用される場合を含めて、およそ弁護士が、雇用関係に基づいて何らかの組織に所属する場合には、所属組織に対する忠誠義務と弁護士の職業倫理との間に緊張関係が生じることを避けることはできない。その意味では、企業内弁護士についてのみ独立性が侵害される恐れを指摘することは妥当ではない。しかし、様々な組織の中でも、営利追求を目的とする民間企業への所属が、とりわけ弁護士倫理と強い緊張を生じるのではないかとの疑念は理解できる。各国の弁護士倫理を見ても、その中に、弁護士が企業に雇用されることを禁止するものがあったことは、それを示していよう。たとえば、フランスの弁護士会が条文化した慣例集草案は、兼職禁止として、弁護士が雇用されることを禁止していた[11]。

　弁護士が、企業に雇用されるに至った時には、企業の一員としてのアイデンティティーと弁護士としてのアイデンティティーのどちらを強く保持すべきかが問われざるをえない。そして、弁護士の活動領域の拡大が、単なる法的サービスのより広範な提供として意味があるだけでなく、「法の支配」の実現に貢献するためには、弁護士は、企業内にあっても、弁護士としての意識・自覚を強く持ち続けることが不可欠である。そして、そのような意識・自覚は、本人の心構えだけで維持することはできない。弁護士としてのアイデンティティーの維持を制度的に担保するもの、それが法律専門職である弁護士の職業規範としての弁護士倫理にほかならない。弁

護士倫理には、企業内弁護士の活動を適切にコントロールするとともに、企業内弁護士の独立性を支える役割を果たすことが期待されるのである。

現行「弁護士倫理」と企業内弁護士

1 弁護士倫理の制定・法的性格

弁護士倫理は、弁護士の具体的な行動規範として制定されたものであり、元来、刑事弁護に関して生まれ、発展してきたと言われる。日本における最初の全国に適用される弁護士倫理は、1955年に日弁連が制定した「弁護士倫理」(以下、「旧弁護士倫理」という) である。この「旧弁護士倫理」を、社会の変化に伴う弁護士業務の変化に合わせて、1989年に全面的に改訂したものが、現在適用されている「弁護士倫理」であり、その制定に伴い「旧弁護士倫理」は廃止された[12]。

ところで、現行の「弁護士倫理」が定める内容は、必ずしも法的な強制の対象ではないことに注意する必要がある。それらは、「各人の自律的な遵守を期待する行為の指標であって、懲戒等の外的手段をもって遵守を強制するための要件を定めたものではない」のである[13]。しかし、そのことは、「弁護士倫理」と弁護士法56条の懲戒事由が無関係であることを意味しない。確かに、「弁護士倫理」違反の行為が、ただちに懲戒事由の存在に結びつくとは限らない。しかし、倫理違反が懲戒事由に結びつく場合もあり、特に違反の程度が重大であれば、懲戒事由の存在が「認められる蓋然性も大きくなる」と考えられる[14]。

2 企業内弁護士への弁護士倫理の適用

さて現行の「弁護士倫理」は、法律事務所に所属する伝統的な弁護士の活動を対象にして定められており、特に企業内弁護士の存在を念頭に置いた規定は含まれていない。しかし、「弁護士倫理」は、すべての弁護士に対して適用されるものであり、企業内弁護士に対して、「弁護士倫理」に含まれる特定の条項の適用が免除されるわけではない[15]。換言すれば、弁護士である以上、「弁護士倫理」を遵守することは当然であり、「弁護士倫理」の適用に関する限り、従業員たる企業内弁護士と一般の顧問弁護士・勤務弁護士との間に差異はないのである。したがって、たとえば、弁

護士の自由と独立を定める第2条は、企業内弁護士にも適用される[16]。

「弁護士倫理」の中で、企業内弁護士にとってまず重要であるのは、「弁護士は、信義に従い、誠実かつ公正に職務を行う」と定める第4条である。それは、4条には、「弁護士は、公正義務の一部として、依頼者が違法な行為に及ぶことがないよう、説得等により回避させる義務を負うこともある」という違法行為防止義務が含まれているからである[17]。企業内弁護士が、「法の支配」の実現に貢献するとは、まさに企業内において、弁護士がこのような役割を果たすことを意味している。さらに、違法行為の助長を禁止する第14条が適用される場合もあろう。もっとも、同条の違法行為は、詐欺的商取引・暴力に準ずるものに限定されており、その適用範囲は限定されている[18]。

ところで、これらの条文により、企業内弁護士に、どのような具体的行動が期待されるのかは、これまでの実務からは十分に明確ではない。ここ数年の懲戒事例の中からは、企業内弁護士の行為と違法行為防止義務の関係が争点となった例を見つけることはできなかった[19]。ある程度参考にできるのは、他の弁護士に雇用されている勤務弁護士の行為が問われた事例であろうが、その事例もほとんどなかった。そこで、以下には、アメリカの弁護士倫理を参考に、企業内弁護士の負う義務の内容を検討することにする。

アメリカにおける企業内弁護士の弁護士倫理

1 ABAの「模範規範」・「模範規則」

アメリカでは、アメリカ法曹協会（ABA）が、弁護士倫理を制定している。まず1969年に「弁護士責任模範規範（Model Code of Professional Responsibilty）」が制定された[20]。しかし、その直後に起きたウォーターゲート事件に多くの弁護士が関与していたために、弁護士の行動に対する社会の関心が高まったなどの諸事情から、「模範規範」に対する批判が強まった。このため、1977年から全面的な見直しの作業が始まり、1983年には、「模範規範」を改正する「弁護士業務模範規則（Model Rules of Professional Conduct）」が制定されるに至り、同規則はさらに1994年に修正されている[21]。「模範規則」は、「模範規範」と同様にあくまでモデル

規則であり、それ自体に拘束力はない。しかし、「模範規範」が多くの州で採用されたように、「模範規則」も、1995年半ばまでに、ほぼ4分の3の州が、部分的に修正しながら、これを採択しており、事実上の全米基準となっている[22]。なお、最終的な採択の方法は、州によって異なることに注意する必要がある。たとえば、1983年時点では、多くの州では、州最高裁判所が、「模範規範」を弁護士の行動を規律する実質法として正式に採択していたが、裁判所ないし立法府と州弁護士会の双方が採択した州もあった[23]。この他、連邦裁判所の中にも、「模範規範」ないし「模範規則」をその管轄内に適用される規則として採択しているものがある[24]。

2 企業内弁護士の違法行為防止義務

(1)「模範規則」の規定

「模範規範」には、企業内弁護士を念頭に置いた規定は、特に含まれていなかった。アメリカにおいても、その制定時には、一般に組織に所属する弁護士の弁護士倫理に対する認識は低かったのである[25]。

しかし、「模範規則」には、企業内弁護士に適用されるべき規定が含まれている。それが、「模範規則」1・13条である。1・13条は、弁護士が、違反行為を防止するために行動する義務を負うことを定めている。まず同条は、「組織に雇用され、又は顧問である弁護士（a lawyer employed or retained by an organization）」を対象としており、企業内弁護士は、その対象に含まれる[26]。そして同条は、このような状況にある弁護士が、その代理する事項について、「業務執行者・従業員または当該組織に関係するその他の者が、当該組織に対する法的義務の違反又は当該組織の責任に帰せられる合理的な可能性のある法律違反であり、当該組織に相当程度の損害を生じさせるような行為をし、行為を意図しまたは行為しないことを知るに至ったならば、弁護士は、当該組織の『最良の利益』のために合理的に必要な行動を採らなければならない」と規定している（「模範規則」1・13条(b)）。弁護士は、通常は、組織が下した決定を受け入れねばならない。経営上の政策判断や事業に関する決定は、それが重大なリスクを伴うものであっても、その判断は弁護士本来の職分ではないからである。しかし、違法行為によって組織に損害が発生する場合は別であり[27]、弁護士は、違法行為の発生を未然に防止するために、必要な行動を起こさねばな

らないのである。ここまでの内容は、日本の「弁護士倫理」の違反行為防止義務とも重なり合う。

(2) 違法行為に対して取るべき行動

しかし、「模範規則」は、さらに企業内弁護士が、社内で行なわれようとしている違法行為に対して、具体的に、どのように行動すべきかまで指示している。すなわち、「模範規則」1・13条は、「内部救済の消尽 (exhaustion of internal remedies)」という考え方に基づき[28]、弁護士は、違反および結果の重大性、行為者の動機など様々な要素を考慮した上で、組織への損害と組織外への情報漏洩の危険を最小限にするように対応しなければならないことを明らかにしている。具体的に必要となる対応は、「事項の再検討を求める」、「組織内の適当な部局 (authority) に提出するために、当該事項について別の法的意見を求めるよう助言する」、「組織内の上級機関への事項の付託（問題の深刻さが必要とする場合には、組織を代表できる最上級機関への付託を含む）」である（同規則1・13条(b)）。

規則の注釈は、これらの対応について、さらに詳細に説明している[29]。まず行なわれるべきは、再検討の要請である。しかし、それが効を奏しないか、問題が組織にとって重大である場合には、当該事項の責任者を飛び越えて、より上級機関に審査させるための手段を採る必要がある。組織がその種の審査を求めるための手続を定めている場合には、弁護士は、それに従って行動する。しかし、組織が再審査を認めていない時でも、弁護士は、問題の深刻さおよび当該構成員が組織の利益に反して行為する明確な動機を有するか否かによって、問題を上級機関に付託することを義務付けられることがある。そして、例外的には、弁護士が、組織の最上級機関、すなわち取締役会などの執行機関に問題を付託しなければならないこともある。

「模範規則」1・2条(d)は、「弁護士は、犯罪的であるか又は不正であることをその弁護士が知っている行為に依頼者が携ることを助言し又は助力してはならない」と規定しており、1・13条は、この一般原則を企業が依頼者である場面で具体化したものである。証券取引委員会は、1981年の In re Carter and Johnson 事件において、社外弁護士についてではあるが、弁護士は、違法行為の発生を回避するために、あらゆる努力を傾注しなければならず、その努力には、取締役会に通知することが含まれると判断し

ており[30]、この判断は、1・13条の起草過程にも影響を与えたと思われる。

違法行為を行なってはいけないことは、一般に誰もが負っている義務である。しかし、弁護士の場合には、それに加えて、法律家としてそれを防止するために組織内で他者に適切に働きかけることが求められるのである。

(3) 最終手段としての辞任

このような弁護士の努力にもかかわらず、組織を代表する最上級機関が、違法行為を行ない、組織に相当程度の損害が生じようとしている時には、弁護士はどのように行動すべきであろうか。「模範規則」は、引き続いて、そのような場合には、弁護士は辞任することができると規定している（同規則1・13条(c)）。ただし、辞任は、「代理の拒絶及び終了」を定める1・16条に従って行なわれなければならない。1・16条は、必要的辞任と任意的辞任を定めている。すなわち、代理することにより職業規則ないしその他の法違反が生じる時は、弁護士は辞任しなければならない（同規則1・16条(a)）。たとえば、依頼者が、弁護士に違法行為への関与を求める場合である[31]。そして、そこまでに至らなくても、弁護士は、依頼者が、弁護士が犯罪または詐欺的である（fraudulent）と合理的に信ずる行為を行なうことに固執する場合や、依頼者が、犯罪または詐欺的行為を犯すために、弁護士のサービスを使用した場合などには、辞任することができる（同規則1・16条(b)）。もっとも、辞任については、安易な辞任を諌めて、可能な限り社内で努力すべきであるとの意見があることに注意する必要がある[32]。

外資系企業の企業内弁護士である中川秀宣氏が、「自分が違法と信じる行為を止めてくれない場合にはいつでも辞職するという覚悟がなければ社内弁護士には踏み切れなかったであろう」と述べられていることは、まさに「模範規則」の趣旨に符合すると言えよう[33]。

3　違法行為に関する情報の外部への開示

ところで、企業内弁護士は、違法行為が社内で企図されていることを知った時に、それをマスコミを含む外部に公表して、たとえば、公的機関を介入させることによって違法行為を抑止させる義務を負うのであろうか。企業が弁護士の意見を受け入れない時に、辞任しかできないのであれば、違法行為は十分に抑止されず、社会的な損失が生じるのではないかと危惧

されるからである。しかし他方で、依頼者に対して負っている守秘義務により、弁護士は、原則として、依頼者の違法行為に関する情報を公表することはできない（「模範規則」1・6条、「弁護士倫理」20条）。したがって、違反行為防止義務の内容を、情報の公表にまで拡張することは、この守秘義務との関係で困難に直面する。

　アメリカでは、この問題もすでに議論されている。前述の「模範規則」1・13条の起草過程において、秘密情報の社外への開示の是非は大きな争点であった。すなわち、当初の規則案には、最高機関が個人的利益を追求するために組織の利益に反して行動しており、秘密情報の公表が組織の最良の利益に資すると弁護士が信ずる場合には、社外への情報提供が認められるという条項が含まれていたが、最終的に採択された規則からは、その条項は削除されたという経緯があった[34]。

　しかし、最近では、守秘義務よりも外部への公表が優先する場合があると考えられている。まず、社外への情報提供は、会社に対して破壊的な効果を生じる可能性があるので、より会社にとって損害を与えない方法がある場合には、それらがすべて取られた後でなければ行なうことはできない。そして、そのような条件が満たされた場合には、違法行為の程度・社会に与える損害のいずれもが顕著である場合には、公表が認められる余地があろう[35]。ニューヨーク州で実施された調査によっても、調査対象となった依頼者の85％が、外部に公表すべき場合があることを認めている[36]。そして、外部への公表を義務付けるよう弁護士倫理を改正することも主張され、メリーランド・ミシガンなど幾つかの州では、秘密情報の組織外への公表を認めるよう弁護士倫理がすでに改正されたとのことである[37]。

　もっとも、このような秘密情報の公表をすべて弁護士倫理の問題として処理することには限界があるかもしれない。アメリカにおいても、これを証券取引法違反の問題として処理した判例がある[38]。またヨーロッパにおいても、欧州委員会が、1998年に公表したマネーロンダリング指令の改正提案は[39]、当局へのマネーロンダリングに関する報告義務を定める6条が、独立した法律専門職にも適用されることとともに（2a条）、その場合には、報告を受ける機関として、加盟国が、弁護士会または独立した職能団体を指定できることを規定している（6条3項）。ただし、加盟国は、法的手続において依頼者を代理するために、依頼者から取得した情報につ

いては、報告義務を課すべきではないと定めて（6条3項）、その種の情報を、報告義務の対象から除外している[40]。このように、違法行為防止義務と守秘義務との関係を個別的に法定することは、弁護士の負う義務の内容を明確化することに資するであろう。

今後の課題──企業内弁護士の発展のために

　以上の検討から、今後の企業内弁護士の発展に対応するためには、現行の「弁護士倫理」に幾つかの課題が存在することを指摘できよう。

　第一に、現在のシステムでは、「模範規則」と異なり[41]、「弁護士倫理」と懲戒事由との関係が間接的であり、その結果、懲戒手続の対象となる行為の範囲が明確ではない。この問題は、企業内弁護士に限らないが、特に企業内弁護士の場合には、たとえば、上司からの圧力に抗しながら、違法行為を進めようとする社内を説得するために、違法行為に加担またはそれを容認することが懲戒手続の対象となることを主張できる必要がある。したがって、懲戒事由との関係が現在のままでは、「弁護士倫理」が、企業内弁護士に対して実効性を持ちうるか疑問がある。

　第二に、「弁護士倫理」では、「模範規則」と異なり、抽象的な義務が規定されているにとどまり、企業内弁護士の具体的行動についての規範が不明確である。違反行為を防止するために、企業内弁護士は、具体的に、どのように行動すべきなのかがある程度明確になっている必要があり、個人の意見を主張することが欧米より容易ではないと推測される日本の企業社会の状況を考慮して、より具体的な基準を確立する必要があろう。

　第三には、本稿では紙幅の関係で取り上げる余裕がなかったが、依頼者との関係における自由と独立（「弁護士倫理」18条）など「弁護士倫理」の中には、他にも企業内弁護士に関連する部分がある。それらを、企業内弁護士との関係で、どのように位置付けるかも、やはりこれからの課題である。

　そして最後に、「弁護士倫理」自体とは直接の関係はないが、企業内弁護士が十分に機能するためには、企業が、企業内弁護士の警告を真摯に受け入れるように、それが最終的には、社会ばかりか会社の利益にも寄与することを認めるような企業文化を日本において育てなければならないであ

ろう。

〈注〉
(1) 企業内弁護士とは、1980年代までは、株式会社・有限会社の取締役に就任することを意味すると理解されており、営業許可の申請がなされるのも取締役就任のためである場合が一般的であったことが（飯島澄雄「弁護士の営業許可（弁護士法30条）――その運営の実情と考え方」自由と正義35巻2号〔1984年〕32頁）、それを端的に示している。
(2) 同・34頁。
(3) なお、この質問に対して、「いいえ」と答えた者4,429名、無回答1,158名であった。日弁連ホームページ（http://www.nichibenren.or.jp）参照。
(4) 第二東京弁護士会司法改革推進二弁本部「第18回司法シンポジウム・あすの司法」28頁（2000年）。
(5) 司法制度改革審議会ホームページ（http://www.kantei.go.jp/jp/sihouseido/index.html）、月刊司法改革15号（2000年）175-182頁ほか参照。
(6) 第二東京弁護士会司法改革推進二弁本部・前掲注(4) 25頁。
(7) 日本弁護士連合会弁護士業務対策委員会「臨時増刊・実態調査・企業活動と弁護士'91――企業活動と弁護士に関する調査報告書」自由と正義43巻13号（1992年）102-104頁。
(8) たとえば、あるベルギーの大手法律事務所の同窓会名簿によると、1969年の設立以来、同事務所に勤務して、すでに退職した260人以上の弁護士のうち、80人以上が現在、企業内弁護士として稼動している（De Bandt, Van Hecke, Lagae & Loesh, Alumni Directory〔October 2000〕）。
(9) 佐藤安信「グローバル社会と日本の法曹」法律時報72巻12号（2000年）48頁以下；常木淳「司法の規制緩和と弁護活動の理念」日本法社会学会編「司法改革の視点」法社会学53号（2000年）85-86頁。
(10) 本間重紀「規制緩和的『司法改革』」法と民主主義325号（1998年）38-39頁。
(11) 更田義彦訳「フランス諸弁護士会の慣例集草案、フランス諸弁護士会会長会議による提案」朝日純一・大野正男ほか編著『弁護士倫理の比較法的研究（法政大学現代法研究所叢書7）』（日本評論社、1986年）169頁。
(12) 日本弁護士連合会弁護士倫理に関する委員会編『注釈弁護士倫理〔補訂版〕』4-6頁（有斐閣、1996年）。
(13) 同7-8頁。
(14) 同9頁。

(15) 同20頁。
(16) 第2条は、弁護士の職務の自由と独立は、依頼者との関係においても尊重されなければならないことを意味している。
(17) 同・33頁。
(18) 同・59頁。
(19) 企業内弁護士の行為が懲戒処分の対象となった例は一件あったが（自由と正義48巻8号〔1997年〕179頁）、本稿の問題意識に対応する事例ではなかった。
(20) 第二東京弁護士会調査室訳『アメリカ法曹協会・弁護士責任規範』（第二東京弁護士会、1979年）。
(21) 朝日純一・大野正男ほか訳「アメリカ法曹協会の弁護士業務模範規則」朝日・大野ほか編著『弁護士論理の比較法的研究（法政大学現代法研究所叢書7）』（日本評論社、1986年）1頁以下、A. Kaufman, Problems in Professional Responsibility 17 (3rd ed. 1989).
(22) R. Rotunda, Professional Responsibility 11 (4th ed. 1995).
(23) A. Kaufman, supra note 21, at 15.
(24) Id., at 18.
(25) G. Hazard and D. Rhode, The Legal Profession: Responsibilty and Regulation 278-79 (3rd ed. 1994).
(26) 前掲注（21）の「アメリカ法曹協会の弁護士業務模範規則」は、同条を「団体から事件を受任し、又はその顧問である弁護士は」と訳しているが、「受任」と言う訳語は、適当ではないように思われる。
(27) 「模範規則」1・13条注釈、朝日・大野・前掲注（21）55頁。
(28) R. Rotunda, supra note 22, at 62.
(29) 朝日・大野・前掲注（21）55-56頁；Id., at 314.
(30) A. Kaufman, supra note 21, at 290; In re Carter and Johnson, 1981 Fed. Sec. L. Rep.(CCH) ¶82,847 (Feb. 28, 1981).
(31) 「模範規則」1・16条注釈、朝日・大野・前掲注（21）63-65頁；R. Rotunda, supra note 22, at 318-19.
(32) A. Kaufman, supra note 21, at 293.
(33) 中川秀宣「外資系金融機関における社内弁護士の役割」月刊司法改革13号（2000年）29頁。
(34) A. Kaufman, supra note 21, at 285-87.
(35) G. Hazard and D. Rhode, supra note 25, at 299.
(36) Id., at 302.
(37) Id., at 302-03.

(38) A. Kaufman, supra note 21, at 299-300; Securities and Exch. Comm'n v. Nat'l Student Marketing, 457 F. Supp. 682 (D.D.C.1978).

(39) Proposal for a European Parliament and Council Directive amending Council Directive 91/308/EEC of 10 June 1991 on prevention of the use of the financial system for the purpose of money laundering, COM (1999) 352 final.

(40) なお、弁護士が、マネーロンダリングのために直接的ないし間接的に与えられた助言は、報告義務免除の対象ではない（Id., at 11）。

(41) 「模範規則」は、規則の定める義務や禁止の不遵守は、懲戒手続の開始原因となることを前提に制定されている（朝日・大野・前掲注（21）8頁；R. Rotunda, supra note 22, at 289）。

2010年の弁護士たち
―― 最終意見書の描く弁護士制度

　司法制度改革審議会最終意見書（以下、意見書という）は、法曹を「国民の社会生活上の医師」と位置付け、現行の弁護士制度を改革する多くの内容を含んでいる。これまで再三指摘されてきたように、国民と司法制度の接点に位置する弁護士のあり方は、司法制度と国民との関係を規定する決定的な要因である。本稿では、意見書の内容をもとに、2010年の日本における弁護士たちが、どのような状況に立ち至っているかを予測し、あわせて改革の実現を阻害する要因を明確にしようとするものである。なお、筆者が意見書の内容に100％賛成しているものではないことを付言する。

審議会の弁護士像
―― 公益性を持った「国民の社会生活上の医師」

　最初に審議会の描く弁護士像と、今までの弁護士のあり方を比較することから始めよう。既述のように意見書は、弁護士含む法曹を「国民の社会生活上の医師」と認識している。この認識に対しては、弁護士法1条が規定する「基本的人権の擁護」と「社会正義の実現」を自己のアイデンティティとしてきた従来の弁護士のあり方を変更するものであるとの指摘があり[1]、弁護士の中にも同様の見解が見られる[2]。これらの見解は、意見書により、プロフェッション性・在野性の放棄への途が開かれることを懸念するものであろう。

　しかし、「国民の社会生活上の医師」という規定の仕方は、従来の弁護士像と必ずしも正面から対立するわけではない。意見書が、「プロフェッションたる法曹」と言う表現を用いて、法曹のプロフェッション性を強調し、また弁護士の役割を、「基本的人権を擁護し、社会正義を実現する」（弁護士法1条1項）との使命に基づくと述べていることは、その証左である。弁護士を医師に例えて、医師と同等のプロフェッション性を肯定したことは、医師と同様に、弁護士が、特別な社会的責務を負い、通常人とは異なる行動規範に服する存在であることを含意している。プロフェッシ

ョナリズムの堅持は、多くの弁護士の一致点でもあり[3]、意見書もそれを前提としているからこそ、弁護士会は、さしたる反対もなくこの概念を受け入れたのであろう。そして意見書が、弁護士のプロフェッション性を積極的に承認したことにより、プロフェッション性の維持は、様々な制度改革の前提となる。もっとも、プロフェッション性の内容が、必ずしもこれまでと同じではないことにも留意する必要がある。今回の改革の内容には、法曹人口の増加・広告自由化を始めとして、弁護士が市場におけるサービスの供給者である側面を重視する部分があり、それらの規制緩和的改革は、プロフェッション性の発展を阻害する可能性がある。しかしそれらの改革には、グローバル化への対応・弁護士へのアクセス障害の克服などそれを必要とする正当な理由が同時に存在するのであり、それらを一概に否定することはできない。言わば、変化する状況の中で、プロフェッション性の新しい中身を確立することが求められているのであり、2010年までには、その中身がより具体的な形となって現われていなければならない。

　この点について意見書は、弁護士の社会的責任（公益性）を強調し、プロボノ活動、裁判官などの公務への就任という公益活動を弁護士に義務付けている。このような公益活動の義務化は、従来の弁護士像に一定の変化を迫る可能性がある。これまでの弁護士は、全体としては、社会のメイン・ストリームに対する批判者としてのスタンスを維持し、経済的には採算の合わない様々な社会問題に自主的に取り組み、社会的弱者の救済という公益的役割を果たしてきた。このことは、場合によっては、国家と対峙しなければならない弁護士業務の本質がそのような傾向を強化した側面があるとは言うものの、弁護士集団に参加することを選択した個々人の資質に依拠する部分が大きかったように思う。意見書に言う弁護士の公益性には、これらの自主的活動に示されてきた弁護士の在野性の制度化であると解釈できる部分がある。制度化は、しばしば、自主的な活動が備えていた創造性を失わせ、形式に堕する危険を伴う。しかし、終身雇用制が解体しつつあり、弁護士資格が有力な生活手段であると意識される度合いが高まる中で、最近の弁護士志望者には、弁護士の公益的役割に対する意識の変化が危惧される。そのような状況の中で公益性を維持するためには、制度化に伴う危険性を考慮しても、なおその道を選択せざるをえなかったのであろう。

いずれにせよ、意見書の示す弁護士像を確実に再生産していくためには、法曹養成教育の中で、弁護士が「正義の実現に責任を負う」ことの意味を教育しなければならない。具体的には、法科大学院において、戦前・戦後の弁護士活動の歴史を伝え、弁護士の社会的役割を考えさせる機会を与える必要がある。法科大学院教育の内容によって、これまでの弁護士の伝統を引き継ぐ、公益的な弁護士像が発展させられるか否かが、相当程度規定されることになり、2010年にはそのような教育の有効性に対する評価が下されつつあるだろう。

さて意見書は、現在の弁護士制度の抱える多くの問題点に対して、包括的な対応を示している。これらを手がかりに、2010年の状況を展望してみよう。

弁護士人口の増加と地域的偏在

意見書は、弁護士人口の絶対的不足に対して、法曹人口の拡大を速いスピードで進めることを明示している。すなわち、2004年には、司法試験合格者数は1,500人に達し、その後漸増しながら2010年には、毎年3,000人の合格者が見込まれている。裁判官・検察官の増員について具体的数字が欠けており、弁護士から任官する者の数も不明であるために、2010年の弁護士人口を正確に予測することはできないが、いずれにせよ現在より1万人以上増加していることは確実であろう。

このような増加は、特に大都市地域では、法律事務所の数をいっそう増加させ、弁護士制度にとって最大の問題であった弁護士へのアクセス障害をかなりの程度改善することになろう。また、意見書の予定する民事・刑事訴訟の迅速化も、大都市についてはそれを担う弁護士集団が形成されている可能性は少なくない。たとえば、東京の法律事務所は、これまでは裁判所の周辺とターミナル駅を中心に位置していたが、2010年には、ターミナル以外の各駅にも事務所が複数存在するような状態になるであろう。そして、弁護士の増加は、弁護士間の競争を激しくするので、弁護士の中には、共同化・法人化を進めながら、特定の分野に専門化することにより、あるいは隣接職種との協働を進めて総合化を図ることにより、他との差別化を図ろうとするものが増加しているだろう。その結果、弁護士内部にお

いて、個人の事件を処理するゼネラリストとしての「ホーム・ロイヤー」と、企業法務、その他特殊な知識・体制を要する専門事件を処理する「専門弁護士」との分化が進みつつあるであろう。

　他方で、利用者である市民・企業は、広告の自由化により弁護士に関する情報入手が容易になり、特に専門分野の表示がなされることから、どの弁護士に依頼すべきかを迷うことも現在よりは少なくなっている。すでにバスなど公共交通機関の中で弁護士広告を散見するが、2010年には、各弁護士のホームページを始めとして、様々な媒体によって、弁護士選択についての情報が提供されているであろう。広告については、広告内容を客観化するための表示基準の策定など制度的な担保も進み、欺瞞的な広告は禁止されている。さらに具体的な依頼に際しては、報酬契約書と報酬に関する説明が義務化されたことにより、依頼者には費用の計算もわかりやすくなっている。これらの変化の結果、大都市の住民にとっては、医師ほどではないにせよ、弁護士はかなり身近な存在となっているだろう。そして、同様の傾向は、中都市にまで次第に及びつつあろう。

　これに対して、弁護士過疎地の状況はどうだろうか。2010年までに、法曹人口が相当増加しても、いわゆる「ゼロ・ワン地域」と言われる過疎地の弁護士人口が劇的に増加しているとは思われない。それらの地域住民の法的需要には、多くの場合、なお弁護士会の支援を受けた「公設事務所」・「法律相談センター」が対応しているだろう。既設の公設事務所の実績が示すように、地方にも弁護士に対する需要が存在しないわけではない。消費者金融等を相手方とする債務整理事件・破産事件など様々な事件が、弁護士の助力を必要としている。しかし、過疎地の事件は、一般に事件規模が小さく、従来の弁護士業務を前提とする限りは、弁護士は、大都市より多忙であるにもかかわらず、採算をとることが容易ではない。隣接職種が地方に比較的多く存在していることは、弁護士とは収入構造が異なることに一因があり、しかも今回の改革により隣接職種に新たな権限が付与されることを考慮すると、弁護士の過疎地への参入障壁はこれまでより高くなる可能性すらある。発想を転換すれば、弁護士が、法的には可能でありながら実際には行なっていない隣接職種の業務分野に進出すれば、経済的基盤の確立はより容易になるはずであり、2010年には、過疎地における弁護士は、その業務内容を変化させているかもしれない。

このような弁護士の隣接職種への逆参入は、後述する、法律専門職の統合への方向を支持する要因ともなろう。なお、京都を嚆矢として各地の弁護士会が進めている「地域司法計画」が自治体を巻き込み発展し、公設事務所が自治体の財政的負担を得て開設される場合も一般化しているであろう。すでに法律相談センターに自治体が援助する例が生まれているからである[4]。

弁護士業務の拡大と弁護士倫理

　以上が、従来型の弁護士業務に関する2010年の姿とすれば、意見書の予定するもう一つの主要な変化は、弁護士の活動領域が拡大し、弁護士が、従来担ってこなかった新しい役割を社会において担うことである。すなわち、これまでの弁護士は、雇用されると否とを問わず、原則として法律事務所に所属するという形態でしか存在してこなかった。しかし、法曹資格者が、伝統的な法曹としての職務以外に従事していないのは、アメリカだけでなく、先進国としては、むしろ例外的な状況である。したがって、日本社会自体がグローバル化する中で、弁護士が社会に存在する様々な組織の内部へ進出することは、かなり速い速度で進む可能性がある。法曹人口の増加、法科大学院による法曹養成教育の充実は、いずれもこのような弁護士業務拡大の客観的条件を整備するものである。

　具体的には、企業の法務部は、現在はほとんどが非法曹資格者によって占められているが、2010年には、会社によっては、主力は弁護士によって構成されているであろう。企業内弁護士は、社内における違法行為の発生を抑止する役割を担うだけではなく、他企業・行政との関係を法的な議論に基づいて処理しようとする。企業だけではなく、地方自治体を含めた行政官庁における弁護士の採用も増加しているであろう。これらの弁護士は、行政の日常業務に助言を与えるだけではない。たとえば、許認可業務について申請者と意見が対立する場合は、行政の代表として、曖昧な裁量権の行使ではなく、法的議論によって申請者を説得することに努め、さらに立法作業にも加わることになる。そして、このような立法作業に携わった経験を有する弁護士が、その後法律事務所に移ることにより、法律事務所が立法作業を依頼される場合も生じるだろう。労働組合・消費者団体・環境

保護団体などのNGOにおいても、内部に弁護士を抱えるものが現われる。それら組織内弁護士の存在は、NGOの主張を、より法的根拠に裏打ちされた説得力の高いものとすることに寄与し、立法・行政の意思決定過程へのロビーイングの影響力を増大させ、これらの団体の活動強化に大きく貢献しているであろう。

　このような役割をただちに担いうる人材が、現在の弁護士集団に乏しいことは否めない。特に弁護士が一般に行政法の知識に乏しいことは活動領域拡大の障害となる。そのため意見書も指摘する、法科大学院における行政法教育の充実が軌道に乗っている必要がある。

　このような活動分野の拡大は、総じて弁護士集団の社会的影響力を高める方向に作用するが、他方では、業務の多様化を通じて、弁護士のアイデンティティが拡散する危険性を有している。これまでの弁護士は、司法試験という困難な試験に合格した少数のエリート集団として、またほぼ共通した業務を行なう集団として、その一体性と質の高さを誇ってきたが、そのような特徴は、相当程度変化せざるをえない。多くの弁護士が組織内に雇用されることは、独立性を重視する日本の弁護士社会にとって初めての経験であり、これらの組織内弁護士を弁護士集団全体のなかに統合することができるか否かは、司法改革の成功にとって重要な課題である。意見書は明確には言及していないが、新たな統合の原理として、弁護士の行為規範を定める「弁護士倫理」の重要性が増加せざるをえないであろう[5]。そのため、弁護士に共通な行動規範を定める「弁護士倫理」が、活動領域の拡大を考慮して、新たに制定される必要があり、プロフェッション性の維持は、この新「弁護士倫理」の内容と適用に依拠する部分が大きいであろう。

弁護士会の役割

　弁護士をめぐる状況の変化は、2010年までに、弁護士会のあり方にも一定の変化を惹起するであろう。意見書は、「弁護士会が、諸々の改革課題に専門的・系統的に責任をもって対応することが強く求められる」と述べて、意見書の予定する弁護士改革の実現を担保する役割を弁護士会に負わせている。弁護士会は、2010年までに、判事補・検察官の他職経験のための法律事務所での受入れ、弁護士任官の推進、法科大学院の第三者評価な

ど、様々な場面でこれまでになかった新しい役割を引き受けている。このため、司法制度の運営に対する弁護士会の役割は高まらざるをえない。意見書が、弁護士会の運営に透明性を確保し、国民に対する説明責任を実行するよう求めているのも、まさにその反映である。

　これまで弁護士会は、少なくとも先進国においては、世界的に稀なほど公益的な活動を、社会の意思決定過程から疎外され、司法にしかアクセスできない少数者の立場に立って、積極的に展開してきた。環境保護、消費者保護、冤罪事件の救済など、その例は枚挙にいとまがない。しかし、これらの活動は、必ずしも新たな政策の実現を主導するものではなかった。それに対して、これからの弁護士会には、司法制度に関わる政策を立案し、さらに司法制度の運営を担うことが求められる。そのためには、内部体制の整備が必要であり、2010年には、常勤の専門スタッフを備えた政策立案体制が確立し、弁護士会は、法務省・最高裁と並ぶ、高度の政策立案能力を備えているであろう。体制整備のためには、弁護士会の経済的基盤が重要である。しかし、実は弁護士人口の増加は、増加分の会費収入の増加に直結し、弁護士会の経済的基盤の強化に寄与している。

　そして、前述の「弁護士倫理」を適用する綱紀・懲戒手続は、2010年にはいっそう重要となっている。特に意見書は、弁護士倫理の実効性を保つための綱紀・懲戒手続の強化の一環として、それらの手続への国民参加の強化を要求しており、2010年には、弁護士以外の委員の判断に対する影響力が増大していよう。国民参加の強化には、弁護士自治との関係で異論がある。しかしながら、これを弁護士会に対する国民の信頼を強化する契機と位置付ける必要がある。むしろ弁護士自治の真の危機は、弁護士層の多様化に起因する意識の相違から、会内における合意の形成が困難な事態が発生することであろう。

隣接職種／外国法事務弁護士との協働

　2010年には、隣接職種・外国法事務弁護士と弁護士との関係も変化している。

　意見書は、弁護士の法律事務独占を規定する弁護士法72条を緩和し、隣接職種に訴訟にかかわる権限を認める方向を示しており、2010年には、少

なくとも司法書士・弁理士・税理士には、一定の権限が付与されているであろう。しかし意見書が、日本における法律専門職の将来的なあり方については何も言及しなかったことは、意見書の大きな弱点の一つである。そして、法曹人口の増加と隣接職種の権限拡大の結果、2010年には、法律専門職の将来像をどのように構想するかは、深刻な課題となっているであろう。少額事件は受任しないというような対応を弁護士がとる限り、隣接職種の権限拡大を否定することはできない。しかし、行政庁の監督下にある隣接職種の権限拡大では、「法の支配」は貫徹しない。そしてなによりも、国民の法的需要が急増しない限り、毎年3,000人産み出される法曹と隣接職種を合計すると、日本社会は多すぎる法律家を抱えることになるかもしれないからである。

隣接職種とは異なるが、外国法事務弁護士との協働も、大都市の大規模渉外事務所に変化を生じさせるだろう。グローバル化した国際社会で活動する国際企業の要求に応えるために、欧米においては、アメリカ・イギリスのローファームを核とした、ローファーム間の合併・提携が加速しており、企業法務専門とする事務所に関する限り、ヨーロッパ大陸では、一国で独立した法律事務所はもはや少なくなってきている[6]。意見書は、外国法事務弁護士との提携強化のために、特定共同事業の要件緩和を行なうべきであるとしており、2010年には、日本の渉外事務所のうち相当数が、欧米ローファームの事実上の傘下に入っている可能性は否定できない。

おわりに

弁護士制度の改革には、弁護士会の動向が決定的に重要である。弁護士会の賛成なしに改革を進めることは、事実上困難だからである。ところで、現段階では、意見書の内容が、多くの弁護士に十分に理解されているとは必ずしも言えないであろう。しかし、意見書の示す弁護士改革の内容は、1998年に日弁連が公表した文書「弁護士と司法の2010年戦略」(いわゆるB班文書)[7]の内容にかなり類似しており、むしろ、部分的には意見書のほうが控えめな内容となっているところもある。この文書は、日弁連全体の意思を示すものではもちろんないが、弁護士会内部に存在する一つの有力な意見を示すものではあったろう。そうであれば、意見書の内容は、弁

護士に受け入れられる可能性を十分に持ったものであり、今後の弁護士会における改革努力の進展に大いに期待したい。

〈注〉
(1)　戒能通厚「『『この国のかたち』と司法改革」法律時報73巻7号（2001年）4頁。
(2)　青年法律家協会弁学合同部会「司法制度改革への提言——『中間報告』の批判的検討」（2000年12月30日）。
(3)　吉川精一「改革とプロフェッショナリズム——再び今後の弁護士制度について」自由と正義51巻9号（2000年）36頁以下。
(4)　長田正寛「過疎地域にもニーズはある！——しりべし弁護士相談センターの開設」月刊司法改革21号（2001年）27頁。
(5)　笠松健一「弁護士のあり方について——中坊弁護士改革案に対する問題提起」自由と正義51巻9号（2000年）79-80頁；須網隆夫「企業内（社内）弁護士と弁護士倫理」現代刑事法3巻3号（2001年）41頁以下、本書第2部84頁。
(6)　須網隆夫「合併に揺れるヨーロッパの法律事務所」月刊司法改革20号（2001年）56頁。
(7)　日弁連司法基盤整備・法曹人口問題基本計画等策定協議会B班「弁護士と司法の2010年戦略——弁護士は国民が利用しやすい職業に、司法は国民が求める役割を」自由と正義49巻4号（1998年）168頁以下。

第3部
法曹養成制度のあるべき姿
―― 法科大学院の本質

現行法曹養成制度の批判的分析における法科大学院論の位置付け

現行制度とロースクール

　今回の司法改革は、現行法曹養成制度の改革をも議論の対象とし、ロースクール制度の導入が主に検討されている。ロースクール制度の導入は、すでに自民党・経団連の意見の中で検討課題とされていたが[1]、1999年7月以降、京都大学・大阪大学・東京大学など国立大学法学部が次々とロースクール制度に積極的な改革構想を公表し、また第二東京弁護士会もロースクールの設立を提言するに至り、未だ最終的な採否は不明確ではあるものの、その現実性は急速に高まってきていると言わざるをえない。

　ロースクール（以下、本稿では、法科大学院と呼ぶ）制度の導入が構想された主要な理由は、現在の司法研修所方式で教育できる修習生の人数に限界があり、今後予想される法曹人口の大幅増員に対応できないところにあると一般に理解されている。このため、法科大学院構想の是非は、法曹人口増員論の是非と関連して議論されてしまい[2]、そこで行なわれるべき法曹養成教育の内容が議論の中心とならないきらいがある。しかし法科大学院の導入を正当化するためには、物理的理由だけでなく、現行の法曹養成制度より、養成制度として優れていることが必要である。そこで本稿では、現行制度の内容を批判的に分析することを通じて、法科大学院に、制度としてどのような可能性があるのかを明確にしようとする。

現行法曹養成制度への批判

　現在の日本の法曹養成制度は、法務省の行なう司法試験と、最高裁に置かれた司法研修所がその合格者に対して行なう司法修習の両者によって構成されている。このうち、司法試験については、合格の困難さに由来する合格者の高齢化が、1980年代後半より指摘され、1990年代には、多くの議論を経て合格者増・若年者優遇の合格枠制の導入などの修正が行なわれ

た[3]。2000年度より行なわれる両訴訟法の必須科目化と法律選択科目の廃止もその一環である。他方、司法研修所を中核とする現行の司法修習制度には、各方面よりおおむね肯定的評価が与えられ、運営主体である最高裁より、専門的知識・技術の修得に深入りしすぎているとの批判はあったものの、その修正は、事実上期間の短縮に限られてきた[4]。司法修習への評価は、弁護士会において特に高く、現行制度を制度それ自体としては肯定し、既存の問題点は運用の問題と考える傾向が強く、そこでは戦前の分離修習と異なる法曹三者の統一修習の意義が強調される[5]。また、これまでの各大学のシンポジウムは、概して法科大学院構想を積極的に評価しているが、その根拠を見る限り、現行の修習制度に対する批判的問題意識はやはり乏しい。このような状況は、法科大学院の導入を法曹人口増員のためと理解する見解の根拠となっているように思われる。

しかし、司法試験と司法修習の組合せによって成り立つ現行制度には、その教育内容において、大きな制度上の欠陥があることが認識されなければならない[6]。そして、その欠陥は、1980年代以降に進行した様々な変化により、深刻化するに至っているのである。

実務法曹に不可欠な要素

実務を担う法曹には、同じ法律家と言っても、研究者とは異なる法的素養が必要とされる。その相違は、主として実務法曹に課せられる時間的制約と扱う法分野の広範さに由来する。実務法曹は、一部の例外を除けば、限られた時間内に異なる種類の多くの事案を処理することを求められる。しかも、実務法曹の直面する事象には、社会の変化に応じて日々生起する新しい事象が含まれ、そこに含まれる法律問題について、それまで学者が誰も論じていないことが稀ではない。個々の行政法規・特別刑法などの諸分野には、従来も実務法曹が依拠しうる学問的業績は乏しかったが、社会の変化の速度が早くなっていることに対応して、その種の領域は近時拡大している。これらの場合には、実務法曹には、制限時間内に、関連する過去の判例・研究の成果を利用しながら、社会内の多様な利益の対立にも配慮し、学者の研究業績ほどの水準には達しないとは言え、一定の質を持った法的分析を行なって結論を導き出すことが求められるのである。

そして、このような任務を果たすために実務法曹が備えるべき法的能力は、具体的には、①これまでの判例・学説を前提とした、基礎的な法概念および各法分野における法体系の正確な理解、②社会で生起する生の事実に法を適用するために必要な、事実を整理・分析して法的争点を抽出する事案分析力および抽出した争点を論理的に整理し、各論点について結論を出しながら、最終的な事案の解決に到達する法的思考力、③他の諸科学の成果をも利用しながら、事案の社会的な意味を理解し、何が事案の妥当な解決であるかを判断するために必要な法的な価値判断能力の３つに集約できるであろう。

これらの能力を備えていてこそ、実務法曹は、裁判官に限らず、独立した判断者としての責務を果たすことができるのである。それでは、現在の法曹養成制度は、そのような法曹を育てるのに適切なものとなっているであろうか。残念ながら現在の制度は、本質的にこれらの能力を備えた法律家を供給するものとはなっていない。まず①の既存の法に対する理解は、いわゆる知識の伝達を主とする部分であり、大教室における一方的な講義形式によって行なうことが十分可能である。したがってこの部分は、不充分ながらも現在の大学法学部の講義において供給され、また予備校における教育も一定の貢献をしており、総じて現行制度においても大きな問題はない。

分析力・思考力養成の欠如

1　法学部において

しかし、②の事案分析力・法的思考力の養成は、現行制度において、基本的に欠落している。これらの能力は、法律家を法律家足らしめる根幹であり、一般には、判例などを題材とした個々の法律問題についての集団的討論ないし法律論文・リサーチペーパーなどの作成・添削の反覆を通じて修得されるものであろう。換言すれば、講義等によって得た法律知識を具体的事案に適用し、自己の結論を導き出す過程を体験することが、分析力・思考力の修得には必要なのである。アメリカのロースクールでは、教授の質問と学生の回答の反覆によって授業を進行させる「ソクラティック・メソッド」が採用されているが、この方式によって養成しようとして

いる能力はまさにこれである。アメリカほど明確ではないにしても、ドイツの大学法学部における学生への添削指導も同じ意味を持つものと理解できようし[7]、ベルギーの法学部が、試験を原則として口頭試問の形態によって行なうのも、学生のこの種の能力を審査しようとする趣旨であろう。しかし、日本の法学部教育では、これら事案分析力・法的思考力の養成は、制度的には明確に意識されていない。すなわち、一方的な講義では、分析力・思考力を養成することは無理である。小人数の演習は、確かにそれらの能力を養成する機能を果たしうる。しかし、その回数の少なさ（週1回として年間25回程度）・法曹志望者以外の学生をも対象とせざるをえないことから、実際にはその可能性を十分に現実化することができない。

2 予備校において

この種の能力は、また予備校においても修得できない。予備校の作成する各教科の教科書は、実定法の体系を容易に理解できるよう巧みに作成されており、知識だけでなく法的な思考力の養成にもある程度配慮しようとしている[8]。しかし予備校教育の目的は、「司法試験に最短距離で合格するためにはどうしたら良いか」という言葉に象徴されるように、司法試験合格に特化しており、そのため特定の学説を所与の前提として（なぜその学説が採られるべきであるかを考慮することなく）、体系を教え込もうとする場合もある[9]。予備校における教授方法は、やはり一方的な講義であり、その意味で仮に法的思考に配慮するとしても、それは知識として伝達される域を出ず、本来の能力を育てることはできない。予備校への依存度が高い最近の修習生が、受動的で正解志向が強く、創造性が弱いと指摘されることが多いのも[10]、それを裏付けている。実務法曹に必要であるのは、様々な基本書・論文や判例を読みながら、たとえて言えば、予備校の教科書のようなものを自ら作り上げる能力である。完成品を理解しうることと、それを作り上げる能力との間には大きな差があるのである。

3 司法研修所において

それでは、司法研修所ではどうであろうか。実は研修所においても、これらの能力の養成を目的とする教育は行なわれていない。それは、研修所の性格自体に由来する。すなわち研修所は、実務についての基礎的知識を

修習生に修得させる場であり、分析力や思考力を養成することを目的としてはいないのである[11]。研修所が自ら、修習の目的を「要件事実的な知識や実務上の問題点等を効果的に学ばせる」(民事裁判)、「基本的知識・技術を修得させる」(民事弁護) などと表現していることは、修習目的が、実務のための訓練であることを端的に示している[12]。実務を教える場としての研修所教育の質は高く、教官の熱意もある意味では大学以上かもしれない。しかし、前・後期の集合修習において提供されるものは、修習生が前述の①から③の能力をすでに備えていることを前提に行なわれる、修習生に現在の実務(とくに裁判実務)を承継させるための訓練でしかない。カリキュラムの中核が、「起案の手引き」に従った、形式面を重視した各種裁判文書の作成であることは、その表われである。もちろん、様々な起案をこなすことに、分析力・思考力の訓練となる側面があることは否定しない。しかしそれが、それらの能力の養成自体を目的とするものでないこともまた事実である。研修所教育には、一方で様々な批判が投げかけられてきた[13]。それらの批判は、(a)教育内容が裁判官養成を中心に組み立てられており、人数的には多数を占める弁護士養成に適したものとなっていないこと、(b)民事裁判に関する要件事実教育に象徴されるように、技術偏重の実務教育であること[14]、(c)現行実務を改善するための批判的検討の視点が欠落していることなどである。しかし、(a)は別として、(b)・(c)の批判は、研修所を本来の法曹養成機関であると認識した上での批判のように思われる。研修所の目的とする実務訓練は、法曹に必要な能力を養成するいわゆる「教育」とは異なる以上、それが技術を重視し、現行実務を前提とすることは、ある意味で仕方のないことなのである。

価値判断能力養成の不在

③の法的に価値判断を行なう能力の養成も、現行制度では十分に位置付けられていない。価値判断能力は、②の法的思考力と一体をなすものであり、多様な事案について自らの法律的意見を形成することを強いられる状況に反復して置かれることによって、徐々に体得されるものである。アメリカのロースクールのソクラティック・メソッドは、この意味でも有用である。一方的な講義を中心とする大学・予備校の教育では、このような要

請には十分に応えられない。これに対し、司法修習、特に実務修習には、修習生に価値判断を強いる契機がある。検察庁において腰縄を付けた被疑者を間近にし、また家裁の離婚調停で夫婦双方の言い分を聞くなど、実務修習には修習生に具体的事実を突きつけ、その判断を迫る機会が少なくない。しかし、そのような事実は、実務修習の副次的効果と言うべきであり、また現在の1年間の実務修習だけではやはり十分とは言えないであろう。もちろん、優れた法的価値判断を独立して行なうためには、判断者に、法的判断の基礎となる社会・人間に対する価値観が確立していなければならない。そのために、法曹となろうとする者には、常に社会自体に関心を持ち、また社会事象に現実に触れる努力を払うことが求められるのは当然である。

　要するに、日本の法曹養成制度には、制度として見た場合、法曹として必要な能力の少なからぬ部分の養成が意識的に行なわれていないという大きな欠陥があるのである。アメリカ型ロースクールの導入を提唱されている柳田幸男弁護士は、現在の養成制度の基本的欠陥は、法学専門教育機関が存在しないところにあると指摘し、その後のロースクールをめぐる議論の口火を切られたが[15]、その指摘は十分傾聴に値するのである。

制度的欠陥を補完してきた要因とその喪失

　このような制度的欠陥は、1990年代まではそれほど顕在化しなかった。むしろ、制度的欠陥にもかかわらず、日本の実務法曹のレベルは、国際的にも決して低いものではなかった。それは、司法試験が非常に難しい競争試験であったことによるだけでなく、合格者の主体的努力およびその有する資質という言わば制度外の要因によって、制度の欠陥が埋められていたからである。たとえば、論理的思考力は、各大学において受験生が自主的に組織する勉強会における法律的討論の中で会得されていた。これらの勉強会における討論には、ロースクールにおけるソクラティック・メソッドに類似した効果があったのである。また、合格者が高齢化していたことは、程度の差はあれ多くの合格者がすでに社会人として成熟し、法律家に必要な判断能力の基礎を備えていたことを意味した。1980年代頃までは、学生時代の大学内外における様々な自主的活動および合格までの社会人経験に

より、多くの合格者は、現行実務に対する批判的観点とそれを改善する熱意を試験合格前に備えていたのであり、研修所における実務教育にも、それを無条件に受け入れることなく批判的に対応できたのである[16]。

しかし、今や状況は大きく異なる。司法試験準備における予備校の占める比重の増大と勉強会の衰退、合格者の若年化と合格者の人間的成長に影響する社会環境の変化などにより、欠陥を埋めていた要因はもはや存在しないのである。従来活発であった修習生の自主的な研究活動一般が停滞気味であることは、その証左であろう[17]。したがって、養成制度の中に、制度外の要因が担保していた能力を身に付けさせるシステムを正しく位置付けることが不可欠になったのである。

法科大学院構想の意義

このように考察してくると、法科大学院構想の意義は、それが現行制度の欠陥を克服できる積極的可能性を内包している点に求められる。法科大学院における教育は、実務法曹から独立した専任の教員組織によって担われるものであり、その結果、現行実務に対する批判的観点を十分に醸成しながら、法的思考力を養成できる可能性がある。また、変化の激しい社会に対応して創造的な法解釈を展開するためには、法哲学・法社会学など一定の基礎法学的素養が不可欠であるところ、法科大学院においては、これまで研究者が蓄積してきた基礎法学の成果を法曹養成に利用することもできる。法科大学院の具体的内容自体は、未だ不明確であるが、そこには現状の養成制度を積極的に改善する様々な可能性が存在するのである。もっとも、法科大学院の内容を構築するにあたっては、従来の研修所教育をモデルにすべきでないことは言うまでもない。弁護士会の中には、法曹養成に創造的イメージを持てず、従来の修習内容を批判的に捉えられない傾向がある。たとえば、東京弁護士会が作成中の案は、実質的には前期修習の内容をほぼそのまま法科大学院に取り込もうとするものであり、現行制度に引きずられているとの印象を拭いえない[18]。

もちろん法曹界には、現在の大学教員を主体とする法科大学院に法曹養成を任せることに不安もあろう。不安の根幹は、多くの大学教員が法曹養成を直接の目的とする法学教育の経験を持たないことにあると思われる。

この点では、法科大学院成功のためには大学改革が必要であることを、率直に認めざるをえない。一橋大学の構想も示唆するように、法曹養成を担うためには、研究者も常に実務の動向に関心を払い、実務の要請に応える学問を創出しなければならない[19]。遠藤弁護士が指摘されたように、法科大学院は、従来の実務と大学との関係を変革する契機を含んでいるのであり[20]、法科大学院が、日本における実務と学問の不幸な乖離を克服する契機となることを願ってやまない。

〈注〉
(1) 自民党「司法制度特別調査会報告――21世紀の司法の確かな指針」(1998年)、経団連「司法制度改革についての意見」(1998年)。
(2) 森山文昭「ロースクール問題に関する議論の背景と視点」法と民主主義342号(1999年)40頁以下。
(3) 岩井重一「司法試験・法曹養成制度改革の経緯と概要」自由と正義49巻1号(1998年)88頁以下；桃島裕之「求められる法曹像と法曹養成制度の改革――改革論議の経緯からロースクール構想へ」大出良知・水野邦夫・村和男編著『裁判を変えよう』(日本評論社、1999年)186頁。
(4) 水野邦夫「法曹三者協議会の経緯と三者合意の概要」自由と正義49巻1号(1998年)147-148頁。
(5) 武内更一「司法修習制度の改革論議について」自由と正義48巻2号(1997年)160頁以下；森山・前掲注(2)42頁。
(6) これまでに公表された意見の中で、現行の司法修習に対する批判的観点をもっとも明確にしているのは、第二東京弁護士会の意見である(第二東京弁護士会「法科大学院(ロースクール)問題に関する提言」〔1999年〕)。
(7) 村上淳一「ドイツにおける法律家養成の現況」ジュリスト1016号(1993年)75頁。
(8) 伊藤真『民法総則〔第2版〕・伊藤真試験対策講座1』(弘文堂、1999年)Ⅺ頁。
(9) 熊谷信太郎「デバイス憲法Ⅰ憲法総論・人権〈最新版〉」(早稲田経営出版、1999年)はしがき(3)～(5)頁。
(10) 塚原英治「法律家の養成と弁護士会の役割」自由と正義49巻1号(1998年)114-117頁。
(11) 山本和敏・野間洋之助「研修所教育の役割」ジュリスト984号(1991年)119

頁。
(12) 司法研修所「司法研修所における修習のあらまし――第53期前期、第51期後期」(1999年) 1-4・11頁。
(13) 第二東京弁護士会、前掲注 (6) 21-24頁。
(14) 上柳敏郎「司法研修所民事裁判教育の実態と問題点」法律時報60巻7号 (1988年) 46頁以下；小林秀之「研究者から見た司法研修所教育の課題――民事教育を中心として」ジュリスト700号 (1979年) 126頁。
(15) 柳田幸男「日本の新しい法曹養成システム (上) ――ハーバード・ロースクールの法学教育を念頭において」ジュリスト1127号 (1998年) 116頁。
(16) 青年法律家協会33期同期会『研修所教育を問う (法曹養成を考える4月集会報告集)』(1981年)；33期クラス連絡委員会編『今、司法研修所は――33期生 (弁護士・裁判官・検事) の声と資料』(1981年)。
(17) 菅沼一王「司法修習アンケート結果について」法学セミナー506号 (1997年) 16-18頁。
(18) 東京弁護士会法曹養成センター「ロースクール試案――新しい法曹養成制度の構築」(1999年)。
(19) 「一橋大学の法曹養成教育に関する構想 (ワーキング・グループ案)」(1999年) 7頁。
(20) 遠藤直哉「実務・研究・教育の統合を目指す法科大学院構想」自由と正義50巻5号 (1999年) 24頁。

法曹人口の増加とあるべき弁護士像
—— ロースクール構想への視点

始めに

　今回の司法改革の特色は、それがいわゆる「司法制度」の改革だけでなく、司法制度の運用にあたる、「法曹」[1]の改革をも射程に入れていることである。司法制度が実際どのように機能するかは、それを運用する「法曹」に任される部分が少なくない。その意味で、法曹にかかわる問題は、司法改革の成否につながる重要な論点である。「法曹」について議論される事項は多岐にわたるが、本稿では、その中で法曹養成制度と、その前提となる法曹人口・法曹像を扱う。これらは、相互に関連し、法曹のあり方を規定する要因である[2]。本稿の検討では、司法制度改革審議会（以下、審議会と言う）を中心としたこれまでの議論を概観し、ある程度議論の方向性が明らかになっている場合には、それを与条件とすることにした。審議会の議論の進行状況を考慮した場合には、そのような方法がより意味があると考えたからである。

　これまでの状況を概観すると、まず法曹人口問題は、主として弁護士の増員問題として議論され、大幅な増員について合意が形成されつつある。そのことを前提に、本稿では、法曹人口問題を改革の指導理念である「法の支配」の観点から考察する。これに対し、法曹像のうち弁護士像については、様々な意見が並立しているが、本稿では、改革の結果どのような弁護士が必要とされるのかを展望する。その後、必要な質を備えた多くの弁護士を、どのように養成すべきかについて、現行の司法試験・司法修習制度への評価を前提にして、ロースクール制度導入の意義と可能性を検討する。そして最終的には、司法改革の一環としての視点から、これまで各大学を中心に提案されてきた構想を検証し、ロースクールの基本的コンセプトを明確にしようと試みるのである。

法曹人口の増加

1 弁護士人口の増加に向けて

　今回の司法改革は、司法の拡大・強化を目指すものであり[3]、そこにおいて法曹の量的増大が、主要な論点となることには、疑問の余地がない。法曹人口とは、本来は弁護士だけでなく、裁判官・検察官を含む実務法曹全体の人数を意味するはずである。しかし、増大分の多くを吸収するのは、法曹の大半を占め、しかも他の二者と異なり定員のない弁護士であると予想され、このため、弁護士の増員が法曹人口問題の中心としてこれまでの議論は進んできている。

　弁護士人口の増加をめぐっては、以前から、弁護士会内部において激しい議論が戦わされてきた。すなわち、大別して、「法の支配」を徹底させるためには、弁護士の増加は不可避であるという立場と、弁護士の著しい増加は、弁護士の経済的基盤に打撃を与え、社会における弱者の権利擁護に献身してきた弁護士のあり方を変質させるとの立場が対立してきた[4]。

　しかしながら、今までのペースを超える弁護士人口の相当程度の増員（具体的に、何名が適当であるかは、論者によってなお大きな差がある）は、弁護士会の一部以外からは、おおむね当然のこととされ、研究者もこれに賛成するものが多数である[5]。審議会の大勢も同様であり、一部に条件を付す委員がいるとは言え、原則としては、ほぼ全員が増員を容認していると思われる[6]。このため論点整理も、日本の法曹人口が少なすぎることを指摘し、論点項目に「法曹人口の適正な増加」を掲げている[7]。

　そのような状況の中で、弁護士人口増に積極的対応が取れなかった弁護士会にも、最近は変化が見られる。日弁連は、1999年11月には「国民が必要とする弁護士の増加と質の確保を実現する」との意見を公表して、具体的数字は示さないものの、増加に積極的な態度を打ち出したが[8]、2000年2月に行なわれた日弁連会長選挙では、この立場を支持する候補が多くの支持を集めて当選した[9]。今や日弁連も全体としては、大幅な増員を受け入れるに至ったのである[10]。

　かくして一部に反対論が残るとはいうものの、今後の議論は、大幅な弁護士人口増加を前提とするものにならざるをえない[11]。それは、弁護士

過疎に象徴されるように、弁護士人口の不足が明らかな分野が存在する以上、増員を否定する説得的な論拠が見出せないからである。反対論は、増員による競争激化により、今まで弁護士が損得抜きで言わば「持ち出し」で行なってきた社会的意義のある事件への取り組みが弱くなることを主張する[12]。しかし、この種の議論には、大きな陥穽がある。それは、弁護士に「持ち出し」の公益（プロボノ）活動をする経済的余裕があるということは、その他の事件の依頼者は、弁護士のサービスに対して本来支払うべき額以上の費用を払わされているのではないかという疑問である[13]。もちろん、弁護士のそのような形態による公益活動に社会的な合意があれば、問題はない。しかし、社会一般に、そのような合意が存在するとまでは言えないであろう。また、一部の弁護士会ではプロボノ活動を義務化するなど最近は状況が変わりつつあるとは言え[14]、公益活動の中心は、各弁護士の自主的な活動であり、弁護士全体として見れば、活動に参加する弁護士は少数にとどまっていたのではなかろうか。したがって、増員反対論を今後も展開していくためには、上記以外の説得的な論拠が必要となるであろう。

2　弁護士業務の拡大と弁護士人口

　弁護士人口の増加は、前述のように研究者にもこれに賛成するものが多い。そのため、その論拠もすでに出尽くした感があるが、あえて付け加えれば、日本の弁護士が担っている業務の範囲は、諸外国のそれに比べて著しく狭く、そこに増加を吸収できる可能性が存在することを指摘できる[15]。
　すなわち、第一に、司法書士・税理士など「準法曹」によって担われている業務は、法律業務に関する資格が細分化していない諸外国では、一般に弁護士の業務である。日本における法律事務は主として弁護士によって担われているように錯覚しがちであるが、それは大きな誤りである[16]。第二に、弁護士の業務に属する分野でも、諸外国に比して、弁護士の活動が活発でない分野が少なくない。それらは、契約書の起案に象徴される予防法学的業務、法分野について言えば、独占禁止法・通商法・行政法などの諸分野である。第三に、依頼者としては、個人・企業という民間部門が圧倒的であり、政府・自治体など公的部門が依頼者となることは少なく、したがって立法・政策形成への関与も少ない。第四に、就業形態としては、

自営・他の弁護士による雇用がほとんどであり、企業・行政に雇用されることが非常に少なく、そのためそこでの法律業務は、弁護士以外の者によって担われている。

結局のところ、日本における法律業務のうち弁護士によって担われているのは、訴訟業務を中核とするその一部に過ぎない。日本の弁護士の活動領域が、伝統的に民事・刑事の訴訟事件における法廷活動に限られ、裁判外における各種活動への関与が乏しいことは常に指摘されてきたところであるが、このような活動範囲の狭さは、1960年代以降徐々に改善されつつあるとは言え[17]、現在もなお基本的には妥当する。

このような業務範囲の狭さは、司法改革によって促進される社会の法化に伴って、大きな需要が顕在化する可能性のあることを示唆している。現時点でも、弁護士が不足している領域が、地理的ないし法分野的に存在していることに加えて、グローバル化の進展を背景として規制緩和が進む中で、行政と個人・社会内における私的当事者間の関係が変容し、これまで弁護士の関与が乏しかった領域についてもその関与が必要となるであろうことを考慮すれば、弁護士人口の増加には、十分な根拠があるのである。もっとも、弁護士人口の増加について一致点が形成されつつあるといっても、そのことによって法曹人口に関するすべての問題が解決したわけではない。以下のように、なお幾つかの課題を検討する必要がある。

3 残された課題
(1) 隣接職種の取扱い

第一の課題は、いわゆる隣接職種の取扱いである。法曹人口が議論される時には、「法曹」とは、現在の司法試験合格者を念頭に置いている。しかし、日本には、それ以外にも法曹隣接職種と言われる多くの法律専門職が国家資格として認定され、様々な法的需要に応えている。これらをどう位置付けるかによって、法曹人口問題は、微妙に色彩を変える[18]。要するに、隣接職種の存在を積極的に位置付ければ、「法曹」固有の増員の程度はより少なくて足りることになる。その意味で、隣接職種と法曹との関係は、法曹人口問題の前提条件である。現在のように法律専門職が細分化され、しかも行政の監督下に置かれて、自治が制度的に保障されていないことは、「法の支配」の観点からは好ましくなく、将来的には資格統合が、

検討されなければならないが、本稿では、とりあえず現在の関係を前提に論じることとする。

(2) 裁判官・検察官人口の増加

第二は、法曹の中で、弁護士以外の二者の増加をあわせて考慮すべきことである。この間の法曹人口をめぐる議論は、法曹人口増を、第一次的には弁護士増と理解してきた。しかし、法曹人口の増加が、弁護士増に限定されないことは当然である。「法の支配」を徹底させるためには、現在でも負担加重の状況にある裁判官・検察官の増員もやはり必要である[19]。審議会委員の間でも、裁判官・検察官の増員についてほぼ合意が形成されていると言ってよかろう[20]。

(3) 増加の程度

第三に、法曹人口の増加を前提とするとはいっても、具体的にどの程度の増加を実現するかという問題が残る。軽視されがちであるが、1990年代における司法試験合格者の漸増により、毎年の合格者数は過去10年間に倍増し、弁護士総数も、過去10年間にすでに相当の増加を見ている[21]。その上、さらにどの程度の増加を実現すべきであるのか。そもそも、増加の程度は、どのような方法により決定すべきであろうか。

1980年代後半に始まった法曹人口論は、司法試験合格者の数をめぐって、弁護士会と法務省が対立するという構図によって進展してきた[22]。しかし最近では、そもそも公的規制によって法曹の人数を規制すること自体を問題視する見解が有力となりつつある[23]。このような立場は、弁護士人口は、市場原理によって自然に決定されるべきであると考えるものである。また法社会学の観点からも、特定の社会にとって適正な弁護士数を事前に予測することは不可能であり、供給を増加させながら、需要と供給の均衡が取れる状態を経験的に探す方法しかないと指摘される[24]。増加の程度は、政治的に決定されることになるかもしれないが、その場合には、決定された供給数は、固定的な数字として捉えられるべきではなく、あくまで均衡点を探すための実験的な数字でしかないことが留意されるべきであろう。

あるべき弁護士像と司法改革

1　法曹の質をめぐる議論の現状

　以上より、今後養成される法曹の量的側面については、ある程度の一致点が存在することが確認できた。しかし、将来の司法制度を構想するためには、法曹の量とともに、司法はどのような人材を求めているのかという、法曹の質的側面をあわせて問題にしなければならない。審議会設置法案への附帯決議は、衆議院・参議院とも、「法曹の質及び量の拡充」が審議対象であることを明らかにし[25]、論点整理も同じ認識を示している[26]。

　しかしながら、これまでのところ法曹の質的側面は、司法改革をめぐる議論の中で、必ずしも十分に検討されているとは言えない。まず、法曹と言っても、裁判官・検察官の質的側面・あるべき姿が正面から議論されることはあまりない。弁護士のそれが議論される場合も、弁護士の備えるべき資質・能力は個々に検討されても、それらを備えた弁護士の全体像は明確ではない。たとえば、論点整理も、司法の役割・法曹人口については、かなり具体的に記述しているが、そのような司法が、どのような法曹によって担われるべきかについては、抽象的に述べるにとどまり、必ずしも具体像を示していない[27]。このことは、審議会以外の場での議論にもほぼ共通している。むしろ、弁護士については、各論者がそれぞれ自分の弁護士像を持ちながら、それが正面から語られることなく、その弁護士像を前提にして個別的資質・能力のレベルで議論が主として行なわれているのが現状であろう。

　裁判官・検察官の質的側面についての議論が乏しいことは今後の課題を示しているが、以下には、主に紙幅の関係から、弁護士についてのみ論じることとする。

2　「弁護士モデル論」と司法改革

　法曹三者のうち、弁護士のあるべき姿については、以前より活発な議論がなされてきていた。すなわち、国民の自由と人権を、権力に抗しつつ擁護する、伝統的な「在野法曹モデル」と1970年代以降に定着した、特定の学識に裏付けられた専門家が、公共への奉仕を目的に活動するという「プ

ロフェッション・モデル」が併存していたところ、1980年代には、プロフェッション・モデルを批判して、消費者である依頼者の立場から見た弁護士モデルである「法サービスモデル」が新たに提案され、弁護士サービス市場の自由化を企図するという状況が生じた[28]。そして、1980年代後半からの弁護士人口増加への強い要請は、弁護士会内に来たるべき環境の変化を予測させ、その中で弁護士のアイデンティティーをどのように確立するかは、弁護士会にとって重要な課題であった[29]。このような弁護士像についての対立は、1990年代に新たな発展を得ながら、「プロフェッション・モデルの発展型」対依頼者と弁護士のパートナーシップを指向する「関係志向モデル」という対立に引き継がれていく[30]。

　弁護士モデルをめぐるこれらの対立は、審議会などの議論の場で、正面からは取り上げられていない。もっとも、一般論として弁護士像が語られないことが、司法改革の議論が弁護士のあり方に影響しないことを意味するわけではない。むしろ、一般論・原則論が不在な中で、弁護士像に影響する内容を持った項目が、個別的な課題として組み込まれているところに、今回の論議の特徴があるということもできる。実際には、弁護士像の相違は、法曹人口・ADR・弁護士による法律事務独占を始めとする様々な争点をめぐる対立の背後に見え隠れしている[31]。

　要するに、法曹人口の点では、大幅増加について、結論として一致が見られるのに対し、弁護士モデルをめぐる議論との関連で言えば、弁護士像には、未だ一致はない。そして、このような弁護士像の不一致には、社会における様々な利益の対立を反映している側面がある[32]。このことは、今後も一致点が容易に形成されるとは限らず、多様な弁護士像を前提にして議論を進めざるをえないことを示唆している。

3　求められる新たな弁護士像

　法曹人口が数値によって表示されるのに比して、弁護士像は、数値による評価にはなじまず、その意味で法曹人口よりも議論しにくい。しかし、改革によって作られる司法制度が、どのような弁護士によって支えられることを予定するかを、無視することはできない。たとえば、法曹養成に際しても、どのような弁護士を養成すべきかという理念像がなければ、教育内容は確定できないはずである。

そして、前述のように弁護士像自体についての一致はないものの、司法改革の予定する弁護士像は、明らかにこれまでの弁護士像とは異なっている。従来との相違は、主として弁護士の業務範囲の拡大に起因する。今回の改革を指導する理念が、「法の支配」であることには異論がなかろう。もちろん、「法の支配」という概念自体多義的であり、これをどのように理解すべきか自体に対立がある[33]。しかし、いずれにせよ「法の支配」を徹底するために、弁護士の業務範囲が、著しく拡大する必要があることは承認されるだろう。

論点整理には、訴訟活動を中心とした従来の弁護士のあり方になお拘泥している印象を受ける部分もあるが、「弁護士の在り方について広く検討する必要がある」との記述は、弁護士像の変更の可能性を考慮しており、委員の中にも、弁護士の活動領域拡大を念頭に置く者は少なくない[34]。

弁護士人口の大幅な増加を構想する以上、弁護士が従来の訴訟業務中心の狭い業務範囲にとどまることが可能であるとは考えにくい。現時点でも企業内弁護士の数は増加傾向にあり、一部の官庁が、弁護士の雇用を開始していることを考えると、相当数の弁護士は、企業を始め、官庁（行政・立法）・労働組合・NPOなどに職を求め、訴訟以外の幅広い法律事務の処理・政策立案業務に従事することになろう。また、本来の弁護士の業務自体も、より訴訟以外の業務の比率が増え、扱う法分野も拡大するであろう。論点整理自体は、明確には述べていないが、経済界を始め、多くの論者はこのような展望について一致している[35]。そこで予定されている状況は、アメリカとまでは至らずとも、ヨーロッパ大陸における弁護士のあり方に接近し、個々の弁護士レベルでは専門化が進むことになろう[36]。

4 プロフェッションとしての弁護士

ところで、弁護士の業務範囲拡大と、従来のプロフェッション性をめぐる議論は、どのように関連するのであろうか。弁護士像を考察する時には、最終的には、この争点を避けて通ることはできないように思われる。司法制度が「法の支配」を実現するように機能するためには、一般に、高い見識と倫理性を持った独立したプロフェッションとしての法律家の果たす役割に期待せざるをえない[37]。その意味では、どのような弁護士像に依拠するにせよ、弁護士のプロフェッション性を全面的に否定することはでき

ないはずである。そして司法改革の文脈においては、弁護士のプロフェッション性に新たな意味を付け加えることができる。

すなわち、弁護士のサービス業としての側面を強調し、プロフェッション性に消極的な脱プロフェッション論の根幹は、依頼者の意思に従わない弁護士への批判であろう[38]。しかし、司法改革の予定する弁護士像には、依頼者の意思に従わないことに、積極的な意味付けがなされている。法曹の役割・法曹像を考える時には、その国の社会・歴史・文化を考慮せざるをえないところ、論点整理は、戦後の発展の推進力であった「集団への強い帰属意識」が、今後の発展にとっての桎梏となってしまったという認識を示している[39]。そのような意識は、論点整理の予定する「自律的でかつ社会的責任を負った」個人を基礎とする社会とは整合しないからである[40]。そして、前者から後者への移行を円滑に実現するためには、集団に帰属しながら、なお集団から相対的に独立し、所属するプロフェッション自体への帰属意識を保持する「知的社会集団」の役割が重要になる[41]。たとえば、企業・官庁に入った弁護士に期待される役割は、その集団の論理に支配されない独立性である。そう考えれば、依頼者主権的な脱プロフェッション・モデルが適当ではないことは理解されるであろう[42]。

5　弁護士の果たすべき役割

あるべき弁護士像を明確な形で言語化する能力は、現在のところ筆者にはないが、以上の検討から、弁護士にどのような役割が期待されるかは明らかである。日本の弁護士は、これまで社会における対抗エリートとして、裁判の政策形成機能に着眼した訴訟活動によって、「立法・行政レベルの政策形成に有効な働きかけができず不利益を受けがちな、政治的社会経済的な少数者・弱者の政策目標の達成に助力するという役割」を不十分ながら果たしてきた[43]。しかし将来は、公的な政策形成過程への外部からの働きかけに加えて、政策形成過程の内部における役割が期待されるようになる。

そして、弁護士がこのような役割を果たすためには、第一に、法律専門家として多様な能力を有するとともに、企業・官庁など雇用される集団への帰属意識への対抗を可能にする、弁護士であることへの強い帰属意識を育成することが必要になる[44]。弁護士倫理は、その一つの担保である。

そして第二に、社会において対立する様々な利益を法的な思考と論理によって調整・解決するためには、弁護士層は、異なる経験を持った多様な人材によって構成されなければならない。価値観の多様化している社会では、様々な価値観を体現する者をバランスよく弁護士層の中に取り込み、価値観の対立を法的な論理のもとで競わせる必要があるからである。

後者は、弁護士以外の裁判官・検察官にとっても同様であり、このようにして成立する「多様な人材によって構成された分厚い法曹」により支えられる社会が、司法改革の予定とする社会ということになろう。それでは、そのような法曹を供給するためには、どのような養成制度が適切であろうか。

司法改革と法曹養成

1　司法改革の要請する法曹養成制度

これまでの弁護士人口・弁護士像についての検討からは、今後の法曹養成制度が満たすべき基本的要件が推測できる。もっとも、既述のように、これまでの議論が弁護士に集中しているため、法曹養成と言っても弁護士の養成を念頭に置くことになる。法曹一元制度が導入される場合には、法曹養成と弁護士養成を同視してもよいであろうが、そうでない場合には、裁判官・検察官養成について独自に議論しなければならないことに注意すべきである。

さて、弁護士養成について述べると、まず量的側面からは、これからの養成制度は、弁護士人口の増加に対応するために、従来より多くの弁護士を養成するのに適したものでなければならない。しかもその時点での需要に応じて、供給数を柔軟に変化させうるものが望ましい。この意味では、現行制度、特に研修所方式は、物理的・財政的理由により、増加に柔軟に対応できない嫌いがある。

また質的側面からは、多様性を持った人材を養成課程に受け入れ、プロフェッション性を前提としながらも、弁護士像についての対立を反映した教育を施すことにより多元的な法曹養成が可能な制度である必要がある。さらに養成される能力の観点からは、制度は、弁護士の業務範囲の拡大に対応し、訴訟業務以外の業務に対応できる、専門家としての幅広い能力の

養成に適するとともに、法曹としての帰属意識の醸成に資するものでなければならない。現行制度は、養成課程への受入れについて、理論的には多様性が確保されているが、その後の養成は一元的であり、養成される能力の範囲も狭い。もっとも、帰属意識の醸成に貢献している点は評価すべきであろう。

それでは、これらの要件を念頭において、これまでの法曹養成制度をめぐる議論を概観することから始めよう。

2　新しい法曹養成制度としてのロースクール構想

現在の日本の法曹養成制度は、法務省の行なう司法試験と、最高裁がその合格者に対して行なう期間1年6カ月の司法修習の両者によって構成されている。

この現行法曹養成制度を改革し、ロースクール制度を導入しようとする構想は、1997年頃から浮上してくる。ロースクールは、1997年から1998年にかけて、自民党司法制度特別調査会・経団連の意見において検討課題として言及されるようになった[45]。そして大学審議会も、1998年秋に、高度専門職業人養成のための専門大学院としてのロースクールを検討課題とするに至った[46]。

これに対して、ロースクールの主体となるはずの大学法学部の対応は、1999年春ころまでは、一部の大学を除いて鈍かった。しかし、1999年7月の京都大学シンポジウムを皮切りに、大阪大学・東京大学・神戸大学を始め相当数の国立大学法学部が次々とロースクールの設立を柱とする改革構想を公表することによって、状況は急速に変化した。また第二東京弁護士会・東京弁護士会など弁護士会も独自の案を策定するに至っている。

このような動きを背景に、審議会の論点整理は、「法曹養成のためのプロフェッショナルスクールの設置を含め、法学教育の在り方について抜本的な検討を加えるべきである」と述べ、論点項目には「法曹養成制度の在り方」が含まれ、ロースクール構想の実現可能性は高まってきている[47]。

年が明けた2000年になってからは、私立大学法学部の動きが活発である。1月以来、すでに明治大学・上智大学・早稲田大学・立命館大学・中央大学などが、講演会・シンポジウムを開催し、それぞれの構想を発表した。

これら大学によって提案された構想は、国立・私立を問わず、いずれも

ある程度一致している。すなわち、法曹以外の多様な人材を養成してきた既存の法学部の意義を評価して、それを維持し、他方で実務訓練を行なう場としての司法研修所をも存置し、その中間に大学院レベルのロースクールを設置し、法学理論教育を強化するというスキームである。

3 ロースクールへの期待の背景

ロースクール構想にこのような大きな期待が寄せられるのは、現行の養成制度への不満が、広く論者に共有されているからにほかならない。

自民党・経済界などから、ロースクール制度が提起された当初の理由は、法曹人口増大の観点からであったろう。すなわち、現在の司法試験・司法研修所方式で教育できる人数には物理的限界があり、予想される法曹人口の大幅増加に対応できないと考えられたのである。このため、ロースクールの是非をめぐる議論は、法曹人口増員論の是非と関連して理解されてしまい[48]、そこで行なわれる教育内容が議論の中心とならない傾向があった。しかしその後、単に人数だけでなく、現行制度によって養成される法曹の能力の点から、ロースクールに積極的な議論が盛んになってくる。ここにおいて特徴的なのは、弁護士会・裁判所・法務省というともすれば意見の一致を見ることが少ない三者が、この点については、歩調を合わせているところである。批判のポイントは、特に最近の法曹に、「自分の頭で物を考えることができない者が増えている」という言葉で語られる。このような最近養成された法曹の能力に対する不安は、学界を含めてほぼ共通の認識になっている[49]。司法修習生に考える力・考えようとする態度が欠如しているという問題点は、1970年代末において、すでに指摘されていた[50]。その意味では、この種の指摘を安易に受け入れてはならない。しかし、最近の修習生をめぐる環境の変化は、それまでの法曹志望者の状況を大きく変化させ、問題をより深刻化させてしまったように思われる。このようにして、一部に慎重な意見があるとはいうものの[51]、ロースクール導入の必要性は、ほぼ共通の認識となりつつある[52]。

ロースクール制度の導入は、確かに司法改革の文脈で議論が始まっている。しかし、一面では、従来の司法を前提としても、現行制度に問題があることは看過されてはならない。ロースクールを推進する根拠には、司法改革の文脈から生じるものと法曹養成の本質より生じるものの双方がある

のである。それでは、現行制度にはどのような問題点があるのであろうか。

4 現行制度の問題点
(1) 大学教育の空洞化

　第一の問題点は、司法試験受験予備校の隆盛による大学法学教育の空洞化である[53]。司法試験における若年者優遇制度の実施以降、受験生の予備校への依存度が著しく増大していることは間違いない。最近の受験生には、大学入学直後より予備校通いを開始し[54]、大学の講義よりも予備校を優先させる者が少なくない。かくして、合格者の多くが、法学部における体系的な法学教育とは無関係に法曹となることは、法学教育が法曹養成以外の役割を果たしていることを考慮しても無視できない[55]。およそ教育機関における教育が、その後の資格試験の受験に役立たない時に予備校がその間隙を埋めることは、古今東西共通の現象であり、アメリカ、ドイツにも司法試験予備校は存在する[56]。したがって、予備校の存在それ自体が否定されるべきではない。問題は、学生が、大学の講義を軽視して予備校の講義を選び、しかもそれだけで試験に合格してしまうことである。そこに現行の法学教育に関する危機の本質がある。その結果、法曹を志す多くの学生は、司法試験科目以外の科目には、専門・教養を問わず、まともには取り組まず、試験科目の論点について判例・学説を覚え、答案を構成する技術を磨くことになる[57]。これでは、豊かな教養と幅広い人間性を備えた法曹が生まれないのは至し方なかろう[58]。

　このような大学教育の空洞化に伴い、合格者の学力も以前より低下していると思われる。正解と言われるものを覚え込む予備校中心の教育では、自分の頭で考える能力が育たないことは言うまでもない。法務省による司法試験考査委員からの意見聴取では、多くの委員が、基本の理解が不十分な人が増え、全体としてのレベルが低下し、同じような表現のマニュアル化した答案が増えていることを指摘している[59]。このような法律的議論のできない合格者の増加は、司法改革の議論以前に、将来の法曹の質に大きな不安を抱かせるのである。

(2) 研修所教育の問題点

　第二の問題点は、合格後の司法研修所における教育にある。司法研修所を中核とする現行の司法修習制度は、前後期に分かれた集合研修と実務庁

に配属されて行なう実務修習によって構成されている。司法修習には、これまでおおむね肯定的評価が与えられ、その修正は期間短縮に限られていた。司法修習への評価は、運営主体である最高裁だけでなく、弁護士会においても高く、特に弁護士会内には、現行制度を制度としては肯定し、問題点は運用の問題であると考える傾向が強く、戦前の分離修習と異なる法曹三者の統一修習の意義が強調されてきた[60]。しかし、研修所教育には、1970年代から厳しい批判があったことも留意しておかなければならない[61]。そして、前述したような今後の弁護士像を考える時、その問題点はより深刻にならざるをえない。

　研修所教育には、以下のような問題点がある。第一に、研修所教育は、裁判実務のための教育である。これは、今後の弁護士の多様な業務範囲と整合しない。もちろん、予防法学のために訴訟の実際を知ることが有益であることは否定できない[62]。しかし、法的紛争が最終的には訴訟によって解決されるからといって、裁判実務がこなせれば、当然に他の業務もできるというものではない。最近の研修所カリキュラムは、以前よりは多彩になっているが[63]、実務修習への導入部として、実務が対象とする法律業務一般を広く修習生に紹介するものにとどまっており、カリキュラムの内容は浅く、これからの弁護士に必要な内容は充足されていない[64]。

　第二に、その教育は、裁判官養成を中心に組み立てられており、多数を占める弁護士養成に適したものとはなっていない。弁護士養成に関連する科目は、集合研修・実務修習とも相対的には少ない割合を占めるに過ぎない。司法研修所は、裁判官・検察官を司法官試補として養成していた戦前の制度に、弁護士の養成を合体させたものである[65]。このような沿革に加えて、研修所が最高裁によって運営されている以上、それが自らの後継者である裁判官養成を主に考えるのは致し方ないところであろう。しかし今後の弁護士増員を考慮すると、そのような現状はやはり看過できない。

　第三は、教育が、要件事実教育に象徴されるように、実務を前提とした技術重視の色彩が強いことである。民事裁判科目の中心を占める要件事実論は、大学で教育されることはほとんどない。要件事実には、当事者の主張を法的に整理するための基準として有用な面があることは否定できないが、他面では、主要事実のみを社会的事実から抽出し、当事者が重要と考える間接事実を切り捨てることになる。しかも、研修所は、何が主要事実

であるかにつき正解が存在することを前提とするが、一義的決定に対しては弁護士・研究者から疑問が呈されている[66]。

第四に、第三とも関連するが、研修所教育には、現行実務を前提とする結果、それを改善するための批判的視点が欠落している。その主要な原因は、教員組織にあろう。田中英夫教授は、すでに1980年代初めに、司法研修所には、大学のような自律的教授団がなく実務家が実質的に教育を担い、その結果として現行実務に対する批判的観点が十分に醸成されないことを指摘されていたが[67]、その指摘は現在でも妥当する。実務家は、基本的に、現在の実務を妥当なものとしがちであり、その行なう教育に発展的契機を含ませることには困難がある。

もっとも、これらの批判が、現行法曹養成制度を前提にして、研修所に本来の「教育機関」としての役割を期待していることには注意しなければならない。ロースクールと研修所が並存する場合には、研修所を実務訓練を行なう場として純化することに積極的意義を見出すことができる。換言すれば、すでにロースクールで十分な理論的教育を受け、批判的精神を養った者に対して、実務への導入として現行実務を教えることには意義があろう。その意味に限れば、研修所教育は十分尊重に値するのである[68]。

(3) 法学専門教育機関の不在

以上の二つの問題点は、最終的には、日本には法曹養成を目的とした法学専門教育機関が存在しないという結論に結び付く。

現在の多くの司法試験合格者は、試験合格に焦点を絞った予備校教育と研修所での実務訓練だけを受けて、法曹として出発することになる。この現状から、現行制度の最大の欠陥が、法学専門教育機関の不在であると指摘したのは、アメリカ型ロースクール制度の導入を提唱された柳田幸男弁護士であったが[69]、この認識は、その後多くの論者によって共有されるに至っており[70]、筆者も同様である。次には、この点を詳論する。

5 法学専門教育機関の本質とその不在

(1) 法学専門教育機関の本質

法学専門教育機関とは、弁護士・裁判官・検察官と言う「法曹」の養成を目的とする機関である。そこでは、養成しようとする法曹像を前提にして、法曹に必要な能力を養成するための教育が行なわれなければならない。

司法改革の議論以前の問題として、法曹には、一般に、研究者よりも厳しい時間的制約の中で、多くの異なる事案を処理する能力が求められる。そこには、定型的な処理になじむ事案が少なくないとは言え、他方で社会の変化に応じて日々生起する新しい事案が含まれ、研究者も論じていない新しい法律問題に直面することも少なくない。最近では、社会の変化の速度が早くなっていることに対応して、そのような場合は増えている。したがって、法曹には、新しい法的問題について、基本的な法原則に依拠しながら、関連する過去の判例・学説の成果を利用し、また社会内の多様な利益の対立に配慮しながら、妥当な法的解決方法を考え出すという高い創造的能力が求められる[71]。しかも法曹は、自らの結論を他方当事者の心情に配慮しながら、彼らに納得させなければならないのである。

　このような法曹が備えるべき法的能力は、具体的には、①判例・学説を前提とした、各法分野における法体系と法概念の正確な理解（ここには、法制度の理念とその実態の理解も含まれる）、②社会で生起する生の事実に法を適用するために必要な、具体的事実を整理・分析して法的争点を抽出する事案分析力および抽出した争点を論理的に整理し、各論点について結論を出しながら、最終的な結論に到達する法的思考力、③基礎法学・他の社会科学の成果をも利用しながら、事案の社会的意味を理解し、「法の支配」・「法的正義」に照らして、何が事案の妥当な解決であるかを判断するために必要な法的価値判断能力の3つに集約できるであろう[72]。このような法的能力に加えて、弁護士の場合には、自己の判断を他者に伝達・説得する能力、業務範囲の拡大を考慮すれば、さらに法的判断を紛争予防・政策形成に応用する能力などが求められることになろう。

　このような素養を備えていてこそ、法曹は、裁判官に限らず、独立した判断者としての責務を果たすことができるのである。それでは、現在の法曹養成制度は、そのような能力を育てるために適切なものとなっているであろうか。

(2) 現行法曹養成制度の制度的欠陥

　残念ながら現在の制度は、本質的に、法曹となろうとする者にこのような能力を供給するものとはなっていない[73]。

　まず、①の既存の法体系・法概念の理解は、知識の伝達を主とする部分であり、講義形式によって行なうことが可能である。これらは、不十分な

がらも現在の大学法学部の講義において供給され、予備校も一定程度貢献している。もっとも、それは司法試験科目に限定されており、試験科目の削減により、その他の科目への関心の低下が見られ、労働法・行政法・国際私法など、実務に不可欠であるにもかかわらず、知識の伝達が十分に機能していない分野が拡大していることは憂慮すべきである。

　これに対して、②の事案分析力・法的思考力は、法曹を法曹足らしめる根幹的能力であるにもかかわらず、それらを養成するための教育は、現行制度の中では制度的には明確に意識されていない。これらの能力は、一方的な講義によって育成することはできない。これらは、一般には、判例などを題材として、個々の法律問題について行なう集団的討論ないし法律論文・リサーチペーパーの作成・添削を通じて会得されるものであろう。すなわち、講義等によって得た法律知識を具体的事案に適用し、自己の結論を導き出す過程を繰り返し経験することが、分析力・思考力の修得には必要である。アメリカのロースクールで行なわれる教授の発する質問と学生の回答の中から法的推論の方法を学ばせる「ソクラティック・メソッド」によって学生が体得する能力は、まさにこれである[74]。法学部における、大教室講義では、これらの能力を養成することは無理である。小人数の演習は、確かに養成機能を果たしうる。しかし、その回数の少なさと法曹志望者以外の学生をも対象とせざるをえないことから、実際にはその機能を十分には果たしていない。また、予備校で会得できないのもこの能力である。法曹に必要なのは、必要に応じて、様々な基本書・論文や判例を読みながら、たとえば、予備校の教科書のような法体系のアウトラインを自ら作り上げる能力であり、予備校で与えられる完成品を理解しうることではない。そして、司法研修所においても、これらの能力を養成する教育は行なわれない。研修所は、司法試験に合格した修習生が、法曹としての基本的能力（ここには、事案分析力・法的思考力も含まれる）をすでに備えていることを前提に、現在の実務を承継させるための文字通り訓練を行なう場に過ぎないからである[75]。

　③の法的価値判断を独立して行なうためには、その基礎となる社会・人間に対する価値観が確立していなければならない。法曹に人間的な成熟性が要求される由縁である。そのため、法曹になろうとする者は、社会に対する幅広い関心を持ち、現実の社会事象に触れるよう努力する必要がある。

したがって、価値判断能力の養成は、大学など教育機関だけによって達成できるものではない。しかし、法曹養成制度も、できるだけこのような要請に応える努力をしなければならないところ、現行制度は、この点でも不十分である。すなわち、第一に、大学における教養教育は、本来は価値判断能力の基礎と成りうるものである。しかし、法学部における教養教育は、必ずしも十分な成功を収めているとは言えない。受験生にとって、教養科目に十分な関心を払う余裕はないからである。第二に、法学教育の中では、様々な事案について自ら価値判断を行なうよう強いることによって、法曹志望者に法的な価値判断の必要性を理解させ、価値判断能力形成の動機付けをする必要がある。しかし、一方的な講義では、やはりこのような必要に応えることはできない。第三に、価値判断にあたっては、法哲学を始めとする基礎法学的素養も有用であるが、現在の制度ではそれはどこにも積極的に位置付けられていない。

なお、現行制度の中で、社会の現実に直接触れる機会が提供される実務修習には、副次的な効果であるとは言え、法的価値判断を強いる契機が十分にあることは評価しなければならない。

6　改革の必然性

以上のように、現行制度には、法曹の備えるべき本質的な能力の養成という観点から見て、重大な制度的欠陥が存在すると言わざるをえず、仮に今回の司法改革において法曹養成制度が改革の対象とならなかったとしても、早晩その改革が検討されねばならない状況にあったと判断すべきであろう。

この制度的欠陥は、従来は、合格者の主体的努力とその有する資質という制度外の要因によって、ある程度埋められ、それほど顕在化せず[76]、また司法の役割が比較的限定されていたことによって、深刻な問題であるとは認識されなかった。しかし、1990年代後半より生じた、「合格者の増加」と「修習生の若年化」を中心とする状況の変化、そして今後の「法曹人口増大」と「弁護士の業務範囲の拡大」を考慮すると、法曹に必要な能力を制度として養成できるシステムが考案されなければならなくなったのである。

その意味では、ロースクールの導入を中心とした現在の法曹養成制度改

革に向けた議論は、必然的に生じたものである。ロースクール構想は、大学側から見れば確かに唐突に浮上してきた感がある[77]。しかし、その議論がこれほど短期間に多くの支持を集めるに至ったのは、現行制度に根本的な制度的欠陥があったためであることは十分認識されねばならない。

ロースクール構想の意義

1　法曹養成の側面

これまでの検討をもとに、ここでロースクール構想の意義を確認しておこう。ロースクールは、法曹の養成をそれ自体の目的とする日本で初めての教育機関であり、その教育は、法曹から独立した、大学人を中心とする専任の教員組織によって担われる。

ロースクール構想の意義は、現行の法曹養成制度に内在する現行制度の欠陥を克服するとともに、司法改革の予定する弁護士の養成に対応できる積極的な可能性を内包している点にまず求められる。前述の現行制度の欠陥について検討した順序に即して、その可能性を述べていこう。

第一に、ロースクールにおいて学生は、司法試験を過度に意識せずに、基本科目に加えて、実務に必要な多様な法律を選択的に学習し、将来における自己の専門分野の基礎を築くことができる。同様に、研究者が蓄積してきた基礎法学的な素養を学び、実務の問題点を理解するとともに、改革の方向性を模索することもできる。

第二に、ロースクールは、比較的小人数で、法曹となる明確な意思を持った学生だけを受け入れる。しかも、彼らが法曹となる可能性はかなり高い。そして、それらの学生を対象に、ソクラティック・メソッドによる講義、法律意見の作成・添削などを反復することにより、法曹養成教育の中核であるべき法的思考力の養成を重視した教育を行なうことが可能となる。しかも、研修所と異なり、学問の自由を保障された、独立した教員組織によって担われる教育は、現行実務に対する批判的観点を醸成しながら、思考力を養成できる利点がある。

第三に、価値判断能力の養成についても、現状より改善される。法学部出身者以外の学生・社会人を少なからず受け入れることができれば、ロースクールの教育課程に、法学以外の学問的背景・多様な社会経験を持ち込

めることになる。またカリキュラムに臨床的プログラムを組みこんで、学生を法律相談活動などに参加させることにより、ロースクールにおいてもある程度は、社会の実態に触れさせることができる。

　加えて、司法改革との関連で言えば、各ロースクールが独自の法曹像・弁護士像を前提に養成を行なう結果、多元的な法曹養成を行なうことができ、また教育内容としても弁護士業務の拡大に対応する多様なプログラムを、これまでの学問研究の成果を利用しながら、提供することができる。また量的にも、ロースクールの数を増やせば、比較的容易に多数の法曹を養成することができよう。

　以上のように、ロースクール構想には、法曹養成に関する重要な発展的契機が含まれている。もちろん、これらは可能性に過ぎないものである。逆に言えば、このような可能性を現実のものとするように制度の詳細が設計されなければならない。そして、ロースクールにも、いくつかの欠点が指摘されているのであり、制度の設計は、それらに応えるものでもなければならない[78]。

2　法学研究の面

　ロースクールの第二の意義は、法学研究の面でも、従来の実務と大学との関係を変革する契機を含み、法学研究者と法曹より成る一体感を持った「法律家」層を創出する端緒となりうることである。

　日本の大学法学教育が、法曹養成と直接結び付かず、行政・民間における非法曹たる法律専門家の養成を主としてきたことは、法曹養成を目的とする欧米の法学教育と比べた大きな特徴である[79]。そして、そのことから生じる大学と法曹との距離は、同じく法律を専門とすると言っても、法曹と研究者をそれぞれ別の世界に所属させ、両者の交流は、これまで限られたものでしかなかった。

　このような両者の断絶は、両者の協調関係の欠如につながり[80]、法学研究の分野においても、様々な弊害を生じてきた。たとえば、これまでの法学研究には、民事訴訟における主張・立証責任の配分など、実務家から見て、重要な部分が欠落していると指摘されることが少なくない[81]。法学研究には独自の世界があり、それが実務の僕(しもべ)でないことは当然であるが、法学研究に実務を指導し、実務の直面する困難を解決する役割が期待され

ることも間違いなく、法学研究の実務に対する存在感が薄い状況が好ましくないことは言うまでもない。このような実務家と研究者の関係は、諸外国ではあまり見られない不幸な事態であり、克服されなければならない。現在の社会では、情報技術・生命科学の発展などにより、日々新たな法律問題が生じている。それらに対応するためには、法律家としてのアイデンティティーを共有する法曹と研究者の共同作業がますます求められている。

ロースクールは、研究者である大学教員に実務家養成への直接的な関与を強いるものである。ロースクールが競争の中で、高い評価を勝ちうるためには、その教育が優れた法曹の養成に資するものでなければならず、そのような教育は、実務についての関心と理解なしには行なえないはずである。さすれば、ロースクールにおける教育は、両者の融合に積極的な意味を持つであろう[82]。ロースクールの誕生は、このように、従来の実務と大学との関係を変革する契機を含んでいるのである[83]。

それでは、これらの積極的可能性を具体化するためには、ロースクール制度は、どのような基本条件を満たすように設計されなければならないのであろうか。以下には、制度設計にあたって問題となる主要な論点について、基本的な考え方を示すことを試みる。

あるべきロースクール像――各大学の構想を検討しながら[84]

1 ロースクール教育の基本コンセプト

ロースクールの教育が、既存の法学部教育また大学院教育と決定的に異なることは、それが「常に法曹を育てていると意識した教育」であることである。法曹養成のための教育であることは、行なわれる教育の隅々にまで影響する。

法曹養成を目的とする以上、ロースクールの教育は、実務家のための教育である。もっともそれは、技術的な教育とは意味が異なることに注意する必要がある。実務家のための教育というと、ともすれば実務にただちに役立つ実用教育を想起し、学問研究とは距離があると理解しがちである。しかし、ここでの「実務」とは、現実に行なわれている法実践という意味ではなく、学問研究の成果である法学理論が現実に適用され、その正しさが検証される機会・場面として理解されるべきである。したがって、実務

家のための教育は、学問研究から切断された地平にあるわけではない。むしろ、そのような教育を行なうためには、学問研究は、それ自体として完結せず、常に実務との相互作用の中で検証されることを前提に進めなければならない。したがって、研究者は、実務の動向に常に興味・関心を持ち、法学理論の現実への適用を研究する必要に迫られる。

2　ロースクールを核とする養成制度の基本的枠組み

　1999年に国立各大学法学部が開いたシンポジウムで公表された案には、細部においてはかなり差異があるが、制度の枠組みについては、ある程度の一致点が存在している。それはどの案も、「既存の法学部の維持」・「大学院レベルにロースクールを設置」・「資格試験としての司法試験」・「司法研修所での司法修習」という枠組みを前提にしていることである。各大学案は、ロースクールの修了年限・ロースクールと学部との関係・学部における法曹コースの位置付け・その開始時期・ロースクールの入学選考方法などの諸点については異なっているが、この枠組みにおいてはおおむね一致しており、法学部に法曹コースを作り、ロースクールと連続させて3年以上の一貫教育を施そうとするものが多い。

　そして、2000年になってからの私立大学法学部によるシンポジウムでも、明治大学・早稲田大学などの諸案は、いずれも同じ枠組みを採用している。もちろん、このような枠組みにとらわれずに議論することも可能であり、特に既存の法学部を現状のままとすることには、説得的な批判が展開されている[85]。しかしながら、すでに多くの案が上記の枠組みで一致している以上、現実的な選択肢という意味では、それを前提にすべきであろう。そして、このような枠組みには、それなりの合理性がある[86]。

　すなわち、既存の法学部の廃止は・国立大学はともかく、私立大学では、経営上の理由を含む様々な理由により非常に難しい[87]。また、企業・官庁など社会の側にも法学部卒に対する需要があり、その種の需要はこれからも存続するのではないかとも予測される[88]。この他ロースクールの修了年限を2年とする場合には、基礎的な法律知識を教えるために、学部段階での法学教育が必要との事情も付け加えられる。他方、司法研修所で行なわれている実務訓練の内容、特に実務修習には評価すべき部分が少なくないところ、それをすべてロースクールで代替することは難しい。

したがって、両者を存置することにした上で、両者をつなぐ理論教育を中心とするロースクールという発想に落ち着くのである。もっとも、法学部・研修所とも存置されるとはいっても、ロースクールの誕生により、その内容が見直されざるをえないことは当然である。

3 受け入れるべき人材と選抜方法・学部との関係

ロースクールには、どのような人材を受け入れるべきであろうか。前述の弁護士像を前提とすれば、ロースクールは、社会に存在する様々な経験・利益の対立を法曹界に吸収するために、なるべく多様な人材を受け入れるべきである[89]。

具体的には、第一に、法学部以外の他学部出身者を受け入れるべきである。国際的に見た現行制度の弱点は、日本の法曹が、法律以外の学問的背景を持たないことである。法律事務の処理には、他分野の知識が必要とされることが多くなりつつある。アメリカの弁護士が、学部段階では、法学以外の専門を学んでいることは、その高い国際的競争力の一因であり、このような「ダブルメジャー」は、弁護士の専門化を容易にするであろう。

第二に、社会人を受け入れるべきである。法曹には、現実の社会に対する深い洞察力が不可欠である。制度として、人間的に成熟した、人の痛みを理解できる法曹を育てるためには、様々な社会経験を持った者・年齢的にも多様な者を受け入れることにより、彼らの経験を教育過程に取りこみ、学部よりただちに進学した者に刺激を与える必要がある。

多様な人材の受け入れを実現するためには、「ロースクールと法学部との関係」・「ロースクール入学者の選抜方法」も、それに見合ったものでなければならない。したがって、それらについて、他学部出身者が不利になる制度設計は避けるべきである。学部における法学教育の意義を重視すると、一貫教育の必要性に傾き、入学者の選抜は、法学以外の学問的背景を持つ者に不利になりがちである。法学部教育が残り、そこに意義を見出す以上、一貫教育を指向することは仕方がないとも言える。しかし、学部に設けた法曹コースへの入学を要求し、さらにロースクールへの入試を課すことは、他学部出身者にとって負担が重いように思う。その意味で法曹コースの修了をロースクール進学の要件とすることも適当ではない。結局のところ、他学部出身者も、直接ロースクールに進学させ、法学部出身者と

の学力差には、入学後の補習・修了年限延長により対応するほうが妥当であろう。

同様に、社会人が不利となる制度設計も避けるべきである。他学部出身の社会人に法曹コースへの入学を要求すれば、新卒の他学部出身者以上に重い負担となりかねない。また、社会経験を積極的に評価する以上、入学選考は、単なる筆記試験だけで行なうべきではなく、学部成績・社会的経験などの総合評価による「AO入試」的な方法が適切であろうし、定員の一部を社会人枠とすることも検討されるべきである。

4　ロースクール教育内容

カリキュラムの編成は、以下のような点を考慮して行なわれるべきであろう。

第一に、カリキュラムには、現在の司法試験科目以外の基礎的な科目が含まれなければならず、2000年度より法律選択科目の廃止対象となった行政法・労働法・国際法・国際私法などは当然含まれる。

第二に、さらに応用的科目・先端的科目の設置が考慮されねばならない。独占禁止法・租税法・知的財産権法・金融法・少年法などは、弁護士の職務範囲拡大と専門化を準備するために不可欠である。たとえば、最近の実務において少年法は、刑事訴訟法とほぼ等しい重要性を持っている。ただし、これらは必修ではなく、専門化への希望にしたがって、選択的に履修できればよい。

第三に、基礎法科目・学際的科目が重視されねばならない。新しい問題に直面した時、また現状を批判的に改革しようとする時には、解決方法を模索するために、外国法を含む基礎法学の成果を利用することが必要である[90]。また、より広い文脈で問題を検討するためには、「法と経済学」などの学際的アプローチや新たな視点を提供するという意味で「ジェンダー法学」・「被害者学」等も有用である。このような、実務への批判的アプローチにこそ、ロースクールの意味がある。

第四に、実務家のための科目がある。法曹は、社会における自己の役割を十分に認識しなければならず、このため、日本の弁護士の歴史を含む「法律家論」・「弁護士倫理」などの科目が、必修科目として必要である。ちなみに弁護士倫理は、精神論を教えるわけではない。たとえば、利害相

反などについては、原則の適用にあたって判断に迷う例が少なくなく、これらは学問的にも解明されねばならないのである。

　第五に、臨床的科目として、法律調査のために必要な判例・論文などの検索方法を学ぶ「法律文献調査」・法律文書の種類とその起案の基礎を学ぶ「法律文書作成」・現実の社会に触れ、学生の問題意識を喚起する機会としての「法律相談実務」などが考えられる。これらは、全体として一つの科目とし、初年度の必修とすべきであろう。また、模擬裁判の実施も考えられる。

　第六に、論文作成である。ロースクールは修士課程に設置されるが、研究者養成が目的ではないので、論文作成は必要ないとの意見もある。しかし、修士論文ほどのレベルは必要ないとしても、法律論文を書く力は法曹にとっても有益であり、特に特定分野の専門家となるために意味がある。ロースクールの後年次には、論文作成の機会を与えるべきである。

　なお、カリキュラムの編成は、コアとなる法的思考力の養成の部分を除いては、各ロースクールが、自己の理念とする法曹像に基づいて、特色を出して編成すればよい。そのことが、多様な法曹の養成に資することになろう。

5　ロースクールの修了年限

　ロースクールの修了年限は、前述のカリキュラムの教育に何年必要かという観点から決定されることになる。

　各大学案では、2年ないし3年である。3年のほうが余裕があることは間違いないが、教育期間が、あまり長いのは適当ではない。ここで考慮すべきことは、学生はこの期間、相当ハードに勉強しなければならないということである。たとえば、アメリカのロースクールにおいて、特に1年生は毎日深夜まで勉強する[91]。また司法修習生も、前後期の集合研修の期間には、しばしば徹夜を余儀なくされる[92]。ロースクールが法曹資格の取得に直結する制度を構想する以上、同程度の勉学が要求されるのは当然である。

　次項の教育方法とも関連するが、学生は、毎日予習し、与えられた課題について調査し、ペーパーを作成するという作業を講義期間中は毎日繰り返すことになる。これは、今までの大学における学生生活のイメージとは

まったく異なる。このような勉学態度を前提とすれば、2年間でもかなりの教育効果をあげることが可能であろう。なお、大学案のカリキュラムは盛り沢山過ぎないかとの指摘があるが[93]、その多くが選択科目に区分される場合は、カリキュラムの多様性と修了年限の長さは、必ずしも相関しないであろう。

6 ロースクールにおける教育方法

ロースクールの教育方法は、一方的な講義を中心とした大学の教育方法とは異なることが各大学案において予定され、講義方式よりも、小人数のクラスにおいて、学生との議論によって講義を進める「ソクラティック・メソッド」と学生が特定の課題について自ら法的調査に基づいてペーパーを作成する「リサーチ・アンド・ライティング」が主に考えられている。

各大学案における「ソクラティック・メソッド」の重視は、現在の大教室授業における一方的な知識伝達に対する反省に基づいている。アメリカ的な判例を素材にしたソクラティック・メソッドには、学生に、講義の予習と講義への主体的参加を事実上強制することに意味がある[94]。しかし、アメリカで使われるソクラティック・メソッドには、判例法国であるがゆえに発展した側面があるように思われ、大陸法を基本的に継受している日本にそのまま持ちこむには無理があるのではなかろうか[95]。またアメリカのロースクールでも、2年次以降の科目は・純粋なソクラティック・メソッドでは講義されていない[96]。それゆえ、むしろ、学生の予習を前提としながら、講義と双方向的な討論を併用し、しかる後に、特定の事案・問題について、学生にその解決を模索させ、最後に結論・理由を文章化させるというような方法が取られるべきであろう[97]。また、このような方法をすべての科目について、常に採用する必要は必ずしもなく[98]、事案分析力・論理構成力の養成を目的とする科目において採用すれば最低限の必要は満たされるであろう。なお、ソクラティック・メソッドが小人数教育を必ずしも意味しないことにも注意を要する[99]。

各大学の構想で、明確に言及されていないことに、教員負担の問題がある。ソクラティック・メソッドや起案添削を行なう場合には、教員の講義準備・講義後の作業が今まで以上に必要となることは言うまでもない[100]。したがって、特に私立大学の場合には、従来の大学・大学院教育を維持し

ながら、さらにロースクールにおける教育を既存の教員組織に負担させるという方法は、実際には困難であろう[101]。

7 ロースクールの教員組織

各大学案は、現在の教員に加えて、一定数の法曹を専任ないし非常勤として受け入れることを予定している。しかし、研修所も維持されるので、どの程度の実務家教員が必要となるかは必ずしも判然としない。現在の教員組織に実務経験者は少なく、その意味である程度の実務経験者の受け入れは必須であろう。ただし、前述のロースクールの研究上の意義を勘案すれば、単にスタッフに実務経験者が入ればよいのではなく、既存の教員との間で実務経験・問題意識が相互に交流されるようなシステムが好ましく、既存のスタッフと実務経験者の共同講義のような方法が模索されるべきであろう。

ところで、ロースクール教員にもっとも必要なのは、「法曹を育てたいという意欲」とその「使命に対する認識」である。人は、自らの後継者を育てることには熱心になれるものであるが、現状では、研究者である大学教員にとっての後継者とは、研究者であり法曹ではない。そのため、シンポジウム開催の華々しさとは裏腹に、大学教員の中でロースクールでの教育に情熱を燃やせる者は相対的には少数ではないかということが危惧される[102]。この意味でも、研究者と法曹の間に共通のアイデンティティーを形成することが必要である。

なお、現在でも複数の大学は、教員の弁護士兼任を認めており、このことは、ロースクールでの教育にも積極的意義を有するはずである。しかし、大学側には兼任を認めることへの抵抗も強く、兼任を進めて行くためには、兼任より生じる弊害を除去するための方策が検討されなければならない。もっとも、将来的にロースクールを修了した研究者が増加すれば、教員の確保はより容易になるであろう。

8 ロースクールの設置基準・設置地域

ロースクールが法曹資格に直結する以上、その教育内容は標準化され、一定の基準を満たすことが必要になろう。問題は、誰がその基準を策定するかである。

ロースクールを大学に設置することを構想すると、ただちに文部省の態度が常に意識される。これは、文部省の管轄下にある大学としては、当然の反応である。実際にも1998年の大学審議会答申以来、法学教育のあり方に関する調査研究協力者会議の設置など、文部省の動きは活発である[103]。しかし、基準の設定は、文部省の専管事項とされるべきではなく、文部省・大学関係者・法曹三者が共同して設置基準を策定すべきであり、特に法曹一元が採用される場合には、弁護士会の果たす役割が重視されねばならない[104]。

また、認可されるロースクールの数・定員は、大学にとって最大の関心事となっているが、一定の基準を満たす限り、ロースクールの設置は認められるべきであり、過去の実績等により、一定数に限定するような方法は取るべきではない。そのような特権的なロースクールを認めることは、規制緩和への逆行と言わなければならない。

「法の支配」が行きわたるためには、弁護士過疎が解消されなければならず、そのことは法曹一元制度の前提でもある。そうであれば、ロースクールは、地理的には一部の大都市に集中すべきではなく、地元に定着する法曹を確保するために、各地方に設置されるべきであろう[105]。

9 新司法試験

ロースクールの修了が、新司法試験の受験資格となり、新試験は、現在の競争試験から資格試験として純化され、ロースクールでの教育成果を確認することを目的とし、修了者の多数（7割ないし8割）が合格することについても、各大学案は、おおむね共通の認識を示している[106]。

もっとも、過渡期は別にして、従来型の司法試験を存続させ、ロースクールの修了を要件とせずに法曹となる道を残すべきか否かについては意見の対立があり、大学内にも修了者に限定することは、法曹となりうる社会階層を限定することになるとの意見がある[107]。その趣旨は理解できるが、現在においても司法一次試験より最終合格に至る者は、きわめて少数ではないかと思われる。現行制度がどの程度開放的であるかを確認した上で、ロースクール修了を受験資格としながら、現状よりも開放的な制度を設計する可能性を追求すべきであろう。

10 ロースクールの設置形態

これまでの大学案の多くは、現在の法学部・大学院とロースクールを組織として連続させ、現在の教員組織が、ロースクールにおける教育をも担当することを前提にしている。

しかし、このような設置形態は、必ずしも適切とは思われない。すでに述べた教員負担の問題はさておいても、ロースクールの教育は、現在の法学部教員に教育と研究の両面において、大きな変化を強いるものになるはずであり、教員の中にそれを受け入れるコンセンサスが容易に形成されるとは思えない。そのことは、既存の制度を前提として教員となった以上、当然のことである。したがって、ロースクールは、法学部とは組織的に分離して、たとえば、独立大学院の形態で設立し[108]、法曹養成に熱意を持ち、変化を受け入れる決断を下した教員のみが、ロースクールに移籍するほうが、矛盾が少なく、またロースクールをより理想的に設計・運営することに資するであろう。

なお、既存の研究者養成コースまたは高度職業人養成の専修コースの扱いは、ロースクールの設置と同様に、各大学が独自に判断すれば良い問題であろう。

最後に

法曹のあり方が、社会的な議論の対象となったのは、初めてではない。1979年に三ヶ月章教授は、「日本の『法律家』達は、今や、わが国でははじめてといってよい形で、国民の熱い視線を注がれようとしている」と述べられている[109]。しかし、その後の20年間、日本の法曹は、部分的な変化は被ってきたものの、少なくとも表面的には、従来の枠組みを固守してきた。そのことは、大学法学部についても同様である。

近時、社会の様々な場面で進行する一連の改革に、警戒感を持つ人は少なくない。しかし、こと司法改革に関しては、改革の必要性は明白である。本稿の検討によっても、一見外在的に始まったロースクール論議が、実は現行法曹養成制度の制度的欠陥に起因するきわめて内在的な理由にも基づくことが明らかになったと思う。

本来、法制度の改革を構想することは、法学の任務であるはずであり、

司法改革こそ、法学の学問的蓄積が発揮される場面であったはずである。しかし、これまでの日本の法学は、法解釈学に著しく重点が置かれ、立法学・法政策論などの研究は、ようやく端緒についたばかりである。その意味で、司法改革について、必ずしも研究者の間での議論が活発でない印象を受けるのは、実務との関連を軽視してきた、今までの日本の法学のあり方に問題があったことの証左であると言えないであろうか。いずれにせよ、ロースクールをめぐる議論が、日本の法曹養成・法学研究の将来の発展に寄与することを願ってやまない。

〈注〉
(1) 本稿では、「法曹」とは、弁護士・裁判官・検察官という、言わゆる法曹三者を意味している
(2) 司法制度改革審議会が、1992年12月に公表した「論点整理」に付された「論点項目」は、論点全体を「制度的基盤」と「人的基盤」に区分しているが、法曹人口と法曹養成制度は、「人的基盤」の最初の課題と位置付けられている（審議会「司法制度改革に向けて——論点整理」月刊司法改革 4 号〔2000年〕17頁）。本稿は、さらに両者の検討に不可欠な法曹像を検討対象に加えている法曹養成制度の改革にあたっては、理想とする法曹像が前提とならねばならないからである（小島武司「法曹養成の将来設計と法科大学院構想」法律時報72巻 1 号〔2000年〕116頁；藤原淳一郎「いわゆるロー・スクール構想の虚像と実像」法学研究〔慶応大学〕72巻12号〔1999年〕66頁）。
(3) 審議会・前掲注(2) 13頁。
(4) 日弁連司法基盤整備・法曹人口問題基本計画等策定協議会「2010年への司法改革［あたらしい時代の弁護士と司法についてのふたつの基本計画］」自由と正義49巻 4 号（1998年）186頁以下。
(5) たとえば、六本教授は、増員の根本的理由として、社会秩序の法化とグローバル化に起因する弁護士の提供するサービスに対する需要の急速な増大を指摘している（六本佳平「法曹人口」ジュリスト1170号〔2000年〕46頁）。戦後司法の機能不全について、司法制度内部の要因として、法曹の組織と基盤の脆弱性を指摘する田中教授も、法曹人口の増員を強く主張されている（田中成明「現代司法の位置と課題」『岩波講座・現代の法五巻・現代社会と司法システム』〔岩波書店、1997年〕27-28頁）。谷口教授もまた増員論である（谷口安平「弁護士の需要と供給」日本弁護士連合会編集委員会編『あたらしい世紀への弁護

士像』〔有斐閣、1997年〕77頁)。
(6) 「各委員の論点整理に関する意見書」月刊司法改革4号(2000年)153頁以下；斎藤浩「司法制度改革審議会の現段階と期待するもの」法律時報72巻1号(2000年)57頁。
(7) 審議会・前掲注(2)15・17頁。
(8) 日弁連「司法制度改革に向けての基本的提言」自由と正義50巻12号(1999年)172-173頁。
(9) 日本弁護士連合会選挙管理委員会「平成12年度同13年度日本弁護士連合会会長選挙選挙公報」(1999年)。
(10) 亀井時子「弁護士像と法曹人口」法律時報72巻1号(2000年)72-73頁。
(11) 市民弁護士からも、法曹人口が過少であることは、日弁連内においてもおおむね一致していると指摘される(森下弘「市民弁護士からみた司法改革」自由と正義50巻9号〔1999年〕93頁)。
(12) 日弁連司法基盤整備・法曹人口問題基本計画等策定協議会・前掲注(4)、177頁。
(13) 高野隆「弁護士の数は市場に任せろ」月刊司法改革5号(2000年)63頁。
(14) 塚原英治「自由競争論の中の弁護士像と『民衆の弁護士』」日本弁護士連合会編集委員会編『あたらしい世紀への弁護士像』(有斐閣、1997年)61頁。
(15) 須網隆夫「EC各国における弁護士の専門化の現状——ベルギー・フランス・ドイツ・オランダ・スペインの状況」自由と正義42巻7号(1991年)67頁以下。
(16) 三ヶ月教授も、日本では「非法曹」たる「法務専門家」の比重は、諸外国よりはるかに大きいと指摘されている(三ヶ月章「序にかえて——『日本の法律家』の置かれている環境」ジュリスト700号〔1979年〕12頁)。
(17) 田中成明「法律家の役割の拡大とそのディレンマ——法的思考の再構成のための素描」ジュリスト700号(1979年)247-248頁。
(18) たとえば、宮川弁護士は、実際には、「法的需要に多様な職種で対応するというシステムが成立」しており、隣接職種を無視した弁護士人口の大幅増加論には賛成できないと述べている(宮川光治「あすの弁護士——その理念・人口・養成のシステム」宮川光治・那須弘平・小山稔・久保利英明『変革の中の弁護士(上)』(有斐閣、1992年)18頁。
(19) 民事訴訟事件数の増加・医療過誤事件など複雑かつ専門性の高い事件にみられる訴訟の顕著な遅延などを考慮すれば、裁判官についても相当の増員が必要であろう(六本・前掲注(5)47頁)。1990年代には、裁判官についても定員増が計られ、毎年の採用数も100人近くに増えているが(同47頁)、この程度の増

加では、なお不十分であろう。
(20)　井上・高木・竹下・中坊・藤田・山本・吉岡など多くの委員が、両者の増員に言及しており、明確な反対はないものと思われる（「各委員の論点整理に関する意見書」前掲注 (6)）。
(21)　六本・前掲注 (5) 50頁。
(22)　岩井重一「司法試験・法曹養成制度改革の経緯と概要」自由と正義49巻1号（1998年）88頁以下。
(23)　たとえば、阪本教授は、リベラリズムの立場から、司法試験合格者数が少なく制限されていたことを、違憲な「市場参入規制の典型例」と捉える（阪本昌成「司法制度改革の基礎にあるもの――憲法学の視点から」ジュリスト1170号〔2000年〕33頁）。松井教授も、市場原理による決定を支持される（松井茂記「日本型ロースクール導入の可能性」自由と正義50巻12号〔1999年〕83頁）。弁護士の中からも、弁護士の「適正人口」を予測することは不可能であり、決定は市場に任せるべきである（高野・前掲注 (13) 63頁）・合格者数の制限は、憲法22条に違反する疑いがある（宮川光治「弁護士とその業務のあり方」ジュリスト1170号〔2000年〕97頁）との意見が表われている。
(24)　六本・前掲注 (5) 50頁。六本教授は、専門職業家の養成という制約から、10年間に弁護士数を2倍にするという目標を提案され、現行の司法試験制度を前提に毎年1,800人程度の合格者を妥当と考えられている（同50・53頁）。
(25)　「司法制度改革審議会設置法、衆参法務委員会附帯決議」ジュリスト1170号（2000年）152頁。
(26)　審議会・前掲注 (2) 15頁。
(27)　「論点整理」は、「制度の運営を委ねるに足る質量ともに豊かな人材（法曹）を得なければならない」と述べ、さらに「古典的教養と現代社会に関する広い視野をもち、かつ、「国民の社会生活上の医師」たる専門的職業人としての自覚と資質を備えた人材」とその資質の内容を敷衍している（審議会・前掲注 (2) 15-16頁）。しかし、この記述から具体的イメージを導くにはいささか困難があろう。
(28)　宮川・前掲注 (18) 3-10頁。
(29)　日弁連の機関誌「自由と正義」が、1996年1月より1年間、「あたらしい世紀への弁護士像」と題する論説シリーズを組み、毎月論説を連載したことは、その象徴である。
(30)　濱野亮「法化社会における弁護士役割論――民事分野を中心として」日本弁護士連合会編集委員会編『あたらしい世紀への弁護士像』（有斐閣、1997年）6-15頁；棚瀬孝雄「脱プロフェッション化と弁護士像の変容」日本弁護士連合

会編集委員会編『あたらしい世紀への弁護士像』（有斐閣、1997年）203-204頁。
(31) たとえば、「各委員の論点整理に関する意見書」を見ても、中坊委員は、養成される法曹について、公衆への奉仕の精神・公益への奉仕義務を強調し、プロフェッション・モデルを基礎にしていると思われる。これに対し、山本委員は、隣接職種・企業法務担当者への法律事務の許容など法律サービス市場の自由化を志向しており、関係志向モデルにより親和的である（「各委員の論点整理に関する意見書」前掲注（6）163-165・171-172頁）。また、主として経済界からの意見に注目し、今回の改革論議は、「積極的かつ意図的に弁護士の業務環境を変えようとするものであり、プロフェッション像からの離脱を強いる」との指摘もある（神長百合子「弁護士を中心とした法制度への期待」月刊司法改革3号〔1999年〕67-68頁）。確かに、弁護士の法律事務独占の見直しによる法務部・他業種の法律事務への参入やこれまでの法廷活動を中心とする業務形態の変化は、プロフェッション性への脅威であろう。
(32) 阿部昌樹「多様な理念に基づく多数のロースクールを」月刊司法改革4号（2000年）42頁。
(33) 大沢秀介「『小さな司法』からの脱皮」月刊司法改革2号（1999年）20-21頁。
(34) 審議会・前掲注（2）14頁；「各委員の論点整理に関する意見書」を見る限り、委員の中では、中坊委員が、もっとも積極的に弁護士の活動領域の飛躍的拡大を主張する。その他の委員にも弁護士の業務形態の変革・予防司法体制の整備など共通の問題意識を持つ者は少なくない。たとえば、水原委員は、弁護士業務のあり方について中坊委員を支持し、高木委員も弁護士の活動領域拡大を述べている。また山本・石井の両委員は、企業の法務担当者への法曹資格付与を主張しているが、これも弁護士の活動領域の拡大と裏腹の議論である（「各委員の論点整理に関する意見」前掲注（6））。
(35) 宮内義彦「〈インタビュー〉日本の法曹に経済界が望むこと」自由と正義49巻1号（1998年）39-40頁；若林誠一「司法改革への歩みを」自由と正義49巻1号（1998年）50頁；新堂幸司「二一世紀における法曹教育のゆくえ」自由と正義49巻1号（1998年）122頁；「［座談会］司法制度改革に何を望むか」ジュリスト1170号（2000年）19-22頁；「［特別座談会］司法制度改革の視点と課題」ジュリスト1167号（1999年）83-84頁；両座談会の出席者も、将来の弁護士像について、ほぼ同様の展望を指摘している。
(36) 日弁連は、2000年3月24日の臨時総会で広告・宣伝の原則自由を決定した（朝日新聞2000年3月25日朝刊）。広告の解禁は、専門化を促す要因となろう。
(37) 阪本・前掲注（23）31頁。
(38) 浜野・前掲注（30）8-10頁；棚瀬・前掲注（30）204頁。

(39) 審議会・前掲注（2）11頁。
(40) 同上。
(41) 小島武司「法科大学院構想の背景と意義」月刊司法改革3号（1999年）26頁。
(42) 谷口・前掲注（5）79-80頁；宮澤節生「弁護士職の自己変革による日本社会の変革を求めて」日本弁護士連合会編集委員会編「あたらしい世紀の弁護士像」（有斐閣・1997年）162-163頁。
(43) 田中・前掲注（17）248頁；宮川・前掲注（18）14頁。
(44) 本稿では、弁護士としての帰属意識を論じたが、日本の法曹全体にとって問題であるのは、帰属意識の分散である。「法曹」と総称されるにもかかわらず、日本には法曹としての一体感は強くない。むしろ、弁護士・裁判官・検察官というそれぞれのアイデンティティーが成立し、上位概念としての法曹という観念の成立が疑問視される（松尾浩也発言「〈座談会〉社会が期待する法曹像」ジュリスト984号〔1991年〕17-18頁）。実務法曹と研究者の分離も、この観点から批判的に捉えなければならない
(45) 自民党司法制度特別調査会「司法制度改革の基本的な方針」（1997年）；同「司法制度特別調査会報告——21世紀の司法の確かな指針」（1998年）；経団連「司法制度改革についての意見」（1998年）。
(46) 大学審議会「21世紀の大学像と今後の改革方策について——競争的環境の中で個性が輝く大学」（答申）（1998年）；なお、専門大学院に関する大学院設置基準は、1999年9月に施行されている。
(47) 審議会・前掲注（2）16-17頁。
(48) 森山文昭「ロースクール問題に関する議論の背景と視点」法と民主主義342号（1999年）40頁以下。
(49) 小島・前掲注（2）113頁；松井・前掲注（23）78頁；西村稔・中村誠・服部高宏「ロースクール構想と地方大学法学部・法学系大学院の役割」月刊司法改革3号（1999年）53頁。
(50) 河上和雄「実務家からみた日本の法学教育——検察官からみて」ジュリスト700号（1979年）28頁。
(51) 藤原・前掲注（2）107-109頁。
(52) 「〔座談会〕司法制度改革に何を望むか」・前掲注（35）24-26頁。
(53) 浜田道代「法科大学院構想の盲点—『一発勝負』は超えられるか」ジュリスト1170号（2000年）134頁。
(54) 桃島裕之「統一修習概念の再構成——現行司法修習制度の問題点と改革の展望」自由と正義48巻3号（1997年）155頁。
(55) 松井・前掲注（23）77頁。

(56) ダニエル・H・フット「ディスカッション・ペーパーに対する意見——米国のロー・スクールとの比較という観点から」ジュリスト1168号（1999年）25-26頁；ベルント・R・マイヤー「テュービンゲン大学における法学学習」ジュリスト1016号（1993年）79-80頁。

(57) 東京大学大学院法学政治学研究科「法曹養成と法学教育に関するワーキンググループ」「ディスカッション・ペーパー（討論資料）」ジュリスト1168号（1999年）18頁；浜田・前掲注（53）134頁；小島・前掲注（2）117頁。

(58) 司法試験については、合格の困難さによる合格者年齢の高齢化と受験予備校による弊害など様々な問題点が、1980年代後半より指摘され、1990年代に若年者優遇枠の導入など数度の修正が行なわれた（椛島裕之「求められる法曹像と法曹養成制度の改革——改革論議の経緯からロースクール構想へ」大出良知・水野邦夫・村和男編著『裁判を変えよう』〔日本評論社、1999年〕186頁）。しかし、これらの措置は、学生を大学に向かわせることにはまったく効果がなかった。

(59) 法務省「最近の受験生の学力等に関する意見（2）」『司法試験の実状と運用改善（司法制度改革審議会ヒアリング資料）』（2000年）。

(60) 武内更一「司法修習制度の改革論議について」自由と正義48巻2号（1997年）161-162頁；森山・注（48）42頁。

(61) このような研修所教育への批判は、実は以前から一部にはなされていたのであり、それは特に教育の対象となっていた修習生から顕著であった。（青年法律家協会33期同窓会『研修所教育を問う（法曹養成を考える4月集会報告集）』〔1981年〕；33期クラス連絡委員会編『今、司法研修所は——33期生（弁護士・裁判官・検事）の声と資料』〔1981年〕）

(62) 橋本四郎平「弁護士からみた法学教育——批判と注文」ジュリスト700号（1979年）32頁；永石一郎「法科大学院構想と現行法曹養成制度——法科大学院の設置により司法研修所は不要となるか」月刊司法改革4号（2000年）35頁。

(63) 司法研修所「司法研修所における修習のあらまし——第53期前期、第51期後期」（1999年）。

(64) 研修所の目的は、実務の基本を修習生に習得させることであり、その意味で先端的領域は、法曹資格取得後の継続教育に任せるとの立場が取られている（山本和敏・野間洋之助「研修所教育の役割」ジュリスト984号〔1991年〕119頁）。

(65) 同・115頁。

(66) 上柳敏郎「司法研修所民事裁判教育の実態と問題点」法律時報60巻7号（1988年）46頁以下；小林秀之「研究者から見た司法研修所教育の課題——民事教育

を中心として」ジュリスト700号（1979年）126頁；井上治典「法律要件求心型手続の問題点」［要件事実論と民事訴訟法学（要件事実をめぐるシンポジウム）］法政研究［九州大学］57巻1号（1990年）145-146頁；第二東京弁護士会「法曹人口及び法曹養成制度についての提言」（1999年）；同「法科大学院（ロースクール）問題に関する提言」（1999年）。

(67) 田中英夫『ハーヴァード・ロースクール』（日本評論社、1982年）253-255頁。

(68) 永石・前掲注（62）34-37頁。

(69) 柳田幸男「日本の新しい法曹養成システム（上）——ハーバード・ロースクールの法学教育を念頭において」ジュリスト1127号（1998年）116頁。

(70) たとえば、松井教授も、「日本では、法曹になろうとする人に組織的に専門的法律教育を行う機関がない」（松井・前掲注（23）78頁）、「根本的問題は、実務法曹を教育する喝がなく、大学が法曹養成を担っていない」（松井・前掲注（23）79頁）と指摘されている。

(71) 野崎判事も、実務法曹に必要な能力として、ほぼ同旨を述べられている（野崎幸雄「実務家からみた日本の法学教育―裁判官から見て」ジュリスト700号（1979年）21-22頁。

(72) 須網隆夫「現行法曹養成制度の批判的分析における法科大学院論の位置づけ」月刊司法改革3号34頁（本書第3部108頁）；法曹にとって必要な能力については、様々な考え方がありうる。たとえば伊藤判事は、法曹を志す者に期待される能力として6つをあげられている（伊藤滋夫発言「座談会・司法試験はこれでよいか」ジュリスト700号〔1979年〕45頁）。また、田中教授は、法律家の基本的属性として、法に関する専門的知識・専門的な法的推論技術・法による正義の実現という価値理念の3つをあげているが、ほぼ筆者の整理に対応するものであろう（田中・前掲注（17）249頁）。アメリカ・カナダの弁護士会の立場もだいたい同じである（宮澤節生「総括に代えて——日弁連はなぜ法科大学院論議をリードすべきであるか」月刊司法改革4号〔2000年〕68-69頁）。

(73) 須網・前掲注（72）34-36頁。

(74) たとえば、教授は、まず判例の事実、ついで争点の抽出、裁判所の判決理由を学生に質問し、さらに事実を微妙に変えて、それに対する判断を学生に求めて行く（丸田隆「アメリカのロースクール教育」月刊司法改革4号〔2000年〕57頁）。ドイツの大学法学部における学生に対する添削指導なども同じ意味を持つものとして理解できよう（村上淳一「ドイツにおける法律家養成の現況」ジュリスト1016号〔1993年〕75頁）。

(75) 山本・野間・前掲注（64）119頁。

(76) 須網・前掲注（72）36頁。たとえば、論理的思考力は、受験生が自主的に組

織する勉強会による法律的討論の中で会得されていた。1970年代には、東京大学・中央大学では、そのような勉強会が活発であった（「座談会・司法試験はこれでよいか」・前掲注（72）43頁）。
(77) 小沢隆一「大学・法学教育から見たロースクールの問題」法と民主主義342号（1999年）49頁。
(78) たとえば、研究者養成に偏している大学の現状・受講者の負担するコスト・分離修習への懸念・特定ロースクールの特権化の危険などが、ロースクールの問題点として指摘されている（奈良道博・由岐和広「『あるべき法曹』の養成について——ロースクール構想をめぐる議論」自由と正義50巻12号〔1999年〕75頁）。
(79) 三ヶ月・前掲注（16）13頁。
(80) 一方では、法学部教授の間では、実務家出身でないことをもって誇りとする傾向があると指摘されるが（野崎・前掲注（71）18頁）、他方では、実務家の側にも、実務家には大半の大学教授と同程度の講義をする能力があり、実務を知っているだけ、よりましであるとの意見すらある（河上・前掲注（50）30頁）。
(81) 野崎・前掲注（71）22頁；橋本・前掲注（62）32-34頁。橋本弁護士は、消費貸借を例にとって、民法学者の執筆による基本書が、主張立証責任を考慮しないために、いかに不適切な内容となっているかを具体的に分析する。20年以上前の指摘であるが、現状を考えるにあたっても参考になると思われる。
(82) 小林教授もロースクールの法学研究へのインパクトを指摘している（小林秀之「個性豊かで小人数教育の法科大学院を」ジュリスト1173号〔2000年〕154頁）。また弁護士にも、研究者獲成と実務家養成を融合させることの重要性を指摘する者がある（奈良ほか・前掲注（78）75頁）。
(83) 遠藤直哉「実務・研究・教育の統合を目指す法科大学院構想」自由と正義50巻5号（1999年）24頁。
(84) 各大学のシンポ、講演会においてロースクール案については、以下の資料を参考にした。宮澤節生「法科大学院に関する田中案・東大案・神大案の比較検討——わずかに理想主義的な視点から」月刊司法改革3号（1999年）38頁以下・同4号（2000年）28頁以下；東京大学ワーキンググループ・前掲注（57）16頁以下；伊藤進「明大の法曹養成教育と法科大学院構想の骨子について」ジュリスト1173号（2000年）165頁以下；小林秀之・前掲注（82）159頁以下；酒巻匡「法科大学院における教育内容と教育方法」ジュリスト1173号（2000年）153頁以下；西村ほか・前掲注（46）51頁以下；「私立大学における法学教育と法曹養成——早稲田大学ロースクール検討会ワーキング・グループ試案」NBL684号（2000年）68頁以下。

(85) 柳田幸男「私の法曹大学院(ロースクール)構想」月刊司法改革3号(1999年)47頁。
(86) 松井・前掲注(23)83-84頁。
(87) 伊藤・前掲注(84)164頁。伊藤教授は、法学部を存置することについて、法曹以外の多様な人材を養成する法学部の意義・教養学部に改組することの困難・私学財政上の理由を指摘している。
(88) 田中成明「日本型法科大学院構想について——法曹養成制度と大学の法学教育」自由と正義50巻9号(1999年)18頁。
(89) 松井・前掲注(23)91-92頁。
(90) 松浦好治「法科大学院構想の批判的検討——基礎法学の立場から」月刊司法改革4号(2000年)4頁;宮澤節生「法科大学院論議の活性化と透明化のために」月刊司法改革1号(1999年)12-13頁。
(91) マイケル・ヤング、山田卓生「法学教育と法律家——日米比較〈対談〉」ジュリスト700号(1979年)76-77頁。
(92) 永石・前掲注(62)35頁。
(93) 藤原淳一郎「私立大学人から見た法科大学院構想」月刊司法改革4号(2000年)48頁。
(94) 丸田・前掲注(74)57頁。
(95) たとえば、アメリカのロースクールの講義では、特定の判例について、その判例の事実についての議論から出発し、他の判例との事実の区別にかなりの時間を費やすが、これは、まさに判例法であることから、個々の判例の射程を確定することが重要だからであろう。
(96) 藤倉皓一郎「アメリカにおけるロー・スクールの実像」法律時報72巻1号(2000年)130頁。
(97) 野崎・前掲注(71)22頁。野崎判事は、これを大学法学部教育について議論されているが、ロースクールにおいてこそ実現可能であろう。
(98) 田中教授も、1年次は、アメリカのロースクールの初年次教育をモデルに厳しい思考訓練を行ない、2年次以降は異なる教授方法を構想されている(田中・前掲注(88)21頁)。
(99) 藤倉・前掲注(96)130頁。
(100) 野崎・前掲注(71)21頁。
(101) 松井・前掲注(23)85頁。
(102) この点を考慮してか、田中教授は、将来的には、教員は原則として法曹資格取得者とすべきであり、また教員が、実務に携われるようにすべきであると主張される(田中・前掲注(88)23頁)。

(103) 合田隆史「大学改革と専門大学院構想の課題」月刊司法改革3号（1999年）29頁以下。
(104) デヴィッド・マイヤーズ（馬場健一訳）「イギリス（イングランド・ウェールズ）の法律専門職養成課程」月刊司法改革4号（2000年）66頁。
(105) 西村ほか・前掲注（49）53頁；宮澤節生「我々は法曹一元を実現できるか――日弁連の責任と法科大学院構想の位置づけ」月刊司法改革6号（2000年）12頁。
(106) たとえば、田中教授は、ロースクール修了者の80%以上が合格する資格試験として純化されるとしている（田中・前掲注（88）22頁）。もっとも、浜田教授は、国家が統一的に行なう司法試験制度は存在する余地がないと主張する（浜田・前掲注（53）135頁）。
(107) 藤原・前掲注（93）48頁；鷹原・前掲注（2）98-99頁。
(108) 鷹原・前掲注（2）92-94頁；松井・前掲注（23）86頁。
(109) 三ヶ月・前掲注（16）13頁。

法理論教育と法実務教育
——研究者からの提言

始めに

　現在議論されている「法科大学院構想」では、法科大学院が、弁護士を中心とした実務法曹の養成を目的とする教育を提供することが予定されている。この教育は、法学部・大学院、また司法研修所における既存の教育とは性格の異なる新しい教育である。1999年来各大学・弁護士会が、多くの構想を明らかにしてきたが、提供される教育の内容については、未だ明らかになっていない部分が少なくないように思われる。本稿は、法科大学院の教育内容を、実務と理論の統合の観点から検討し、今後検討が必要な論点を明確にしようと試みるものである。

新しい法学教育の誕生

1　法曹養成教育についてのイメージの懸絶

　法科大学院における教育をめぐる1999年からの議論は、法律実務と法学研究との分断・乖離という、日本の現状を反映したものとなっている。

　すなわち大学側は、一般に、法科大学院において提供される教育を、高度な「法理論教育」と考えている。ここでの法理論教育とは、司法研修所が提供している法律実務訓練（「法実務教育」）に対立する概念である[1]。多くの大学案は、研修所の提供する実務訓練を実施する体制を大学に備えることは困難であるとの認識から[2]、それを法科大学院から切り離し、法科大学院教育を、学部・大学院における既存の法理論教育に実務的な視点を取り込み、法曹養成に適するように発展させたものとしてイメージしている。

　これに対して、実務法曹、特に弁護士会には、一方に研修所教育を批判し、新しい法学教育を説くものがあるが[3]、他方では、その強い影響下に、法科大学院教育を、研修所教育（特に、前・後期の集合修習）の延長線上

に理解する傾向が強い。たとえば、東京弁護士会で検討中のカリキュラム案は、研修所教育を叩き台に法科大学院教育を構想したものと言って差し支えなかろう[4]。

　要するに、両者とも、法科大学院での教育が、既存の教育とは異なることを認識しながらも、その具体像を描くにあたっては、既存のそれを基礎にしていることは否定できない。およそ人間は、新しい制度を構想する時に、過去の経験から完全に自由であることはできない。その意味では、両者の認識に齟齬が生じることは当然である。しかし、この齟齬をそのまま放置することは、これからの議論の発展を阻害する要因となりかねない。

2　法科大学院における新しい法学教育

　法科大学院教育をこれから作り上げていくためには、それが現行の法学教育の単純な延長線上には存在しないことを再度確認する必要があろう。

　大学は、法律を教えながらも、これまで法曹養成を直接には意識してこなかった。法職過程を設けている大学でも、そこで意識されるのは司法試験の受験教育であり、法曹それ自体の養成ではない。その結果、制度的原因によって半ば強制されたことであるとは言え、大学は、法の支配のために行動する独立した法律家とは本質的に異なる、法的知識を備えたゼネラリスト養成の経験しか蓄積できなかった。他方で研修所も、司法試験合格によって法曹に必要な能力を有すると判定されたものに対して（司法試験法5条1項）、現行実務を教える場である。研修所教育は法曹養成教育の一部ではあるが、養成の最終段階を担当するに過ぎない。

　このように大学・研修所の提供してきた教育は、法曹養成と重なり合う部分があるとは言え、本来の法曹養成とは、微妙にずれている。法科大学院構想の出発点が、法曹養成のための専門教育機関が日本に存在しないという現状認識であれば、法科大学院教育には、大学・研修所で行なわれている教育とは性格を異にした新しいイメージが与えられねばならない。特に大学側から見た場合、それが、現在の法学教育と決定的に異なるのは、教育対象である学生が、自己の将来についての明確な選択をすでに行なっていることである。現行教育は、研究者養成のための大学院教育を別とすれば、教育の目的・養成する人材のイメージが抽象的である。しかし、法科大学院では、法律家として社会に出ることを主体的に選択した学生だけ

が教室にいる。これは、大学にとって、初めて直面する状況である。

実務と融合した法理論教育

1 実務と法学研究の距離

さて法科大学院における新しい教育を論ずるためには、法学研究のあり方、特に、実務との関係を確認しておく必要がある。司法制度改革審議会（以下、審議会と言う）は、法科大学院の制度設計にあたって、「実務との融合をも図る教育内容とすること」との条件を付けているが[5]、教育の前提となる研究が実務と無関係に行なわれて、教育だけを実務と融合させることは困難だからである。

日本の法学研究は、実務を無視してきたわけでは決してない。しかし、実務から独立した学問研究の意義が伝統的に強調され、それとともに研究者と実務家の人的交流が著しく乏しい中で、実務との関連を意識しながら研究を行なうという視点は比較的弱く、そのため実務への影響力が乏しい分野が少なからず存在することは否めない。

実務と学問的研究は、日本では、対立物として理解される場合すらあり、その文脈では、研究が、実務から距離を置くことの意義がむしろ強調される。しかしながら、両者の間には、本来それほどの距離があるものであろうか。研究対象による程度の差はあるにしても、結論として、現在の両者の距離は、歴史的過程の中で形成されたものであり、これを固定的に捉えることは妥当ではないように思われる。たとえば、教員の多くが一定の実務経験を有するアメリカの場合、また研究者と実務家の境界線があいまいなベルギー・オランダの場合には、両者の分離を意識する程度は少ない。国際経済法・EU法の海外における一線級の研究者を見ると、実務家として出発した、または実務家を兼ねている者が少なくない。これらの事実は、実務の問題関心を理論的に昇華させて、優れた学問を構築することが不可能ではないことを示すとともに、それらの国における実務家の理論的レベルの高さをも意味している。法学が、現実社会の中にある法を研究対象とする以上、実務に対する批判的観点を維持することができれば、実務についての経験・知識は、研究を阻害するものではなく、むしろ研究を現実的な基礎に据える役割を果たすはずである。

2　法科大学院における理論と実務の融合

　その意味で、法科大学院を契機にして、「理論と実務の融合」を図ろうとする発想が、実務側と大学側の双方に見られることは、一方で法学研究の発展にとって、他方で実務家の質的向上にとって好ましい効果をもたらすであろう[6]。すなわち、公表された大学案には、法科大学院を通じて、理論と実務の融合を目指す新たな法律学の形成を展望する見解が一部に見られる[7]。また弁護士会も、法科大学院は、研究者と実務家の交流を促進し、理論の実務化と実務の理論化を発展させると評価している[8]。確かに、法科大学院による教育がスタートして一定の期間が経過すれば、研究者養成の大学院が併存しても、現在のような理論と実務の明確な区別は薄れる可能性は少なくない。

　もっとも、両者の融合が、法科大学院における教育について何を具体的に意味するのかは、未だ十分に煮詰められているとは言えない。たとえば、多くの案が、教員組織に実務家を加えることを提案し、またカリキュラムに実務的科目を配置しようとしている。たとえば、理論と実務の融合を基調とする第二東京弁護士会案は、カリキュラムに理論教育とともに実務技能教育・臨床的教育を含め、教官にも実務家を配することを提案している[9]。一橋大学案も、「実務的視点を盛り込んだ法学教育（理論教育）」の必要性を指摘するが、カリキュラムについては、教員と実務家との共同講義・実務家による講義と述べるにとどまり、その内容は判然としない[10]。

　現在の法理論教育と実務家の教える実務的教育を並列的に結合させることによって理論と実務を融合させた教育が実現されるとは考えられない。両者を有機的に結合するためには、法理論教育の側にも一定の変化が必要であり、何が実務と融合した法理論教育であるかを明確にする努力が必要である。

　不十分ながらその努力を試みると、まず第一に、法分野によって程度が異なるとは言え、実務の正確な理解は、教育の対象・対象へのアプローチ方法の選択に影響する。たとえば、学界で重要問題として議論される争点が、実務ではさほど重要な意義を持たないことは、限られた教育能力の投入先を検討する契機になる。第二に、教育は、学生に自己の立場を常に意識させながら進めなければならず、当事者性に配慮しない中立的議論に終

始してはならない。中立的な議論が意味を持つのは、教室においてだけであり、一歩社会に出れば、法律論は常に特定の立場に基づいて行なわれる。弁護士であれば依頼者、企業法務であれば企業の立場に立った論理の構築が要求されるのである[11]。

そして、このような法理論教育を実現するためには、研究者と実務家の人的交流の強化が必要であり、研究者には、実務を体験する機会が保障される必要がある[12]。

法科大学院における法実務教育

1　法律家として成長しうる能力の養成

実務と理論の融合の観点からは、法科大学院教育と、存置が前提となっている司法研修所教育との関係、換言すれば、法科大学院における法実務教育の位置付けが問題となる。

法科大学院教育の主目的が、高度な知識の付与にあるのではなく、実務家として社会に出た後は、継続研修を受けながら、自己研鑽によって質的レベルを維持し、実務を継続できる基本的能力の養成にあることは、おおむね承認されている[13]。たとえば、新しい法律が制定されれば、その解説書を読んで理解し、依頼者のために運用できるようになる能力が養成されるのである。多くの大学案また審議会も、司法研修所または研修弁護士制度によって、実務開始までには、さらに一定の教育期間が予定されており、法科大学院に、卒業後、ただちに実務を開始できるような意味での実務教育が求められているわけではない。

2　法科大学院における法実務教育の必要

司法研修所の存置を前提とする制度的枠組みは、法理論教育と法実務教育を、別個のものと考える傾向を強化する。しかも、両者の峻別は、法実務教育の経験のない大学にとって、現状を変える程度が少なくてすむという意味で好都合でもある。

しかし、実務と理論の融合を志向するのであれば、法曹養成のために必要な法実務教育を現行の研修所教育と同視し、そのすべてを法科大学院教育から排除して、研修所に任せることは、以下の理由によって妥当ではな

い。

　第一に、現在の研修所教育の内容には、学問研究の対象とされるべき分野があり、これを法科大学院教育から除外することは、学問研究の成果が反映されない実務領域を存続せしめる結果を招来しかねない。この点について東大案が、研修所では「実務家に必要な法学理論教育と実務技術教育」が行なわれていると分析した上で、前者を法科大学院が引き受けるべきとしていることは賢明である[14]。たとえば、民事の要件事実教育は、中期的には、学問研究の基礎の上に展開されるべきものであり、これを一律に研修所に委ねることは、実務独自の理論が支配する状況を固定化させてしまう危険性がある。

　第二に、研修所は大きな教育実績を誇っているが、研修所のカリキュラムは各種裁判文書の起案を中心に構成されており[15]、その教育は、実際には訴訟実務の訓練に限定されている。しかし、将来必要とされる法曹は、訴訟実務の担当者に限定されない。むしろ、訴訟以外の法的ニーズに対応する多様な人材養成が重要である[16]。研修所は、訴訟以外の法実務教育のノウハウは蓄積しておらず、この種の能力養成を全面的に「OJT」に任せることが妥当でないとすれば、学問的基礎を持った法科大学院こそが引き受けるべきである。

　第三に、現在1年6カ月の修習期間は、法科大学院設立後は、さらに1年程度に短縮され、その中心は実務修習に置かれることになろう。そうであれば、法科大学院が、理論的な法実務教育を引き受けなければ、実務家の質的レベルの維持に支障が生じよう。そして、研修所の前・後期の集合教育で行なわれている理論教育として行なわれていることの多くは、法科大学院でも教育可能である。

　アメリカのロースクールが、一定レベルの実務訓練を提供する教育機関であり、「厳格な学問的訓練を実務技術の訓練への配慮と結合する」ものであることを考えれば[17]、そもそも、法実務教育と法理論教育とを画然と区別すべき本質的理由はない。仮に区別が必要としても、両者の境界は、実務と研究の関係に応じて変化し、固定的ではありえない。大学では実施が不可能な実務修習に相当する部分以外は、法実務教育と言われるものについても、法科大学院での実施可能性を真摯に検討することは、実務と理論の融合のためにも有益である。大学案の中でも、九州大学・立命館大学

案は、そのような観点から基礎的な実務訓練を法科大学院で行なうとしている[18]。

3 新たな法実務教育の構築

法科大学院での実施可能性を検討し、法科大学院における法実務教育を構築するにあたっては、以下の点に留意する必要があろう。

第一に、法実務教育を論ずる時に、現行の研修所教育に過度にとらわれるべきではない。新しい養成制度を構築するためには、最高裁のイニシアチブのもとに形成されてきた研修所教育の内容自体を批判的に検討しなければならないからである。東大案は、実務技術訓練は、実際上の困難に加えて、「本来自由な発想による創造的思考を生命とする」法科大学院での教育にはふさわしくないと述べている[19]。これは、研修所の起案教育を指す趣旨かと思われるが、起案教育が創造的思考と無縁に行なわれているなら、まさにその問題性を議論しなければならない。

第二に、法実務教育の構築は、中期的な展望を持って行なう必要がある。すなわち、あるべき法曹養成には、どのような制度が望ましいかが議論の出発点である。現在の大学では、ただちに法実務教育を行ないうる準備が整わないとしても、できないから行なわないということは、制度設計の発想としては逆転している。学問的裏付けを持って行なうべきと考えられる部分については、その目標を確認した上で、実施のための準備に着手すべきであろう。事項によっては、実施準備に相当の時間を要する場合もあり、その場合には、法科大学院開校時の実施を免除することは当然である。

最後に

日本の研究者は、長い間、研究第一主義を当然のことと考えてきた。しかし、研究第一主義への傾斜は、法学研究者が、法曹養成の機会を奪われてきたことの反面だったのではなかろうか。本来大学教育とは、実務家を育てるための職業訓練教育である。欧州司法裁判所は、1985年のGravier事件判決において、EEC条約128条（当時）の「職業訓練（vocational training）」の概念は、特定の専門職の資格を準備する限り、あらゆる形態の教育を含むと判示し[20]、大学教育がこの概念に含まれることを確認してい

る。

　実務家は、どうしても自分の行なっている現行実務を肯定的に理解しがちである。そのため、実務を発展させるためには、実務から距離を置いた大学が、実務と緊張関係を維持しながら実務家を養成する意義は大きい。現在の問題は、大学と実務の距離が広がりすぎた領域があるために、そのような両者の緊張関係が維持できなくなっていることである。そして大学が、実務との緊張関係を取り戻し、さらに実務に対して優越し、指導的役割を果たすためには、実務の現状に対する十分な理解が不可欠であることは言うまでもない。

〈注〉
(1)　北海道大学「21世紀の法学教育と法曹養成制度の構築――北海道大学法学研究科の取り組みと構想」法律時報・法学セミナー編集部編『法律時報増刊シリーズ司法改革Ⅰ』(以下、司法改革Ⅰとする) (日本評論社、2000年) 346頁；東京大学「法曹養成と法学教育――法学部・法学大学院の果たすべき役割」司法改革Ⅰ351・353頁。
(2)　東京大学・前掲注 (1) 352頁；明治大学「明大の法曹養成教育と法科大学院構想の骨子について」司法改革Ⅰ391頁。
(3)　第二東京弁護士会「法科大学院 (ロースクール) 問題に関する提言」(1999年)。
(4)　東京弁護士会法曹養成センター法科大学院 (ロースクール) チーム「カリキュラム編成の基本的な考え方」(2000年6月13日)。
(5)　審議会「法科大学院 (仮称) に関する検討に当っての基本的考え方」月刊司法改革9号 (2000年) 154頁；法学セミナー547号 (2000年) 67頁。
(6)　須網隆夫「法曹人口の増加とあるべき弁護士像――ロースクール構想への視点」司法改革Ⅰ117-118頁、本書第3部117頁。
(7)　上智大学「『21世紀における法曹教育』――国際・環境・個性」司法改革Ⅰ396頁；早稲田大学「私立大学における法学教育と法曹養成」司法改革Ⅰ365頁。
(8)　東京弁護士会法曹養成センター「〈ロースクールについての第2次意見書〉新しい法曹養成制度の構築」(2000年7月)；遠藤直哉「実務・研究・教育の統合を目指す法科大学院構想」自由と正義50巻5号 (1999年) 25頁。
(9)　法曹養成二弁センター「法科大学院 (ロースクール) 問題に関する第4次報告書」(2000年7月6日)。

(10)　一橋大学「『法科大学院による法曹養成教育』基調報告」司法改革Ⅰ362頁。
(11)　常本照樹・木下智史「対談・法科大学院構想と憲法教育」法律時報72巻8号（2000年）16頁。
(12)　熊本大学「地方における法科大学院の必要性――提携と協力への模索」司法改革Ⅰ487頁。
(13)　宮澤節生「法曹一元制下の法曹養成制度」日本弁護士連合会編『21世紀弁護士論』（有斐閣、2000年）101頁；伊東研祐・井田良「対談・法科大学院構想と刑法教育」法律時報72巻8号（2000年）47頁。
(14)　東京大学・前掲注（1）353-354頁。
(15)　司法研修所「司法研修所における修習のあらまし――第53期前期、第51期後期」（1999年）。
(16)　渡辺千原「いま司法制度改革の焦点は何か―人的基盤の改革を中心に」法学セミナー547号（2000年）54頁。
(17)　Toni M. Fine教授（カルドーゾ・ロースクール）は、2000年7月19日に行なわれた早稲田大学比較法研究所主催の講演会（「日本における教育改革のモデルとしてのアメリカの法学教育」）において、そのように表現された。
(18)　九州大学「九州大学法科大学院カリキュラム試案」司法改革Ⅰ481-482頁；立命館大学「京都法政学校から立命館京都法科大学院へ」司法改革Ⅰ434頁。
(19)　東京大学・前掲注（1）352頁。
(20)　Case 293/83 Gravier v. City of Liège, [1985] ECR593.

法科大学院における教育手法
―― 体系教育先行論とソクラティック・メソッドの間

始めに

　法科大学院における教育手法については、当初から少人数の学生に対して、ソクラティック・メソッドによって講義を行なうことが強調されてきた。ソクラティック・メソッドの有用性は、もちろん否定すべきではない。しかし、法科大学院における教育手法が、それに一面化されるべきであるのかについては、議論の余地がある。

　本稿は、ソクラティック・メソッドに象徴される双方向性のある授業の有用性を前提としながら、法科大学院における教育は、日常的な学生の予習・講義・復習に、法律文献調査、起案・レポートの提出・添削を組み合わせ、さらに学期末の試験準備から試験までを日常の授業と有機的に関連させることによって行なわれるべきこと、さらに体系的知識の修得と法的思考力の養成は、原則として同時並行的に取り組まれるべきであり、両者の区分を前提とする段階的積み上げ方式は適当ではないことを指摘しようとするものである。

ソクラティック・メソッドとプロブレム・メソッド

　法科大学院導入の議論が開始された時点では、そこにおける教育方法として、アメリカのロースクールにおける中心的な教育方法であるソクラティック・メソッドを採用することが、ほぼ当然のこととされていた。すなわち、ロースクールの導入を最初に提案された柳田幸男弁護士が、少人数クラスでのソクラティック・メソッドによる教育の必要性を指摘されて以来[1]、多くの大学が公表した法科大学院構想は、程度の差こそあれ、これを主たる方法として導入することを提言している。たとえば、神戸大学・九州大学・明治大学・上智大学・中央大学・京都大学・関西学院大・創価大学・立教大学など、いずれもこの教育方法を主眼とする方針を打ち出し

ており、逆に、ソクラティック・メソッドに正面から疑問を呈したのは、教員確保・教育効果の点で疑問とする新潟大学案のみであろう[2]。

　もっとも、ソクラティック・メソッドの概念の理解には若干の混乱があり、当初は、質問と回答によって授業を進める双方向的な授業一般をソクラティック・メソッドと呼んでいる場合もあったように思われる。しかし、その後議論が進むにつれて、判例を題材とするソクラティック・メソッド（この場合は、ケース・メソッドと同義である）と、仮設的な設例に基づくプロブレム・メソッドの相違が認識されるようになり、現時点では、後者の採用を主張する意見がむしろ優勢である。たとえば、2000年10月に行なわれた学習院大学による模擬講義では、プロブレム・メソッドによる演習が行なわれ、また日弁連は、双方向型の講義として、プロブレム・メソッド、ケース・メソッドなどを適宜組み合わせることを提案しているが[3]、具体的な各科目についての提案では、民事訴訟法・行政法などプロブレム・メソッドを主にするものが多い[4]。2001年4月に審議会に提出された「法科大学院における教育内容・方法に関する研究会」（以下、「研究会」と言う）の報告も、プロブレム・メソッドを中心としている[5]。

　教育方法として、法科大学院の授業が、一方的なものであってはならず、インテンシブで双方向的なものであることまでは、これまでの議論の一致点として指摘できるが、ソクラティック・メソッドか、プロブレム・メソッドかは、アメリカでも議論の分かれるところである[6]。後者は、前者の内容を取り込んでおり、両者を原理的に対立するものと捉えることは必ずしも妥当ではないように思われるが、いずれにせよ日本でもさらに議論が煮詰められるべきである。たとえば、浜田道代教授は、分野ごとに教育方法が異なるべきことを指摘されている[7]。アメリカでも、すべての科目において、同様にソクラティック・メソッドが使用されているわけではないことを考慮すれば、傾聴に値する意見である。また、双方向性の実現を、教室での質問・回答、議論だけに限定する必要はない。深い思考力を養成するためには、質問に対して即答させるだけではなく、ある程度の時間を与えて熟慮させることも必要であり、小人数教育を前提にする以上、研修所で行なわれているように、通常の講義に、起案と添削を組み込むことは、文章表現力の養成にも有用である。前述の「研究会」報告も、授業に加えて「授業後の課題処理や演習問題研究（文書作成）」を行なうことを述べ

ており、首肯できる意見である[8]。
　要は、日本の中等・高等教育の現状を前提にして（それら自体も改革の対象であることは当然であるが）、弁護士を中心とした実務法曹に必要な能力が養成されればよいのである。

教育方法開発の視点——予習から試験まで

　今後、教育方法を開発するために注意すべきことは、第一に、授業にのみ依拠して教育があるのではなく、学生の予習から始まって、授業・復習、さらに試験準備から試験にまで到る一連の過程全体として、学生に対する教育がなされる必要があることである。
　これまでの議論では、教育方法として、授業のあり方に関心が集中する傾向があった。学習院大学・日弁連によって模擬授業が行なわれ、多くの参加者を集めていること自体、そのことを象徴している。もちろん、授業は、法科大学院における教育システムの中核的部分であり、授業が、現行法学部における多くの授業のように、大教室における一方的な講義でよいはずはない。しかし他方で、授業が教育方法のすべてではないことも、また認識しておかねばならない。むしろ、システムの全体像如何により、授業に求められる内容も異なってくるのであるから、システム全体の構成を前提にせずに、授業のあり方を評価することも本来できないはずである。
　たとえば、アメリカの教育方法は、マックレート報告書などに見られるように、法律家にとって必要な能力は何かをよく分析して、組み立てられている[9]。ロースクールにおける学生の予習とそれを前提にする授業のあり方についてはすでに各所で論じられているが、さらに授業と試験が有機的に結びついていることにも留意する必要がある。すなわち、ロースクールの授業では、日本のように法律の体系を整理して説明することはしない。しかし、そのことは、ロースクールの法学教育が、法体系の理解を無視していることを意味するものではない。学期末に行なわれる試験は、様々な資料・文献の持ち込みを許可して行なわれることが一般的である。そのため学生は、授業終了後の試験準備期間に、参考書・市販の補助教材などを利用しながら、試験場に持ち込む自らのアウトラインを作って対応する。そして、この作業の中から、学生は、各法の法体系を理解するとともに、

将来新しい分野において、法体系を自ら構築する基本を学ぶのである。
　要は、卒業時において所定の能力・知識が修得されていればよいのであって、それが授業によるかどうかは重要ではない。最近、弁護士を始め、多くの関係者がアメリカのロースクールに視察に行かれているが、授業を参観しただけでは、教育の全体像を把握できないことに注意しなければならない。

「基本的知識の修得」と「法的思考力の養成」

　教育方法についての第二の論点は、各実定法についての基本的知識の体系的な理解と法的思考力の養成との関係である。およそ法律的議論をするためには、基本的な法律知識を有することが前提になることは当然である。問題は、この基本的知識を、学生は、どの段階で、どのようにして修得すべきであるかにある。
　アメリカでは、極論すれば、本に書いてあることは読めばわかるのであって、いちいち授業で説明する必要はないという考え方に立っている。他方、日本では、基本的知識は、従来型の講義方式によって与えられるべきであり、しかも法律的な議論を行なうためには、学生がひととおりの体系的知識を得ていることが不可欠であるとの立場に立つものが少なくない。たとえば、2000年9月に公表された「法科大学院（仮称）構想に関する検討会議」の報告は、1年次は基本的知識の体系的理解、2年次は基礎的知識の応用という段階的な積み上げ方式を採用している[10]。このような発想は、理論的にはきれいであり、また旧来の法学部教育との断絶も相対的に少なく、容易に受け入れられやすい性質を備えていると評価できよう。しかしながら、このような二分論的な考え方には、以下のような疑問がある。
　第一に、法学教育を、基本的知識の修得とそれを使った法的思考力の養成と段階的に区分し、それぞれに1年間の教育期間を割り当てることに、本質的な疑問がある。それは、法的議論のために正確な専門知識が必要であることは当然であるとしても、当該分野についての体系的知識がひととおり備わって、始めて法的議論を行なうことが可能となると考えることについて、議論の余地があるからである。そもそも、知識が単に知識として

集積されるのではなく、言わば法律家の血肉となって内面化するためには、知識の修得とその使用を可能な限り、同時並行的に行なうことが有用であり、その意味で、段階論的発想には、教育方法として欠陥があるのではなかろうか。知識の伝達に講義方式を利用する場合には、むしろ同一年度に、従来型の講義とソクラティック・メソッドによる授業を並列的に配置するほうが適当であろう。

　第二に、知識修得を主目的とする時期が長期間先行することは、知識修得の意義を実感として理解できない学生を、実際には受動的な存在にしがちであるように思われる。換言すれば、講義による体系的知識の説明と、双方向的授業および学生に十分な予習を要求することを両立させることの現実的な困難さを指摘できる。それは、より丁寧に説明しようとすれば、結局のところ、一方的な講義にならざるをえず、また講義で説明してもらえるのであれば、学生の予習に対する意欲は低下せざるをえないからである。これに対して、前述の「研究会」報告の中には、講義は包括的に行なわれるのではなく、「ポイントを絞って重点的」に行なうとするものがある[11]。上述の問題点を考慮したものであり首肯できるが、そのような重点的講義の場合には、報告に言う「基礎科目」と法的思考力の養成を主目的とする「基幹科目」との関係が不明確とならざるをえないのではないだろうか。このことは、体系的知識の教育と法的思考力の教育を区別しようとする考え方自体に問題点が内在することを示していよう。

　第三に、段階的積み上げ方式は、必然的に、民事法・刑事法などに割り当てられる単位数を増加させる結果を招来し、基本法分野の科目が、2年次カリキュラムにおいてもなお中核を占めることになる。このことは、カリキュラム全体のバランスを考えるとき、適当とは思われない。民事法・刑事法への過剰な時間配分の結果として、民事法・刑事法以外の主要実定法科目（行政法・労働法・独占禁止法・租税法など）、先端的・学際的な科目、実務関連科目などをすべて3年次のみに押し込むことは、弁護士の業務分野の拡大に対応する法律家を育てるという法科大学院制度の意義を没却し、基礎的な法的思考力の養成が民事法・刑事法科目で中心的に行なわれることを考慮しても、国際競争力のある法曹養成にとって有害である。特に新司法試験の実施時期が、法科大学院の修了以前に組み込まれるときには、学生は、試験受験を準備しなければならないために、その弊害はさ

らに深刻なものとなろう。段階的積み上げ方式は、カリキュラムの多様性と矛盾せざるをえないのである。

最後に

　法律家に必要な能力の発展に段階があるのは事実であり、また法律学の体系が段階的な性格を有することも事実であろう。しかし、その養成を、たとえば、基本的知識と法的思考力、基本科目と周辺科目というように明確に区別し、段階的に構想することは、あまり現実的ではないように思われる。それは、それらの段階性と学生の内部的な発展の過程とが照応するとは限らないからである。むしろ、知識に対する理解の進展と思考力の深化は、複雑に絡まりあって螺旋状に発展するのであり、各授業は、そのための場を提供するに過ぎないというように、より柔軟に思考すべきではないであろうか。

　また、教育方法をめぐる議論は、法科大学院を2年で修了しうる「法学既習者」の位置付けにも影響を及ぼす。「研究会」の報告の中でも、「基本的知識の体系的理解」とともに「基本的な法的思考能力」の養成は、1年次の授業によって達成することが論じられている[12]。そして、この養成は、小人数の双方向的な授業によって行なうことが前提であり、「基本的な法的思考能力」とは言っても、現在の法学部教育と比較すれば、相当高度のものが予定されているはずである。さすれば、法学既習者に該当しうるものは、具体的には、どのような者になるのであろうか。おそらく、隣接職種経験者などを別とすれば、法学部卒業生のうち、既習者に該当する者は、ごく一部の優秀者に限定されざるをえないであろう。法学部教育と法科大学院教育が、本質的に異なるものであることは、「研究会」報告によっても明らかにされているからである。もし既存の法学部教育の意義を保つために、法学既習者の要件を緩和するようなことがあれば、それは、あるべき法曹養成教育の姿を歪めるものであることを認識しなければならない。

〈注〉
(1) 柳田幸男「日本の新しい法曹養成システム（下）」ジュリスト1128号（1998年）67頁。
(2) 各大学案の内容については、日本弁護士連合会編『日本型ロースクールをどう創るのか——公平性・開放性・多様性を確立するために』（現代人文社・2001年）に収録された「資料5・各種の法科大学院構想の比較」84-104頁を使用した。
(3) 宮川光治「法科大学院のコア・カリキュラムと教育方法」月刊司法改革19号（2001年）47頁。
(4) 日弁連、法科大学院設立・運営協力センター『法科大学院、モデル・カリキュラムの構想と実験——プロフェッショナル法学教育の創造』（2001年）参照。
(5) 「研究会」・「法科大学院における刑事法カリキュラムのあり方［モデル案］」（2001年4月24日）11頁。
(6) マイロン・モスコヴィッツ（畑浩人訳・宮澤節生監訳）「法学教育における『プロブレム・メソッド』」月刊司法改革17号（2001年）45頁；東山祥子「BCLS1年生カリキュラム」月刊司法改革19号（2001年）72頁。
(7) 浜田道代「商法（会社法）」日弁連、法科大学院設立・運営協力センター『法科大学院、モデル・カリキュラムの構想と実験——プロフェッショナル法学教育の創造』（2001年）273頁。
(8) 「研究会」・前掲注(5)、1頁。
(9) マーク・レヴィン（丸田隆訳）「法学教育におけるアメリカの『改善』」月刊司法改革17号（2001年）42頁。
(10) 法科大学院（仮称）構想に関する検討会議「法科大学院（仮称）構想に関する検討のまとめ」月刊司法改革14号（2000年）171-172頁。
(11) 「研究会」・前掲注(5)、11頁。民事法についても、同様の方法が構想されている（「研究会」・「法科大学院における民事法カリキュラムのあり方」〔2001年4月24日〕15頁）。
(12) 「研究会」・前掲注(11)、7頁。

第4部
欧州に見る法律家の将来像

ECにおける弁護士の自由移動──法律専門職の他加盟国での活動に対するEC法の新たな枠組み

序

　日本の状況を見るまでもなく弁護士等法律専門職の資格は、各国ごとに与えられるきわめて一国的な性質を有するのが通常である。各国の国民が、その国で法学教育を受け、その国の規制に従って法曹資格を取得し、その国で業務を行なう。このことはおそらくこれまで当然と考えられてきたことであり、たとえば、日本における外国法事務弁護士制度導入の際に見られたように、現在は各国で相当程度認められてきているとは言え、他国で資格を取得した弁護士に自国内での活動を認めることは、特に各国の弁護士会との間に多くの摩擦を引き起こしてきた[1]。欧州共同体（以下、ECと言う）の各国も決してその例外ではなく、最近でもルクセンブルグにおいて、外国人弁護士の活動を実質的に制限しようとする立法の動きが報じられてる[2]。しかし、1992年の域内市場統合を目前にして、現在EC内で進行中の法律専門職の他加盟国での業務をめぐる動きは、そのような常識を越えて進んでいる。単一市場の中で人の自由移動、サービスの自由移動を全面的に実現しようとする流れの中、法律専門職の世界だけそこから自由であるわけにはいかない。本稿は、人の自由移動の原則の一場面である弁護士等の法律専門職に対するEC法の規制を概観し、EC法の観点より今後の制度の枠組みを明らかにすることを目的とするものである。なお本稿においては、法律業務に従事する者について便宜上「弁護士」という用語で総称したが、その職務内容は各国の法規制に応じてかなり異なり、国によっては複数の資格（たとえば、フランスにおける Conseil Juridique と Avocat）が存在する場合のあることに留意されたい。

弁護士業務自体の変化

　後述するようにEC内では、各国相互に弁護士の国境を越えたサービ

提供と資格取得国以外での開業の権利を承認する方向が進展している。本来、弁護士の法律業務は、その国固有の法制度・法文化と不可分であり、それゆえ同じ「専門職（profession）」の中でも医師、看護婦等の医療従事者や建築家に比して、ECレベルでの教育内容の統一、資格の相互承認等を実現していくについてより困難がある[3]。しかし、EC法上の規制が現在弁護士をも対象としつつある背景には、弁護士の業務自体がECの統合の進展に関連して少なくとも部分的に変化しつつあることを指摘できるように思われる。その変化は、以下の場面で顕著である。

1　国境を越えた取り引きの増大

市場統合の進展とともにEC内での国境を越えた取り引きはますます増大し日常化しつつある。今後、単一市場の完成に向けてこの傾向が一層強まることは疑いない。ベースとなる取り引きが国境を越えることとなればそれを扱う弁護士の業務も国境を越えてなされるようになるのは必然である。一つの事案処理のために複数の国の弁護士が協力すること、事案処理に一つの国の法律知識だけでは足りないことは日常茶飯事である。これらは、主として企業間の商取引において生じるが必ずしもそれには限定されず、市民生活の様々な場面に及んでいる。

2　EC法の発展

第二の変化は、EC法の発展自体が各加盟国法から独立したEC法を取り扱う法律業務を発展させ、加盟国内裁判所に加えて、欧州委員会、欧州裁判所での手続という各国弁護士にとっての共通領域が拡大してきたことである。EC法に関する業務としては大別して以下の各種のものがある。

①　EC通商法、EC競争法に関わる業務

前者は、アンチ・ダンピング手続、原産地規則等に関する業務であり、具体的には域内企業を代理しての申告、域外企業を代理しての委員会の調査手続に対する対応、ダンピング課税後の欧州裁判所での訴訟手続等を内容とする。一方、後者は競争制限的要素を有する企業行為に関する業務であり、具体的には申告人を代理しての違反事実の申告、被申告人を代理しての調査手続への対応、委員会に対するネガティブクリアランスまたは適用免除の申請、競争法に配慮した契約書の作成、訴訟手続等を内容とする。

② 各国裁判所から先行判決制度により欧州裁判所に付託された事案の処理

EC法に関連する論点につき、各国国内裁判所はEC条約177（現234）条の先行判決（preliminary rulings）制度に従って、欧州裁判所の判断を本案の判決に先立って仰ぐことができる。この制度を通じて、通常の国内事件の処理が欧州裁判所と結び付くことになる。

③ EC法に関する情報収集と法的分析

市場統合を前にして、ECの法規制は多くの分野で大きく変化しつつある。このため、現在、企業等の意思決定にあたりEC法に関する情報収集は不可欠となっており、弁護士に対して関連情報の収集とその法的分析が求められる場合が増加している。

欧州委員会の所在地であるブリュッセルは、これらのEC法業務の中心であり、多数のEC各国の法律事務所がオフィスを有しており[4]、しかもその数はここ1〜2年さらに増えつつある。以上のような変化の中で、弁護士の自由移動を実現していく実際の必要とそれを可能にする条件が徐々に成熟してきたと言えよう。

EC条約における「人の自由移動」と弁護士

1 ECの基本原則たる「人の自由移動」

EC条約3条(c)（現3条1項(c)）は、「加盟国間の、人、サービス、資本の移動の自由に対する障碍の廃止」をECの主たる活動としてあげている。そして、このEC内での人の自由移動を実現するための具体的手段として、「人、サービス、資本の自由移動」と題する同条約第3章48（現39）条以下に「労働者の自由移動」が、52（現43）条以下に「開業の権利」が、59（現49）条以下に「サービス供給の自由」が各規定されている。弁護士の自由移動に関わるのはこの三つのうち後者二者である。すなわち、開業の権利については、52（現43）条にて、開業の権利は、自営業者として開業し、業務を遂行する権利を内容とするとされており、一方サービス供給の自由についても60（現50）条が、「サービス」に、通常対価を得ることを目的になされる専門職の活動が含まれることを定めている。

2 「開業の権利」と「サービス供給の自由」

(a) 「開業の権利」とは、自営業者が、経済活動を行なう目的で他国に移動し、そこで開業して活動する権利を意味し、一方「サービス供給の自由」とは、ある国で開業している者がその本拠地を動かすことなく、サービス提供のために他国に移動し、そこに滞在する自由を言い、サービスの供給者と受領者が別の国にとどまったままでの国境を越えたサービス提供の自由等をも含むと解されている[5]。この両者が保証されることにより自営業者の場合、EC内をあたかも一国内と同様に自由に移動することが可能になるのである。両者の対象となる自然人は、自営業を営む者に限定されており、雇用者と労働契約を締結している労働者の場合には、前述の48（現39）条以下が適用される。さてこの両者を弁護士の場合にあてはめてみると前者は、ある加盟国で資格を取得した弁護士が他加盟国へ行き事務所を開いて業務を行なう場合に相当し、一方後者は、ある加盟国に事務所を持って業務を行なっている弁護士が、別の加盟国に出張してそこで自国または他国の依頼者のために法廷に立ったり、その国の依頼者と打ち合わせをしたり、また自国に帰ってから依頼者に文書を送付したりする場合に相当する。

(b) 概念上は上記のように区分できるこの両者の区別は、限界線上の事案になると必ずしも明確ではない。両者の区別は、その国に滞在する期間にあると解されている。サービス供給の自由に関連しては、そのサービス供給に必要な限りでの相対的に短期の滞在が予定されているのに対し、開業の権利に関しては、滞在に永続的な性質が必要とされる。しかし、その場合でも当該自営業者が住居をその国に有することまでは必要ないと考えられている[6]。結局のところどちらの対象となるかは、個別の事案ごとに判断されなければならないであろうが、弁護士に関する限り、事務所の設置とそこでの一定の活動があれば、開業の権利の対象とされることに異論はないであろう。

(c) EC条約上は、この両者を達成するために同じ方策が予定されている。すなわち、その方策とは、開業の自由およびサービス供給の自由に対する制約の廃止（52〔現43〕条および59〔現49〕条）、そして他国での開業、サービス供給を促進するために「学位（diploma、卒業証書）」等の相互承認（57〔現47〕条1項）と自営業者の営業に関する各国規制の「調

整（coordination）」（同条2項）の双方を共に推進するというものである。後二者については、第一次的には開業の権利に対するものとして定められているが、サービス供給の自由に関する66（現55）条が、57（現47）条の援用を定めているために、両者にとって共通のものとなっている。

　他加盟国国民に対する制約、すなわち差別の廃止は開業の権利とサービス供給の自由を実現する基盤整備としての意味を持つ。しかし、自営業者の自由移動については差別を廃止するだけでは不十分である。各国ごとの様々な規制の相違が、権利に対する障碍として機能するからである。そこに、各国での規制の調整、学位の相互承認の問題が浮上してくる理由がある[7]。たとえば、各国の自営業者の資格要件が一致にまで至らなくても、調整により相互に接近してくれば、その相互承認がより容易になることは自明の理である[8]。前述のように医師を始めとする医療専門職についてはこの方針に従って、各職種について2種類の指令が採択されてきた[9]。これらの指令は、いずれも49（現47）条、57（現55）条、66（現40）条の各条文を根拠条文とするものであり、専門職の開業の権利とサービス供給の自由に関して言えば、その双方を共に達成しようとするものであった。すなわち、ある資格を取得するための要件が各国で共通の最低条件を満たすことにより最低限の同質性を有するようになり、その上でその資格を各国でお互いに承認することとなれば、開業の権利とサービス供給の自由の相違にかかわりなく、他国での資格取得者を自国での資格取得者と区別して扱う実質的理由はほとんど存しないことになる。そして、このようにして開業の権利とサービス供給の自由の双方が実現されていく限り、前述の両者の区別は、理論的にはともかく、実質的にはほとんど重要性を持たないことになろう。もっとも、相互承認と資格要件を含む規制の調整のどちらに重点があるかと言えば、それは相互承認のほうであり、規制の調整は相互承認のための条件作りと位置付けられるだろう。たとえば、建築家の場合には、規制の調整に関する指令なしに学位等の相互承認に関する指令のみが採択されている[10]ことはそのことを物語ると言えよう。

3　弁護士業務の性質

　ところで、ここまで当然のこととして述べてきた法律専門職の行なう業務が開業の権利およびサービス供給の自由の対象に含まれることについて

は、これまで議論がなかったわけではない。EC条約55 (現45) 条は、公権力の行使に関連する活動については、開業の権利の対象とならない旨規定し、66 (現55) 条はやはりこの55 (現45) 条をサービス供給の自由にも援用している。そこで、弁護士の行なう業務のうち特に法廷業務を中心にして一定のものは、開業の権利、サービス供給の自由の対象とならないのではないかという疑念が生じたのである。この点につき判断したのが、Reyners 事件判決[11] である。ベルギーのコンセイユ・デタ (Conseil d'Etat) より付託を受けた欧州裁判所は、本件の第一の争点であった「55 (現45) 条に言う公権力と関連する活動とは、何と理解されるべきか」という点につき以下のように判断した。すなわち判決は、当事者らの主張を踏まえて、まず専門職に固有な活動のうち公権力の行使に関連する活動だけが、開業の権利の対象から除外されるのかそれともその活動を行なう専門職自体が権利の対象から除外されるのかという点を検討し[12]、55 (現45) 条が例外を認めた必要は、原則として公権力の行使と「直接かつ具体的な (specific) 関連を有する活動」について、他国民の関与を排除することにより十分満たされると判示した[13]。次いで弁護士の活動につき論じ、裁判所での活動は、裁判所との協力が義務である場合であっても、公権力の行使に関連するものではなく、弁護士 (本件では、ベルギーの avocat) の典型的な業務である法律相談、代理、訴訟追行は、弁護士強制主義がとられている場合であっても公権力の行使に関連するとはみなされないと判断した[14]。ここに、55 (現45) 条を理由に弁護士を開業の権利の対象から除外することは否定されたのである。

一般に、開業の権利、サービス供給の自由の対象となる活動は、EC条約2条に言う経済活動のうち、雇用契約の範囲外で報酬を目的として行なわれるものを含み、専門職の活動もその中に入るとされている[15]。サービス供給については、特に60 (現50) 条が、「サービスとは、特に (中略) (d)専門職の活動を含む」と述べてこの点を明確にしている。開業の権利に関しては、この60 (現50) 条のように明確に専門職の活動について言及している条文はないが、その対象となる活動の範囲をサービス供給の自由とあえて異なって解釈しようとする見解は見当たらない。法律専門職の業務が開業の権利、サービス供給の自由の対象となることについて現時点では異論を見ないと言ってよいであろう。

弁護士の自由移動

　それでは、開業の権利とサービス供給の自由を媒介とする人の自由移動は、弁護士の場合には、いかに前進し、どこまで達成されてきているのであろうか。弁護士についての前進は、医療従事者等に比べて多くの困難に直面し、資格の相互承認や資格取得要件の調整はなかなか実現しなかった。その大きな原因は、弁護士の資格が各国固有の法制度と結びついて初めて与えられるものに過ぎず、その点で医療従事者や建築家の場合のような普遍性を資格自体が有していなかったためであろう[16]。しかし、法律専門職が普遍性を有していないと言うのはあくまで相対的な比較に過ぎない。EC加盟国（その多くはローマ法を継受している）の高等教育機関で法学教育を受け、その教育に基づき資格を取得した法律専門職は、言語の問題を別とすればもともと相互に相当程度の普遍性を有していると評価しうるのではないだろうか。加えて174頁以下で指摘した弁護士業務を巡る変化は、この普遍性をより強化する役割を果たしている。この普遍性を足がかりとして法律専門職の自由移動も以下に詳述するように前進している。

　この分野の進展は、以下の三つに大別される。まず第一は、欧州裁判所の判例法の発展である。欧州裁判所はEC条約の諸規定の直接効果を媒介にして、開業の権利に関して各国に存在した弁護士の自由移動を妨げる制約の除去に大きく貢献した。第二は、ECの二次立法である指令77/249号である。この指令は、法律専門職に関する最初の指令であるが、その対象はサービス供給の自由に限定されており、自由移動を部分的に達成するものでしかない。第三は、1988年末に採択された「学位（diploma）」の相互承認に関する指令89/48号である。同指令の対象は、法律専門職のみに限定されておらず3年以上の高等教育を大学等で受けた者一般である。しかし、すでに医師を始めとする医療専門職および建築家の資格の相互承認については別途指令が定められている以上、弁護士は、この指令の主要な対象の一つである。以下、上記の順に詳論する。

欧州裁判所の判例

1 EC条約52（現43）条および59（現49）条

52（現43）条および59（現49）条は、8条1項（現在は削除されている）に言う12年間の「移行期間（transitional period）」の間に、他国民に対して存在する開業の権利およびサービス供給の自由に関する「制約（restrictions）」が廃止されなければならないことを各定めている。しかし、共同体の二次立法により制約を除去する試みは成功せず、期間経過後も多くの制約が各国に残存していた。この除去に力があったのが以下に述べるEC条約の直接効果に基づく欧州裁判所の判決であった。

2 開業の権利、サービス供給の自由に関する条文の直接効果

判例についてまず検討されなければならないのは、指令、規則等のEC条約に基づく二次立法が存在しない段階で、開業の権利、サービス供給の自由に関する前述の諸条文が直接効果を有するか否かである。「直接効果（direct effect）」とは、条約の条文中、十分な明確さを有している条文は、それらに基づく二次的立法なしに直接、自然人または法人に、加盟国国内裁判所において第三者に対して主張しうる具体的な権利を付与することを意味し、どの条文がそのような効果を有するかは解釈の問題だとされている[17]。この点につき前述のReyners事件判決は、開業の権利に関する52（現43）条につき、各加盟国国民を平等に取り扱うことが共同体の基本原則の一つであること、また開業の自由の実現について52（現43）条が期限を定めていることを考慮し、移行期間の経過後は開業の権利を実現するために52（現43）条から58（現48）条に規定された指令を定めることは、国籍に関する制約の除去に限り必要ないと判示し[18]、52（現43）条が直接効果を有することを認めたのである。

一方、サービス供給の自由に関する条文の直接効果もやはり1974年のvan Binsbergen事件判決[19]によって認められた。同事件の最初の争点は、52（現43）条についての上記Reyners事件の判旨がそのままサービス供給の自由についても妥当するか否かという争点であった。この点につき裁判所は、59（現49）条第1パラグラフ（52〔現43〕条と同様にサービス供

給の自由に対する制約の廃止につき定めている）と60（現50）条第3パラグラフ（自国内での他国民によるサービス供給につき自国民と同じ条件を課すことを定めている）の直接効果につき、少なくとも国籍とサービスの供給される国での居住の要件に関する限り、肯定的に判断した[20]。

この両者の判決により開業の権利とサービス供給の自由に関する条文が直接効果を有することが確立し、指令の採択とは別に個別の事案ごとの訴訟を通じて各国に存在する制約を取り除く道が開かれたのである。上記判決はいずれも当該事案の事実関係から、国籍・居住の要件を対象としているがその扱う範囲は以後の判例で拡大していく。以下、この間どのような制約が判例により除去されてきたかを従来の判例を紹介しながら概観する。

3 開業の権利について

(a) 国籍による差別

前述した1974年の Reyners 事件の論点は、国籍に基づく開業の権利に対する制約であった。事案の概要は以下の通りである。原告は、オランダ国籍であるが、ベルギーで生まれ、ベルギーで教育を受け、学位を取得した。しかし、ベルギーは、ベルギー国籍を有していなければ弁護士会に加入できないという規制を有していたため、同人は「弁護士（avocat）」として活動することができなかった。この規制は、1968年以後、新法によって改められたが、ベルギー国籍は依然として要件であった。従来と異なるのは、それに例外が認められたことである。しかし、原告の場合にはこの例外が認められるための条件を満たさず（すなわち、当該相手国が相互主義の要件を満たしていることが必要とされたところ、オランダは、自国の弁護士にオランダ国籍を要求していた）、その結果引き続き弁護士として活動することができなかった。このため、原告は、相互主義の要件が、EC条約の開業の権利を定める諸条項に違反するとして出訴した[21]。すでに述べたように、欧州裁判所は、国籍に基づく制約について52（現43）条が直接効果を有することを認め、これによりベルギーが弁護士にベルギー国籍を要求することはEC法に照らして違法と判断された。

(b) 開業する国の学位取得

1977年の Thieffry 事件判決[22]の争点は、開業する国の学位の取得という要件であった。原訴訟の控訴人は、ベルギー国籍を有し、ベルギーの大

学でベルギー法について博士号を取得し、ベルギーでの弁護士経験を有していた。同人はフランスの大学より、同人のベルギー法に関する学位は、フランス法に関する資格に必要な学位に匹敵するものであるとの認証を取得し、さらにフランスで司法試験に合格して「弁護士資格証明書 (Certificat d'Aptitude la Profession d'Avocat)」を取得後、パリ弁護士会での実務訓練に参加するための宣誓手続を申請した。しかし、同弁護士会は、同人がフランス法に関する学位取得を証明する卒業証書を提出しなかったという理由でその申請を却下した。上記の場合、フランスでの学位取得の要求は、57 (現47) 条 (学位の相互承認および資格に関する各国の規制の調整についての指令につき定めている) に基づく指令の存しない場合に、EC法に照らしていかに評価されるべきかという問いが国内裁判所より付託されたのである[23]。これに答えて欧州裁判所は、57 (現47) 条に基づく指令が採択されていない場合にも開業の自由が否定されることはないと述べて、その直接効果を肯定し、その上で特定の専門職の資格付与が、当該申請者が開業しようする国の資格と同等と認定される「学位 (diploma)」を有する場合に、その国の学位自体を持っていないという理由で拒否されることは開業の自由に対する正当化されない制約であると判示した[24]。この判決により、以後弁護士資格の付与のために当該開業国での学位の取得を絶対的に求めることは許されなくなったのである。

(c) 事務所の設置に関する制約

1984年に判決の出た Klopp 事件[25]では、ある国で開業するためには、別の国に事務所を有していてはいけないという要件の是否が争点となった。本件の当事者は、ドイツ人の弁護士でデュセルドルフ弁護士会に所属し、同地に事務所を有し居住していた。同人は、これらをそのままにしてフランスで新たに開業することを企図し、パリ弁護士会に弁護士としての登録申請と実務訓練の申請を行なった。同人は、フランスの大学で法学位を取得し、フランスの司法試験にも合格していた。申請を受けたパリ弁護士会は、同人の申請がその他の要件を満たしていることを認めながらも、弁護士は登録する裁判所の管轄内にのみ事務所を持ちうるという法令および弁護士会内部規則に反することを理由にその申請を拒否した。フランス国内裁判所は、各国法の調整に関する指令がない場合に、加盟国国民で、同時に別の加盟国で業務を行なおうとする弁護士に対し、1カ所にのみ事務所

を持つことができるという要件を課すことは、52（現43）条の開業の自由に反する制約となるか、換言すれば、別の国に事務所を維持しているという理由で開業の権利を否定することはできるかという争点を欧州裁判所に付託した[26]。これに対し欧州裁判所は、開業の権利は、共同体内のどこか1カ所で開業する権利に限定されないと判示し、別の国に同時に事務所を維持しているという理由で開業の権利を否定することはできないことを明らかにした。同判決はその理由として、実質的には、共同体内1カ所の開業しか認めないと、別の国で新たに開業するためには従来の業務を放棄しなければならないこと、理論的には、52（現43）条が、制約の廃止は、代理店・支店・子会社の設置に対する制約をも対象とすると述べていることから、開業の権利は共同体内において1カ所以上の開業を予定していると考えられることをあげている[27]。この判決により、弁護士が共同体内において複数の国に事務所を維持することが可能となった。

4 サービス供給の自由について──居住の要件

サービス供給の自由については、前述の1974年の van Binsbergen 事件判決がある。本件の事実関係は以下の通りである。原訴訟の当事者は、社会保障関係の事案を扱う裁判所（Centrale Raad van Beroep）の手続につき、オランダ国籍でオランダで開業している弁護士に依頼した。同裁判所での手続の途中、同弁護士は住居をオランダよりベルギーに移転したが、これに対して同裁判所は、オランダに住居を定めている者だけが代理人として行為できるという手続法の規定を根拠に、同弁護士の代理を以後認めないことを通知してきた[28]。この裁判所の措置を同弁護士は争い、その結果、59（現49）条、60（現50）条の直接効果とともに、それらの条文の解釈、特に60（現50）条の最後の文章（サービスを供給する者は、供給先の国でその国の国民と同じ条件のもとで一時的に活動する）の意味が欧州裁判所に問われたのである。欧州裁判所は、法廷での代理人は、サービスを提供する国の領域内に永続的に住居を定めていなければならないという要件が、59（現49）条、60（現50）条に合致するかという問いにつき、まず、住居を要求することは一般的には59（現49）条の効果を否定するものであるが、一定の正当な理由のある場合にはそれが認められるという原則を指摘した上で、具体的に司法の運営を援助する機能を果たす者の場合、

当該司法機関の管轄内への居住を義務付けることは、それが司法の運営および職業倫理に関連し、「行動準則（professional rules of conduct）」の遵守を確保する必要から客観的に正当化される場合には、59（現49）条、60（現50）条に反しないと判示した。そして、本件については、当該サービス供給が国内法上規制されていない場合（本件の業務は、リーガルアドヴァイザーの性質を持つものであり、オランダではこれについては何の規制も存在せず、その業務を行なうためには弁護士会の会員であることすら必要でなかった[29]）には、国内居住の要件により別の国に居住している者のサービス供給の権利を否定することはできないと結論付けたのである[30]。

サービス供給に関する判例は本件だけであるが、判例の数が少ないのは後述するように1977年にサービス供給の自由に関する指令が採択されたことと無関係ではないであろう。また、開業の権利について問題となった国籍等の要件は、仮にサービス供給の自由について問題となれば、裁判所はやはり同様の結論を下したと思われる。国籍については、van Binsbergen 事件判決の中でも、59（現49）条、60（現50）条により廃止されるべき制約は、国籍によるものを含むことが述べられている[31]。

5　認められる制約

判例上認められないとされてきた制約を検討してきたが、逆に判例は、開業の権利、サービス供給の自由に対して容認される制約についても判決の中で言及している。判例の理解を正確にするためにこの点についての検討も不可欠である。

(a)　まず、前記 Klopp 事件にて裁判所は、新たな開業国が、その国の弁護士会に所属した他加盟国の弁護士に対して、依頼者や司法機関と十分な連絡を維持しながら業務を遂行し、あわせてその国の規則に従うよう求めることを認めている[32]。

(b)　さらに、同じく前記 van Binsbergen 事件判決は、「公益（general good）」の観点から正当化される規則、特に弁護士会、資格、弁護士倫理、監督、責任に関する規則の外国人弁護士によるサービス供給に対する適用については、これをEC法に反しないと認めた[33]。同判決が一定の場合には、居住要件を課すことができると判断していることは前記の通りであるが、同判決は加えて、当該国の弁護士に対する規制を回避することを目的

として、他国よりもっぱら当該国にサービス供給を行なう者に対し、その業務を禁止する措置を取る権限が当該国にあることにも言及している[34]。

(c) また、後述の1988年の In re Gullung 事件判決[35]は、開業の権利について、加盟国が弁護士として開業するためには弁護士会に登録しなければならないという要件を定めている時には、他国から来る弁護士に対しても同じ要件を定めることができると述べて、差別的でない限り弁護士会への登録という制約を認容している[36]。

これらの点は、いずれも法律専門職の特殊性に配慮した結果とされているが、後述する指令の中にこれらの判決の考え方の反映を見ることができる。

6　判例による制約の除去の限界

判例による制約の除去は、指令の採択を経ずにEC条約の主旨を実現するものであり大きな意味があった。しかし、開業の権利、サービス供給の自由を実効的なものとするには、消極的に存在する制約を取り除くだけでは十分ではない。たとえば、A国での開業についてA国の学位等が要求される場合（前記 Thieffry 事件判決に基づきその学位は他国のものであってもよいが、少なくとも開業国の学位と同等と判断されるものでなくてはならない）、それを有していない他国の弁護士は、A国で開業するために新たにA国の学位を取得しなければならず、さらにその国の司法試験に合格しなければならない場合もある。このことが、弁護士の自由移動を実質的に困難にしていることは言うまでもない。ここに、57（現47）条に基づく学位の相互承認等、共同体レベルでの積極的対応が求められる理由があるのである[37]。

サービス供給の自由に関する指令

1　指令の概要

1977年、理事会は、「弁護士によるサービス供給の自由の有効な行使の促進に関する指令77/249号」を採択した[38]。指令の前文自身が述べているように、指令の対象は、サービス供給を通して、弁護士活動の効率的遂行を促進するための手段のみであり、開業の権利を促進するために必要な手段は将来の課題であるとされている。そして同じく前文は、「受入国

(host Member States)」は他国で法律業務に従事している者を自国において「弁護士（lawyers)」として認めなければならないという原則を明らかにしており、本指令により指令の対象とされた弁護士はEC全域においてサービス提供を行なうことが可能となった。指令は、全文9条からなる短いものであり、以下、その内容を概観する[39]。

(a) 指令の対象

指令1条は、指令の対象を定めている。対象は、業務の内容とその業務を提供する弁護士の定義の双方から限定されている。まず、業務内容について、1項は、加盟国が、遺産管理権限取得のための文書および土地の権利の創設・移転に関わる文書の作成業務をサービス供給の自由の対象から裁量により除外しうることを認めている。弁護士の定義については、2項が、各国ごとに各国のどの資格がこの指令に言う「弁護士（lawyers)」に当たるのかを明示している。これによると各国で法廷活動が許容されているいわゆる護士がそこに含まれ、ただし、イギリス、アイルランドについては、バリスターだけでなくソリシターも指令の範囲に含まれている。さらに、いわゆる企業内弁護士が、当該企業を代理して法廷業務を行なう場合、加盟国は、彼らを対象から除外することができる（6条）。対象外の法律専門職の行なうサービス供給は、引き続きEC条約のみによって規制される。

(b) サービス供給自由の原則

指令は2条において、1条の対象につきサービス供給の自由を確認している。すなわち、1条2項に言う弁護士が、1項に言うサービスの供給を行なう限り、各加盟国は、それらの者を弁護士として承認しなければならない。

(c) サービス供給にあたり守らなければならない規則

指令は、サービス供給を行なう際に、他国の弁護士が受入国で守らなければならない幾つかの規則を定めている。

(c)-1 使用する肩書き

まず、受入国において他国の弁護士は、自国（資格を取得し、開業している国）で使用している肩書きを自国の言語で表示し、加えて所属組織（その組織により業務遂行を認められている）またはそこで訴訟追行できる裁判所を示さなければならない（3条）。これは、依頼者にその弁護士

の行なうことのできる業務を容易に識別させる趣旨である[40]。前文が述べているように資格の相互承認が達成されていない以上、自国での肩書きを使用するのは当然であろう。

(c)-2　従うべき規則

指令は、この点につき「司法手続（legal proceedings）」やその他の公的機関で依頼者を代理する業務とそれ以外の業務（具体的には、法律相談、助言、訴訟に関する以外の文書、契約書の作成等）を区別して扱っている。

まず、前者の代理業務については、①受入国で開業する弁護士に対して定められている条件に従って行なわれなければならない。この例外は、居住と受入国の弁護士会への加入の条件である（4条1項）。そして②他国の弁護士は、開業国で課せられている義務に反しない限りで受入国の行動準則を遵守しなければならない（4条2項）。このことは、結果として開業国、受入国双方のより厳しいルールに従わねばならないことを意味する[41]。さらに、③代理業務のうち法廷での代理については、受入国は、当該弁護士が裁判長および弁護士会長に引き合わされること、受入国の当該裁判所で業務を行なっている弁護士と「共同して（in conjunction with）」業務を行なうことを要求できる（5条）。この際、必要な場合には、それら地元の弁護士が当局に対して責任を負う（5条）。

一方、後者の代理以外の業務については、弁護士は、受入国の規則を損なわない限り、受入国でのサービス供給についても自らの開業国の行動準則に引き続き従う（4条4項）。受入国で特に問題となる規則としては、法律業務以外の他の業務の兼業、守秘義務、他の弁護士との関係、利害相反事案の取り扱いの禁止、広告規制が指摘されており、これらについては受入国の規制がより厳しい場合にはそちらが適用されることになる。ただし、受入国規則の適用は、その遵守が、他国で開業している弁護士にとっても可能でありかつ受入国での弁護士活動の適正な行使等の理由により客観的に正当化される場合にのみ許容されると限定されている（4条4項）。

(d)　懲戒

受入国において、他国の弁護士に義務違反があった場合には、受入国の権限を有する当局がその国の手続に従って懲戒する権限を有する（7条2項）。

(e)　期限

加盟国は、本指令の通知後2年以内に指令を実施するために必要な措置を採らねばならない(8条)。

本指令の採択後、本指令の目的に沿って、1978年10月からは、自国での弁護士資格を証明するためのIDカードである「ユーロカード」の制度が導入されている[42]。

本指令につき注意すべき点は、指令が弁護士のサービス供給に関して、その取り扱う法に関して何の制約も課していないことである。すなわち、その法は、弁護士の開業国の法であるかもしれないし、受入国の法であるかもしれないし、それ以外の他の加盟国法またEC法であっても良い[43]。この結果、実際国境に接した地域では、たとえばベルギーの弁護士が、オランダでのスピード違反の事件についてベルギー人の依頼者を弁護してオランダの法廷に立つというようなことが行なわれているのである。後述するIn re Gullung事件判決からもその一端が窺われる。

2 指令に関する判例

指令の採択後、指令の解釈につき欧州裁判所で争われた事案がある。これらの事案を通じて指令の内容上の不明確さは徐々に改善されていくことになる。以下、それらの判例を紹介する。

(a) 指令の対象範囲

1988年に判決の出たIn re Gullung 事件判決[44]の争点は、指令の対象範囲に関するものであった。同事件の当事者は、フランス、ドイツ両方の国籍を有し、当初公証人としてフランスで活動していたが、懲戒手続のためにその職を辞し、その後フランスの別の地域で「法律顧問職(Conseil Juridique)」、「弁護士(Avocat)」への登録申請を行なったがいずれも品行上の理由で拒否された。このため同人は、ドイツで「弁護士(Rechtsanwalt)」として登録し、ドイツに加えてフランスにも事務所を開設した。これに対し、当該地域を管轄するフランスの弁護士会は、同人の不行跡を理由に同弁護士会の会員に同人への協力を禁じる決定を下した。この決定は、実際上フランスでの同人の法廷活動を禁じる意味を持っていた。同人は、この決定を開業の権利、サービス供給の自由に反するとして争った[45]。欧州裁判所に付託された争点は、本件のように品行上の理由で業務が禁じられた場合もサービス供給指令の適用対象に含まれるか、より一般的には、

同指令の対象は公益の観点から制約されうるかであった。これに対して欧州裁判所は、指令4条1項が、代理業務について受入国の規則に従わねばならないと定め、特に同条2項は、受入国の行為規範の遵守に言及していること、代理業務以外についてもその尊重が求められていることを指摘し、弁護士は、サービス供給にあたり、受入国で有効な弁護士倫理に従うことを求められるとまず判示した。そして判決は、受入国の弁護士倫理に従うことを求めるためには、当該弁護士が従う能力を有していることが前提であり、すでに受入国でその能力が欠如していると判断し、それにより申請を却下している場合には、同弁護士は指令に定められた条件を満たさないとみなされるべきであると結論付けた。その結果、本件の当事者のような弁護士が指令の適用を主張することは否定されたのである(46)。本件はフランスの規制を回避する目的でドイツからのサービス供給がなされている事案であり、本判決の結論は前述の van Binsbergen 事件判決の中ですでに示唆されていたと言えよう。

(b) 受入国の弁護士との「共同」が必要な場合とその解釈

前述のように指令5条は、加盟国が法廷業務について受入国の弁護士と「共同して (in conjunction with)」業務を行なうことを要求できる旨定めている。そしてこの「共同して」の解釈が争点になったのが、1988年に判決が下された委員会対ドイツ事件である(47)。本件は、ドイツが指令77/249号による義務を履行していないことを理由に、委員会により提起された訴訟である。ドイツは同指令を実施するため国内法を制定した。同法は、他国の弁護士は、法的手続に関しては、あらゆる場合（ドイツ法により弁護士以外の者による代理が認められている場合を含む）にドイツの弁護士と共同しなければならず、しかも当該ドイツの弁護士が、手続における「正当な代理人 (authorized representative)」でなければならないことを要求し、具体的には、他国の弁護士は単独で法廷に立つことはできず、単独で身柄拘束中の被疑者、被告人と接見、文書の授受を行なうこともできないとしていた(48)。本件の第一の争点は、共同が要求される範囲、具体的にはドイツ法上弁護士による代理が義務的でなく、依頼者が弁護士以外の者に委任することができる場合にも共同を要求しうるか否かであった。これに対し、欧州裁判所は、指令の文言が共同を要求しうる場合を限定していないことを指摘しながらも、ECの基本原則の一つであるサービス供

給の自由は「公益（general good）」により正当化され、受入国で活動するすべての者に対して一律に課せられる規則によってのみ制限されうるとの一般論を明らかにし、本件については、弁護士以外による代理が認められている場合には、ドイツの弁護士との共同の義務を正当化する理由がないと判示した。ドイツ法の定める扱いは、指令およびEC条約に反すると判断されたのである[49]。第二の争点は、共同の実際の運用に関する規則についてであった。この点でもドイツの規則は手続のあらゆる段階でドイツ弁護士の全面的関与を要求し、たとえばドイツ弁護士が正当な代理人であること、口答の手続には常に立ち会わねばならないことを求めていた。欧州裁判所は、指令の目的が他国の弁護士によるサービス供給を可能にするところにあることを指摘し、したがって現地の弁護士と共同して業務を行なう義務は、他国の弁護士に必要な援助を与え、司法の適正な運営を確保することにその目的があり、課せられる義務はあくまでこの目的と均衡を失したものであってはならず、この点ドイツ法は必要以上の義務を課していると判示した[50]。本判決は、指令に基づく国内措置の実施過程が決して容易なものではなく、常に保護的措置の入り込む危険性のあることを示す例と見ることができる。

以上のように、指令に従って各加盟国が国内措置を採る過程では、指令の解釈をめぐりいろいろな論議が生じるが、それらは上記のように欧州裁判所の判決を通じて最終的に解決されていくのである。

学位の相互承認に関する指令

1 指令の採択に至る経緯

サービス供給に関する指令が弁護士の自由移動を前進させたことは疑問の余地がない。しかし、他国での開業については、欧州裁判所の判例の蓄積による差別の除去の他は、長い間みるべき進展がなかった。このため、各加盟国法の相違は、引き続き弁護士の他国での開業について大きな制約を課していた。これを打破しようとする動きは、1984年のフォンテンブローサミット[51]に始まる。そして1992年末を期限とする域内市場統合の発端となった1985年の「域内統合白書[52]」において欧州委員会は、開業の権利の分野でそれまで大きな進展が見られなかった主要な原因を職業資格

調整の複雑さに求め、それに先立つ調整なしに大学による学位を相互承認する一般システムの形成を提案した[53]。ここにこのシステムは、今回の市場統合計画の一環としての位置を有するようになった。前述したように資格取得要件の調整とその相互承認双方を推進するというEC条約で予定された戦略は、各国の資格要件の調整が難航しているため医療の分野以外ではなかなか進展せず、しかもそれらの分野でも調整には多大の時間を要していた。したがって、1992年末という期限の切られた状況の中では、他の専門資格につき従来のやり方を継続したのでは期限に間に合わないことは明らかであった[54]。それが、新しい戦略が採用されるに至った主な原因と考えられる。そして、この方針に沿った委員会の提案[55]をもとに1988年12月に「3年以上の専門教育及び訓練の終了により与えられた高等教育学位の承認のための一般システムに関する指令」が理事会により採択されるに至ったのである[56]。

なお委員会は同指令の提案にあたり、大学教育の共通性に見られるようなヨーロッパの文化的一体性にもかかわらず、各国の異なる規制のために専門職は相互に孤立し、各国の枠に閉じ込められているという認識を前提に、各国の学位および実務訓練の相互承認によって他国での活動を可能にすることができるという見解を示している[57]。

2 指令の概要

(a) 指令の目的

指令は、根拠条文として、開業の権利とサービス供給の自由双方の条文をあげており、その目的とするところは本来この両方の実現である。このことは、お互いに相手国の資格を自国のものと認めれば、開業の権利とサービス供給の自由を区別するまでもなく他国での資格取得者の自国内での活動を全面的に認めることに何の困難もないからである[58]。ただし、弁護士に関しては、指令の主な意義は、その開業の権利の側面にある。

(b) 指令の対象

本指令の対象は、限定されておらずきわめて広範である。学位を取得した以外の国で「規制を受ける専門職（regulated profession）」に従事しようとする者は、自営業者か労働者かを問わず、すでに別の指令でその職についての相互承認が定められている場合を除き、この指令の対象となる

（2条)。そして「規制を受ける専門職」とは、その業務の遂行が、法、行政規則等により学位の取得を要件としている活動を行なう者と広く定義されている（1条)。弁護士との関連では、専門職としての肩書きを用いて業務を遂行する者は、その肩書きの使用が学位取得者にのみ認められる場合は、そこに含まれると定められており、各国の弁護士が指令の対象となることに異論はない（1条(d))。

(c) 相互承認の基本原則

受入国で「規制を受ける専門職」に従事することが、学位の取得を要件にしている場合、受入国は以下の条件が満たされた場合は、他加盟国国民がその職につくことを拒否できない。その条件とは、要約すると

① 申請者が、大学等の高等教育機関で当該専門職に従事するために自国で必要とされる3年以上の高等教育に基づく学位（卒業証書）を取得していること（1条(a)、3条(a))、または

② 申請者の自国が、当該専門職を規制していない場合には、直近の10年間のうち、2年間フルタイムでその職に従事し、かつ3年以上の高等教育を終了したことを証明することである（3条(b))。

したがって、たとえば、フランスの大学で学位を取得し、フランスで「弁護士（Avocat)」となった者の登録申請をベルギー弁護士会は原則として承認し、ベルギー法に関する業務を行なうことを認めなければならなくなる。かくして他加盟国での弁護士の開業の権利が実現することになる。

(d) 加盟国に認められた保護的措置

しかし、実際には上記のような状況がストレートに実現するとは思えない。それは、各加盟国は必要と考える場合には、他国での学位取得者について一定の要件を課すことができるからである。

すなわち、第一に、加盟国は、申請者に対し、一定年限の実務経験を証する証拠の提出を要求できる（4条1項(a))。ただし、これは、申請者の教育および訓練期間が、受入国で必要とされる期間より1年以上短い場合に限られる。

より重要なのは、加盟国は、申請者に対して3年を越えない範囲での「適合期間（adaptation period)」の終了かまたは「適性検査（aptitude test)」の受験を要求できるという第二の要件である（同項(b))。ただし、この要求ができるのは以下の三つの場合に限定されている。すなわち、

① 申請者の有する学位と受入国の学位の中身が相当程度異なるとき、

② 申請者が学位を有する場合（3条(a)）で、受入国で規制されている専門職が申請者の学位取得国で規制されている職と異なり、その相違が受入国で必要とされ、申請者の学位と異なる事項を対象とする特定の教育、訓練に対応するとき、

③ 申請者が受入国以外の国で2年以上の実務経験を有する場合（3条(b)）で、受入国で規制されている専門職が申請者が従事してきた職と異なり、その相違が受入国で必要とされ、申請者の資格と異なる事項を対象とする特定の教育、訓練に対応するとき

の三つの場合である。

そして、加盟国がこの双方の要件を課す場合には、申請者が適合期間か適性検査かの選択権を有するのが原則であるが、各国法に関する知識が必要で、各国法についての助言、援助を与えることが業務の中核である専門職（弁護士を念頭に置いていると考えられる）については、加盟国は、このどちらか一方だけを課すことができる（4条1項(b)）。なお適合期間の間、申請者は受入国の有資格者の監督のもとで業務を行なう（1条(f)）。

(e) 他国の文書の承認

受入国が、申請者に犯罪歴のないこと、破産者でないこと、同人が業務の遂行を禁じられていないこと、身体上・精神上の健康の各証明を求める時は、受入国は申請者の自国の当局により発行された書面を承認しなければならない（6条）。

(f) 肩書きの使用

受入国は、他国の専門職がその職に対応する受入国での職業上および学問上の肩書きを使用することを認めなければならない（7条）。

(g) 審査期間

申請者の必要書類提出後4カ月以内に結果が通知されねばならない（8条）。

(h) 実施期間

各加盟国は、本指令の通知（1989年1月4日になされた）から2年以内に必要な措置を採らねばならない（12条）。そして、将来の見直しについて13条で述べられている。

(i) サービス供給指令との関係

本指令がサービス供給の自由をも対象にしていることは前記の通りであるが、弁護士については前述のサービス供給指令との関係が問題となる。しかし、サービス供給指令は、学位に基づく資格の相互承認については言及しておらず、両者は同じサービス供給の自由を対象とするとは言え、その内容は抵触しない。指令の提案にあたって、委員会も本指令が特定の専門職に関するEC条約の適用を排除するものではないことを明らかにしており[59]、サービス供給指令は引き続き有効である。この結果、ある国の弁護士が他国においてサービス供給を行なおうとする場合には、サービス供給指令によるか本指令によるかという二つの選択肢を有することになろう。この場合、たとえば、受入国が受入国の弁護士との共同を求める場合、それを嫌えば、受入国の要求する適性検査を受け、逆に適性検査や適合期間を嫌えば受入国の弁護士との共同を甘受することになろう。なお本指令によるサービス供給の自由促進についての効果に疑問を投げかける見解もある[60]。

3 指令の評価

第一に指摘すべき点は、指令が従来、相互承認のための前提として必要と考えられてきた各資格要件の統一をまったく放棄している点である。この発想の転換は、たとえば市場統合のための技術規格の統一について採られている最小限の要件についてのみ統一を行ない、後は各国の基準を相互承認するという方針と相通じるものがある。1992年という期限を前提にして現状を変革するためには、要件の統一に一般に膨大な時間がかかることを考慮すると、この方法しかなかったのであろう[61]。なお本指令と同様の内容で対象範囲を大学等の高等教育機関での3年以下の教育による学位とする指令案[62]が、本指令を補完するものとして提案され審議中である[63]。

第二に、本指令の採択は、開業の権利については大きな前進である。本指令に先立ってすでに加盟国の中には、外国の弁護士の自国内での開業を部分的に認めていた国もある。たとえば、フランスは、1985年以来、外国人弁護士にフランスの「弁護士（Avocat）」資格を認めている。しかし、そのためには母国での8年間の実務経験と一定のフランス法に関する試験に合格することを求めている[64]。この要件は、本指令の方向性に一致している部分もあるが、8年の実務経験は指令より厳しい要件である。一方、

ベルギーにおいては、他加盟国からの弁護士は、ブリュッセル弁護士会に登録が認められるが、その扱える法の範囲は限定されており、ベルギー法を扱うことはできない。これらの制度は、本指令との関係で変更を余儀なくされる可能性が高い。

　第三に、本指令は特に弁護士の開業の権利については上述のように大きな前進であるが、実際どの程度弁護士の自由移動が容易になるかについては予測が難しい。すなわち、適合期間、適性検査については指令上導入できる場合が一応限定されているとは言え、各国が他国の弁護士の参入について保護的な態度を採ることは十分予測され、多くの国が適合期間ないし適性検査の要件を課そうとする可能性がある。そして、その場合適性検査は、その適性検査という言葉の響きとは異なって、各国法についての知識を試す司法試験類似のものになり、他国の弁護士の参入を妨げる障壁として機能する危険性をはらんでいる。この点に配慮して、指令自体この適性検査について、申請者がその自国で資格を有していることを考慮しなければならないと述べて（1条(g)）いるが、実施の権限が各加盟国当局に委ねられている以上、実際にこの検査がどのように実施されるかは指令の記載からは不明確な部分が残ると言わざるをえない。適合期間についてもその詳細は、各国の当局に委ねられており（1条(f)）同様の危険がある[65]。上記の点を含め、本指令の中には解釈上争いを生じる余地があり、これらが最終的に欧州裁判所の判決により指令の目的に照らして判断されるまで不安定な状態が続く可能性がある。

　このような留保を付すとしても、学位の相互承認に関する指令が国内的に実施された後にECにでき上がる体制は、やはり我々の従来の常識を越えた体制と言って良いであろう。今後は、サービス供給に加えて、ある加盟国で資格を取得した弁護士が、適合期間、適性検査の問題があるとは言え、原則としては他加盟国に自由に移動して他国の肩書きを使用して開業し、その国の法律を取り扱うことになる。しかし、理論的には移動が可能となっても、実際それほど多くの弁護士が移動することはないという見方がありえよう。確かに、その国の法律に一番詳しいのはその国で育ち法学教育を受けた弁護士であり、他国の弁護士が開業国の法を取り扱うことは効率的ではない。法律の理解が社会、文化と密接に関連している以上このことは一般的には当然のことである。一方、企業法務を中心とするローフ

ァームについては、各加盟国に進出してオフィスを開設する傾向が生じるだろうという見解もある[66]。いずれにせよ弁護士の移動が、以前より高まれば、その動きは、将来的にはEC内の各国実体法についても影響を与えずにはおかないであろう。

最後に

ECで生じている動きは、従前の主権国家の枠組みを揺るがしている。従前、法律専門職の資格がこの主権国家によって与えられていた以上、その枠組み自体が動揺すれば、その影響が法律専門職にまで及ぶのは理論的必然である。しかし、その動きは、現存する主権国家である加盟国からの抵抗を受けて必ずしも直線的には進行せず、新しく採られる措置は常に主権国家間の妥協の産物たる性格を持ち、それゆえに複雑でかつ加盟国の主張に配慮したものとなることが多い。法律専門職の自由移動もこの例外ではなく、加えて法律専門職に特有の各国法自体の相違、各国の法曹養成制度自体の相違がより困難な問題を提起する。本稿で指摘してきた法律専門職の自由移動をめぐる進展については、各国法についての分析を抜きにしては正確な評価は不可能である。もっとも、逆にこれまでの進展の不十分さ、困難さを強調し過ぎることも正しい認識につながるとは思われない。欧州裁判所の判決の積み重ねを始めとして今後ECが存続する限り否定することのできない多くの引き返すことのできない前進があるからである。市場統合そして法律専門職の自由移動についての進展を背景に、EC内の弁護士の間にも新たな動きが見られる。1990年4月、ヨーロッパ大陸5カ国（オランダ、スペイン、ドイツ、フランス、ベルギー）の5つの大規模法律事務所は、部分的に統合し「Alliance of European Lawyers」を名のり、EC法および国際取り引きを専門に扱うジョイントベンチャーをブリュッセルに設置することを公表し、各国で大きく報道された[67]。これは、ECの統合に対するいわゆる大規模ローファームの側からの一つの対応であり、同種の試みは今後も続くであろう。その形態の如何を問わず、各国のローファーム相互の緊密な連携を模索する動きは最近特に顕著である。いずれにせよEC内の弁護士世界が大きな変動の波の中にあることは間違いなく、今後もその推移には日本の弁護士の立場からも注意を払う必要が

あると思われる。

(注：1999年のアムステルダム条約の発効により、従来のEC条約の条文番号がほぼ全面的に変更された。本稿では、執筆時の旧EEC条約の条文番号の後に現在のEC条約の新しい条文番号をかっこ内に表示している。)

〈注〉
(1) Goebel, Professional Qualification and Educational Requirements for Law Practice in a Foreign Country: Bridging the Cultural Gap, 63 TULANE LAW REVIEW 443, 462-85 (1989).
(2) Luxembourg lawyers bolt the door, IFL Rev., November 1989, 8.
(3) 「医療専門職 (medical profession)」については、Council Directive 75/363/EEC, OJ 1975, L 167/14 (医療教育と学位取得についての最低基準を定める)； Council Directive 75/362/EEC, OJ 1975, L 167/1 (学位の相互承認と学位を有する者のサービス供給の自由、開業の権利) が各定めている。同様の指令が、看護婦、歯科医、獣医、薬剤師等についても採択されており、建築家については、Council Directive 85/384/EEC, OJ 1985, L 223/15 が学位の相互承認を定めている。
(4) Goebel, supra note 1, at 447 (1988年版のMartindale-Hubbell Directoryによるブリュッセル所在の外国法律事務所の数は、アメリカ8、イギリス6、オランダ5でこの他にフランス、ドイツ、イタリア、スペイン、スウェーデンの事務所がオフィスを開いている。1990年版の同書によるとさらに、アイルランド、カナダの事務所がオフィスを開いている)。
(5) 2 Law of the European Community 463 (D. Vaughan ed. 1986).
(6) Id. at 464.
(7) Id. at 463-64; D. LASOK, The Professions and Services in the EEC, 112 (1986).
(8) Waegenbaur, Free Movement the professions: the New EEC Proposal on Professional Qualifications, 23 CML Rev. 91, 93-94 (1986).
(9) See supra note 3.
(10) Id.
(11) Case 2/74 Jean Reyners v. Belgium, [1974] ECR631.
(12) Id. at 652.
(13) Id. at 654.
(14) Id. at 655.

(15) 2 Law of the European Community, supra note 5, at 463 and 474-475; Maestripieri, Freedom of Establishment and freedom to supply services, 10 CML Rev. 150, 160 (1973).
(16) D. Lasok. supra note 7, at 161.
(17) D. WYATT & A. DASHWOOD, The Substantive Law of the EEC, 25-26 (2d ed. 1987).
(18) Reyners, supra note 11, at 650-52.
(19) Case 33/74 Van Binsbergen v. Bestuur van de Bedrijfsvereniging voor de Metaalni-jverheid, [1974] ECR1299.
(20) Id. at 1308-10.
(21) Reyners supra note 11, at 663-34.
(22) Case 71/76 Jean Thieffry v. Conseil de l'ordre des avocats la Cour de Paris [1977] ECR765.
(23) Id. at 767-68.
(24) Id. at 778.
(25) Case 107/83 Ordre des Avocats au Barreau de Paris v. Onno Klopp [1984] ECR 2971.
(26) Id. at 2973-74.
(27) Id. at 2989-90.
(28) Van Binsbergen, supra note 19, at 1301-02.
(29) Id. at 1314.
(30) Id. at 1308-10.
(31) Id. at 1309.
(32) Klopp, supra note 25, at 2990.
(33) Van Binsbergen, supra note 19, at 1309.
(34) Id.
(35) Case 292/86 Claude Gullung v. Conseils de l'ordre des avocats du barreau de Colmar et de Saverne [1988] ECR111.
(36) Id. at 139-40.
(37) 判例法による発展の限界について、Gobel supra note 1, at 496-97; Waegenbaur, supra note 8, at 97.
(38) Counsil Directive 77/249/EEC of 22 March 1977, OJ 1977, L 78/17.
(39) 指令の解説としては、D. Lasok, supra note 7, at 163-64; Gobel, supra note 1, at 489-92; 2 Law of the European Community, supra note 5, at 590-92 等がある。邦文のものとしては、矢吹徹雄「EC加盟国の弁護士のEC域内活動の自由

化について――海外法曹事情 (24)」自由と正義40巻10号 (1989年) 92頁がある。
(40) 2 Law of the European Community, supra note 5, at 590.
(41) Id. at 590, 592.
(42) D. LASOK, supra note 7, at 164.
(43) Waegenbaur, supra note 8, at 96.
(44) Gullung, supra note 35.
(45) Id. at 113.
(46) Id. at 136-138.
(47) Case 427/85 Commission of the European Community v. Federal at Republic of Germany Judgment of 25 February 1988, not yet published.
(48) Id. Report for the Hearing, at 2-6.
(49) Id. Judgment of the Court, at 5-8.
(50) Id. at 9-12.
(51) The Commission of the European Community, Bulletin of the European Communities No.6, at 10-11 (1984). (理事会は、「A people's Europe」の題目のもとに、開業の権利を実現するために、大学学位の同等性を確保するための一般システム導入の検討を提起した。)
(52) The Commission, "Completing the Internal Market" White Paper from the Commission to the European Council, June 1985, COM (85) 310 final.
(53) Id. at 25-26.
(54) Waegenbaur, supra note 8, at 97-99; The Commission, Bulletin of the European Communities Supplement 8/85, at 6; Goebel, supra note 1, at 497.
(55) COM (85) 355 final, OJ 1985, C 217/3.
(56) Council Directive 89/48/EEC, OJ 1989, L 19/16. 邦文の紹介としては、加藤義明「EC加盟国間の弁護士資格取得について――海外法曹事情 (23)」自由と正義40巻9号 (1989年) 116頁がある。
(57) The Commission, supra note 54, at 5.
(58) Waegenbaur, supra note 8, at 101.
(59) The Commission, supra note 54, at 7.
(60) いずれも指令案についてであるが、Roth, The European Economic Communi-ty's Law on Services: Harmonisation, 25 CML Rev. 35, 90 (1988); Waegenbaur, supra note 8, at 103-104 が、この点に触れている。
(61) Waegenbaur, supra note 8, at 104.
(62) COM (89) 372 final, OJ 1989, C 263/1.

(63) 同指令案は、1992年に指令92/51号として採択された (OJ1992, L209/25)。
(64) 加藤、前掲117頁
(65) Waegenbaur, supra note 8, at 107-108.
(66) Goebel, supra note 1, at 499.
(67) Frankfurter Allegemeine, April 20, 1990, at 21; Le Figaro, April 20, 1990; Financial Times, April 23, 1990, at 20.

ヨーロッパにおける法律職の動向
―― 国境を越える弁護士の移動

始めに

　本稿は、欧州共同体（以下、ECと言う）をその中核とする欧州連合（以下、EUと言う）加盟諸国の領域における法律専門職の動向を、弁護士の国境を越える移動の自由の観点から検討することを目的とする。

　EUの領域は、EU法と呼ばれる独自の法秩序によって規律されている[1]。そして、EUによる欧州統合の進展に伴い、各国の弁護士資格の相互承認が進み、ある国で資格を取得した弁護士が、他の国で業務を行なうことは常態化しつつあり、その結果、共通の価値・基準を持った「ヨーロッパ弁護士」の形成が展望されている[2]。このような変化は、加盟国市場を単一市場に統合する共同市場・域内市場創設の過程で生じたものであるが、世界貿易の自由化を目的とするWTOにも、程度の差はあれ、同様の変化をもたらす推進力が存在する。実際にもWTOの一部である「サービス貿易一般協定（GATS）」について、その種の議論がすでに開始されているのである[3]。その意味で、EUの動向は、世界レベルでの変化に先行する貴重な実例としての意味を持つだろう。

EU各国の法律専門職のあり方

　それでは、各国の法律専門職の現状を概観することから検討を始める。EU各国（現在、15カ国）は、それぞれ異なる歴史・文化・伝統を持ち、その法制度も大きく異なっている。そのため法律専門職の存在形態も、各国ごとに様々であるが、それらはおおむね以下の3グループに大別することができる[4]。すなわち、第一は北欧型であり、デンマーク・フィンランド・スウェーデンでは、法律専門職として弁護士だけが存在し、弁護士があらゆる法的サービスを提供する。第二はコモンロー型であり、イギリス・アイルランドでは、法律専門職は、法廷弁護士（バリスター）と事務

弁護士（ソリシター）に分かれる。そして、第三は大陸法型であり、その他10ヵ国には、弁護士とは区別された公証人が存在し、一般的な法律相談業務を始め、不動産譲渡・相続に関する事務を主に処理する[5]。

各国の専門職を概観すると、弁理士など日本の隣接職種に相当する職種が存在する国も少なくないが、細分化されていた資格が統合される傾向も見られ[6]、隣接職種の社会的役割・存在感は日本ほど大きくない。そもそも、隣接職種に属する者の数は、一般に、弁護士に比して少数であるようである。そのため、訴訟業務を中心としながらも、弁護士の業務範囲は、日本より格段に広い。このような状況を反映して、法律専門職の自由移動についても、弁護士の移動が中心的に論じられている。

なお、EUでは、法律専門職によって法律事務が独占されていない国が少なくないことに注意しなければならない。そこでは、会計士など非法律家による法律サービスの提供が認められる結果、法律サービス市場の状況が、日本とは異なった様相を呈する。たとえば、スウェーデン・フィンランドでは、法廷代理を含めて法律事務の独占が認められておらず、これらの国で、弁護士が独占しているのは、弁護士という肩書きの使用だけである[7]。このような法律事務の非法律家への開放は、他加盟国の弁護士の活動を受容しやすい環境を整備している。

ECにおける弁護士の自由移動

1 自営業者の自由移動

ECは、域内に、人・物・サービス・資本が域内国境を越えて自由に移動できる国民市場類似の領域を創出することを目的としている。そして、EC条約は、自営業者の自由移動を実現するために、「開業の権利」（EC条約43条以下）と「サービス供給の自由」（同49条以下）を各保障している。

「開業の権利」とは、加盟国国民である自営業者が、他の加盟国に移動し、そこで固定した施設を設置して開業し、期間の定めなく経済活動を現実に遂行する権利を意味する（同43条）。これに対して、「サービス供給の自由」は、ある加盟国で開業している加盟国国民が、国境を越えて他の加盟国のサービス受領者にサービスを提供する権利を意味し、そのための移動の自由を含む（同49条）[8]。弁護士についてもこれらの権利が保障され、

前者は、ある加盟国で資格を取得した弁護士が、他の加盟国へ行き、事務所を開いて業務を行なう場合に相当し、後者は、ある加盟国に事務所を持つ弁護士が、他の加盟国へ出張して、法廷に立つなど依頼者のために業務を遂行することに相当する[9]。

そして、この両者を実現するために、第一に、国籍に基づく差別など両者に対する制約の廃止、第二に、専門職資格の相互承認・専門職に対する各国規制の調整が、EC条約上予定され（同47条1・2項）、具体的な立法措置が、弁護士についてもとられている。以下には、それらの立法を概観する。

2 「サービス供給の自由」のための立法

「サービス供給の自由」のためには、1977年に「弁護士によるサービス供給の自由の有効な行使の促進に関する指令」が採択されている[10]。同指令は、各国の弁護士を対象にして（指令1条2項）、受入国は、国境を越えてサービスを提供する他加盟国の弁護士を、自国の弁護士として認めなければならないことを規定している（同2条）。他国の弁護士は、受入国の倫理規定を遵守する義務を負うが（同4条2項）、その限り、開業国で使用する肩書きを使って（同3条）、受入国でも弁護士として活動でき、受入国法を含むあらゆる法律業務（法廷業務を含む）を遂行できる。ただし、法廷業務については、受入国は、受入国弁護士との共同処理を要求できる（同5条）。しかし、その場合でも、他国の弁護士が主たる存在でなければならない。欧州裁判所は、共同処理について、手続の全段階に受入国弁護士が必要ではないとの解釈を示し、加盟国法上、弁護士である必要がない業務にも、共同処理を求めることは違法であり、他国の弁護士が、拘禁された被疑者・被告人と単独で接見できることを認めている[11]。同指令では、受入国においてサービスを提供するにあたって、他国の弁護士が受入国法について、どの程度の知識を備えているかが問われていないことに注意する必要がある。

3 「開業の権利」のための立法

(1)「開業の権利」の実現方法

弁護士が、「開業の権利」を実現するためには、現在二つの方法が存在

する。第一は、ある加盟国の弁護士が、受入国において、受入国の弁護士と認められて開業する場合である。この場合には、弁護士は受入国の弁護士に統合されることになる。これに対して第二は、受入国において、資格取得国の弁護士として開業する場合であり、受入国の弁護士への統合は、必ずしも予定されておらず、あくまで資格取得国の弁護士として存在する。前者に対応するのが、以下の「学位指令」であり、後者に対応するのが後述の「開業指令」である。両者により、EU域内における弁護士の移動性は、著しく高められている。

(2) 学位指令
(a) 指令採択に至る経緯

加盟国によって付与された資格に基づく法律専門職について、開業の権利を実現するためには、加盟国間で資格を相互に承認することが不可欠である。他加盟国の弁護士が、受入国での開業に際して、受入国の学位・資格等を要求される場合には、それらを新たに取得しなければならず、開業の権利の行使は、著しく制約されるからである。

相互承認のためには、通常は、資格要件の調和が前提となる。実際にも、建築士・医師・看護婦・歯科医・獣医・薬剤師などの各職種については、資格要件の調和と相互承認双方の立法が制定されてきた[12]。しかし、弁護士を始めとする法律専門職の資格は、特定の国で国内法についての法学教育を受け、その国の法曹養成制度によって資格を取得することが当然と考えられたため、資格要件の調整は容易ではなかった。そのため、要件の調和を前提とせずに、相互承認を目指す一般的な指令が構想され、1988年に制定されたのが、「3年以上の高等教育の結果得られる学位（diploma）の相互承認のための指令」である[13]。

(b) 指令の概要

指令の対象は、「規制を受ける専門職」であり、法律専門職だけを対象としているわけではない。しかし、「規制を受ける専門職」とは、業務の遂行が、加盟国法・行政規則等により学位の取得を要件とする活動を行なう者であり（指令1条）、弁護士はこれに含まれる。

そして指令は、加盟国間において学位を相互承認するという基本原則を定めている。すなわち、「規制を受ける専門職」に従事することが、学位の取得を要件にしている場合は、他の加盟国で3年以上の高等教育に基づ

く学位を取得している限り、受入国は、他の加盟国国民がその職につくことを拒否できない（同3条）。「学位」（同1条(a)）とは、「公的資格を示す学位・証明書・その他の証拠」と定義されており、各国の弁護士資格はこれに該当する。したがって、たとえば、フランスで弁護士資格を取得した者の登録申請をベルギー弁護士会は承認し、ベルギー弁護士としてベルギー法に関する業務を行なうことを認めなければならないことになる。

　もっとも、相互承認は無条件ではない。受入国は、必要と考える場合には、他の加盟国で学位を取得した者に、さらに一定の要件を満たすよう要求できる。すなわち第一に、受入国は、申請者に一定年限の実務経験を証明する証拠の提出を要求できる。これは、申請者が受入国で必要な教育期間より1年以上短い教育しか受けていない場合に適用される。第二に、受入国は、3年以内の適合期間（受入国の有資格者の監督下に業務を行なう期間）の終了か、適性検査の受験を要求できる。弁護士については、後者が関係する。本来どちらを選ぶかは、申請者次第である。しかし指令は、法律専門職については、加盟国が一律に決定すると規定しており（同4条1項(b)）、実際にはデンマーク以外の各国は、適性検査の実施を選択している[14]。

　指令が実施されて以降、イギリス・フランス・ドイツに対して、他国の弁護士が移動する現象が顕著に見られる[15]。しかし、適性検査には批判が強い。適性検査は、申請者が資格取得国では有資格者であることを考慮しなければならず（同1条(g)）、それほど難しい試験が予定されているわけではない。しかし、各国が適性検査を採用したことは、相互承認にあたって、受入国法についての一定の知識を要求すべきであるとの考え方に基づくものであり、適性検査が、実際には、移動に対する不当な障害となっていると認識されている[16]。

　なお同指令を補完するために、1992年には、「3年未満の教育の結果得られる学位の相互承認のための指令」が採択されている[17]。これは、学位指令が対象としなかった3年未満の高等教育のうち、1年以上の課程を修了することによって得られる学位の相互承認を対象とし（指令1条）、学位指令と同様の相互承認に関する一般的制度を導入している。同指令は、付随的な法律専門職（たとえば、執行吏）が、複数の加盟国に存在する限り、その移動を可能にしている。

(3) 開業指令

(a) 指令採択に至る経緯

学位指令により、弁護士の国境を越える移動は促進された。しかし、学位指令だけでは、弁護士の開業の権利を実現するのに十分ではなかった。それは、弁護士が、資格取得国の肩書きを使用して、出身国の弁護士のまま他加盟国で働こうとする場合は、学位指令の対象とはならなかったからである。そして、学位指令による適性検査を受験したのが、比較的若年の資格取得直後の弁護士であったのに対して、すでに資格取得国で一定の経験のある弁護士には、従来の資格を維持したまま他国で開業したいという要求が強かった[18]。このため委員会は、1995年に、新しい指令案を公表し、1998年に、「資格取得国以外の加盟国における弁護士の永続的業務を推進するための指令」が採択された[19]。指令は、弁護士が、資格取得国での肩書きを使用して、他の加盟国で開業する権利を有することを認めている。そのため、今後各加盟国には、異なる資格を取得した弁護士が併存し、受入国法に関する法的サービスを提供することになる。

(b) 指令の概要

指令の対象は弁護士であり、各国ごとに対象となる弁護士が列挙されているが（指令1条2項(a)）、その範囲は、基本的にサービス指令の対象と同じである。そして指令は、弁護士が、資格取得国で使用する肩書きによって、他の加盟国において、永続的に活動できることを定めている（同2条）。指令案では、この種の開業を5年間に限定して認めていたが、この期間限定には、欧州連合弁護士会評議会（CCBE）などから強い反対があり[20]、また1995年のGephard事件判決により、原則として資格取得国の肩書きで受入国において開業する権利が認められたことにより[21]、指令では、期間の限定は廃止された。ただし、他国の弁護士は、受入国の権限を有する当局に登録しなければならず（同3条1項）、また受入国の肩書きとの混同を避けるために、自らの肩書きを資格取得国の公用語で表示しなければならない。受入国は、所属弁護士会の表示を求めることもできる（同4条1・2項）。

受入国において、他国の弁護士に認められる活動は、原則として、受入国の弁護士と同じである。すなわち、資格取得国法・EU法・国際法だけでなく、受入国法についての業務も行なうことができる（同5条1項）。

例外は、遺産相続・不動産譲渡に関する書類作成（同5条2項）と法廷業務（同5条3項）であり、後者については、受入国弁護士との共同処理を求められることがある。なお、例外にあたる業務は一般に、法律事務独占が存在しない国においても、法律専門職の独占が認められていた業務であり[22]、サービス指令でも例外とされている。

弁護士が、正式の教育を受けておらず、資格を取得していない受入国法に関する業務を、受入国法の知識を評価されることなしに、行なう権利を有することを認めることには議論があり、これに反対する加盟国もあった[23]。しかし、サービス指令により、サービス供給の自由については、すでにそれが認められていたことに注意する必要がある。そして、法的サービスの消費者である依頼者の保護は、弁護士の用いる肩書きによる識別に依拠することになる。

さらに指令は、他国の弁護士に対して、受入国において最低3年間業務を行なうことにより、学位指令の要求する適性検査を受けることなく、受入国弁護士に統合される道を開いている。この部分についても、立法過程において議論が対立した。すなわち、第一に、指令は、他国の弁護士が、資格取得国の肩書きにより、3年間、「実効的かつ継続的（effectively and regularly）」にEU法を含む受入国法の業務を行なった場合には、学位指令が要求する適性検査の免除を定めている（同10条1項）。統合されるか否かは、弁護士自身の選択であるが、受入国の弁護士として認められるためには、当該弁護士は、3年間の「実効的かつ継続的」業務を示すために、当局に必要な情報を提供しなければならない（同）。そして第二に、受入国において3年間業務を行なっているが、受入国法についての業務期間が3年に満たない場合にも、学位指令の条件を満たすことなしに、受入国弁護士として登録を許可される可能性がある（同10条3項）。これは、当該弁護士の実務経験が3年に満たない場合でも、受入国法について十分な能力を有する場合を想定している[24]。

このほか指令は、他国の弁護士は、受入国での業務・活動については、受入国弁護士に適用される規制に服し（同6条1項）、義務に違反した弁護士には、受入国の懲戒手続が適用されることを規定している（同7条1項）。

最後に

　以上のような、弁護士の「開業の権利」・「サービス供給の自由」に関するEUの法的規制の現況は、弁護士とは何かという問題を考えさせずにはおかない。我々は、弁護士が弁護士である所以は、資格取得国法に対する法的知識であることを所与の前提としてきた。しかし、EUの諸規制は、他の加盟国で資格を取得した弁護士は、受入国法についての教育を受けずに、受入国法についての業務が可能であるとの前提に立っており、その前提は、学位指令にも見られたが、開業指令において一層強化されている。EU法が加盟国法の一部であり、EU法を専門とする弁護士が各国に少なからず存在するとは言え、開業指令では、EU法の実務を行なっただけでも、受入国法全般についての資格が取得できるのである。

　ここには、弁護士として要求される資質・能力に対する根本的な発想の転換が伏在しているのではなかろうか。そして、そのような発想の転換は、WTOなどにおける弁護士資格の相互承認をめぐる議論、法曹養成教育の内容など様々な場面に影響を及ぼしかねない。すなわち、発想の転換は、相互承認をより促進する方向に作用するであろうし、また法曹養成教育については、法律知識の詳細よりも、法律的なものの考え方自体の教育に、より重点が置かれる可能性があろう。

　そして、いずれにせよ、EUとの交渉にあたっては、彼らが本稿で紹介した諸制度をすでに前提としていることに十分留意しなければならない。

〈注〉
(1)　EUについての一般的説明は、島野卓爾・岡村堯・田中俊郎編著『EU入門――誕生から、政治・法律・経済まで』（有斐閣、2000年）を参照されたい。
(2)　ピット・ワキ・アイステン（須網隆夫訳）「ヨーロッパ弁護士とは？」国際商事法務20巻9号（1992年）1076頁以下。
(3)　小原望「GATSと弁護士業の国際的規制緩和――パリ・フォーラムとその後の展開と対応」自由と正義50巻7号（1999年）35-37頁。
(4)　H. Adamson, Free Movement of Lawyers 8-9 (2nd ed. 1998).
(5)　Id. at 15 and 21.

(6) 大陸法諸国では、伝統的に、弁護士以外の訴訟代理人職が存在していたが、イタリアでは、1997年に代訴士 (procuratore) の資格が廃止され、弁護士 (avvocato) に統合された (Id. at 21)。またフランスでは、伝統的に資格が細分化されていたが、そこでも統合の傾向は顕著であり、1970年代に一審レベルで代訴士が弁護士に統合され、残存している控訴院付代訴士は約400名に過ぎない (Id. at 15)。この他、1992年には、法律顧問職 (コンセイユ・ジュリディク) がやはり弁護士に統合されている (Id. at 15; 松川正毅「フランスの弁護士 (2)」国際商事法務21巻5号〔1993年〕628-629頁)。

(7) H. Adamson, supra note 4, at 26 and 12-29; イギリスでも、法律専門職が独占しているのは、法廷業務と不動産譲渡・遺言検認書面の作成であり、法律相談は独占されていない (Id. at 28)。

(8) 須網隆夫『ヨーロッパ経済法』(新世社、1997年) 213頁以下。

(9) 須網隆夫「ECに於ける弁護士の自由移動——法律専門職の他加盟国での活動に対するEC法の新たな枠組み」判例タイムズ732号 (1990年) 117頁、本書第4部174頁。

(10) Council Directive 77/249/EEC, OJ 1977, L 78/117; 須網・前掲注 (9) 121-122頁。

(11) Case 427/85 Commission v. Germany, [1988]ECR1123; H. Adamson, supra note 4, at 51-52; 須網・前掲注 (9) 123頁。

(12) 須網・前掲注 (8) 262頁; 須網・前掲注 (9) 117頁。

(13) Council Directive 89/48/EEC, OJ 1989, L 19/16; 須網・前掲注 (8) 262-265頁; 須網・前掲注 (9) 124-125頁。

(14) H. Adamson, supra note 4, at 66 and 81.

(15) Id. at 83-84; たとえば、ベルギー・ルクセンブルクの弁護士のフランスへの移動はもっとも顕著であると指摘されている (Lonbay, Lawyers bounding over the borders: the Draft Directive on lawyer's establishment, 21ELRev. 50, at 50 (1996))。

(16) Id. at 84。

(17) Council Directive 92/51/EEC, OJ 1992, L 209/25; 須網・前掲注 (8) 265頁以下。

(18) H. Adamson, supra note 4, at 84.

(19) Directive 98/5/EC, OJ 1998, L 77/36.

(20) Lonbay, supra note 15, at 52.

(21) Case C-55/94 Gebhard v. Consiglio dell'Ordine degli Avvocati e Procuratori di Milano, [1995]ECR I-4165.

(22) それらは、一般に、大陸法諸国においては公証人に、コモンロー諸国においては、ソリシターに独占されていた（H. Adamson, supra note 4, at 88）。
(23) Id. at 103-04.
(24) Id. at 120.

EC各国における弁護士の専門化の現状
―― ベルギー、フランス、ドイツ、オランダ、スペインの状況

始めに

　EC各国における弁護士の専門化の現状というテーマは、甚だ大きなテーマであり、これを明らかにすることは容易ではない。また、このテーマに関する調査が各国ですでになされているということも残念ながら知ることができなかった。このため、本稿は、筆者の同僚であるEC内5カ国（ベルギー、フランス、ドイツ、オランダ、スペイン）の弁護士からの聞き取り調査をもとにし、調査対象もこの5カ国に限定している。調査方法の限界から、そこで得られた情報には不正確なものもまま含まれていると思うが、各国の状況の一端をかいま見る一助となれば幸いである。

ヨーロッパの弁護士会の状況

　一般的に言って、ヨーロッパ各国、特に大陸各国の弁護士社会は、アメリカに比して日本の弁護士社会に近いように思われる。法曹人口の国民全体に対する割合（たとえば、人口約1,000万人のベルギーの弁護士数は、約7,000名であり、東京の状況と大差ない）、事務所の規模（ベルギー最大の事務所の弁護士数は約100名、フランスで最大の事務所の弁護士数も約200名と日本に比べれば多いものの、英米の大ローファームと比べれば小規模と言わざるをえず、大半の弁護士は、個人事務所ないし小規模の事務所に所属している）、業務の形態（大半の弁護士は、訴訟業務を中心にしている）、厳しい広告規制（ベルギーでは、日本の大規模法律事務所が作成しているような事務所紹介のパンフレットは、広告規制により作成が禁じられている）などの点より、それを窺うことができる。したがって、専門化といっても、その内容は、弁護士が特定の専門分野のみによって生計を維持するというよりも（特定の分野においてはそのような専門化が進展しているが）、弁護士がいわゆる自分の得意分野として専門分野（数は一

つに限定されない）を持つという形態の専門化が主流を占めている。そして、そのような専門化の進展が見られるようになったのも比較的最近のことである。

しかしながら、調査した各国において弁護士の専門化に対応する制度構築が弁護士会を中心にすでに一定程度なされており、この点では日本と大きく異なっている。制度の種類には大きく分けて二種類ある。まず、オランダを除く各国においては、いずれも弁護士会が、専門分野別に登録された弁護士のリストを作成しており、このリストを依頼者も利用することができる。他方、オランダでは、弁護士に専門分野の自由な表示を許容する一方、それより生じる弊害につき弁護士会が一定のコントロールを行なうという制度がある。以下、これらの制度の内容を紹介しながら、専門化の状況を検討することとしたい。

弁護士会による専門弁護士登録制度——ベルギー、フランス、ドイツ、スペイン

1　制度の主旨

このような制度が設けられた趣旨は、各国に存在する弁護士に対する広告規制と関連する。調査対象の各国は、いずれも程度の差こそあれ、日本と同様の厳しい広告規制を有している。したがって、一般に弁護士が自らを特定分野の専門家と宣伝を行なうことは認められない（たとえば、原則としてレターヘッド、名刺等にそのような表示を行なうことは許されない）。しかし、一方特定分野の専門家として業務を行なっていこうとする弁護士にとって、同人の専門を依頼者が知り、継続的に事件を持ち込んでくることは不可欠である。また、依頼者にとっても自分の依頼したい事件の専門家が誰であるかは重大な関心事である。以上の二つの要請を満たすものとして作られているのがこの制度であり、実質的には、厳しい広告規制を一部解除する意義を有している。

2　認められている専門分野

どのような専門分野がリストに記載されているかは、専門化の実情を示す重要な資料であろう。以下、この点につき各国の状況を概観する。

(1)　ベルギー

ベルギー弁護士会は、1988年に、この制度の採用を決定したが、ブリュッセル弁護士会（会員約2,500名）の例に見る限り、ベルギーの専門弁護士リストは、広範な分野をカバーし、きわめて細分化されている。たとえば、家族法の分野は、後述のように家族法一般とその他二つの特定項目に分かれている。そして、各弁護士は、それらのうち、最大限二つの一般項目および二つの特定項目に自分を登録することができる。なお、特定項目に登録するために、一般項目に登録することは必要ではない。前記ブリュッセル弁護士会により認められた専門分野は、以下の通りである。各項目ごとの登録人数を最新のリストより併せて付記する。

　○家族法一般　319名
　　①　禁治産、婚姻、相続、養子　220名
　　②　夫婦財産法（婚姻契約、寄付、遺贈）56名
　○財産法一般　223名
　　①　不動産、共有、地役権等、先取り特権、抵当権　68名
　　②　居住用および業務用建物賃貸借契約　318名
　　③　借地契約および農業法　22名
　○民事責任、保険、交通法　321名
　○契約法　153名
　○裁判法一般　30名
　　①　差押え　62名
　　②　国内および国際仲裁　50名
　○企業法務　227名
　　①　会社法　137名
　　②　会社清算、破産　57名
　○商法　462名
　　①　商契約、代理店契約、商品供給契約、フランチャイズ契約　196名
　　②　競争法、商行為、消費者法、製造物責任　118名
　　③　銀行法、信用法　66名
　○輸送法（陸上、航空、内水路）および海商法　29名
　○知的所有権（著作権、特許権、商標権、意匠権）83名
　○社会法一般　141名
　　①　労働法　167名

② 社会保障法　36名
○税法一般　94名
　① 直接税（個人および法人）　80名
　② 間接税　41名
○刑事法　120名
○公法一般　54名
　① 憲法および行政法　26名
　② 都市開発および環境法　46名
　③ 政府契約　26名
　④ 公務員法、公社法、教育法　15名
　⑤ 軍事法　8名
　⑥ 外国人法　35名
○人権法　20名
○国際法一般　68名
　① EC法　71名
　② 国際私法　58名
　③ 国際公法　6名
○その他
　① データ処理法　48名
　② 薬物および医療法　34名
　③ スポーツ法　19名
　④ その他　1名

ブリュッセルで弁護士の従事している分野の大体の傾向が看取されるように思う。

(2) フランス

　フランスは、以前からベルギーと同様の制度を有しており、ベルギーも前記制度の採用にあたってはフランスの制度を参考にしたと思われる。パリ弁護士会のリストに見られる専門分野は、以下の通りである。

　一般（注：何でも扱うゼネラリストとしての表示）、遺言による贈与、家族法、取引法、商契約、銀行・証券・信用法、社会法、労働法、社会保障法、刑事法、経済犯罪法、行政法、不動産法、建設・都市計画・環境法、不動産担保権（抵当権等）および競売法、不動産賃貸借法、コンピュータ

一法、著作・芸術品に関する法、工業所有権法、民事責任および保険法、保険法、薬物および医療法、倒産法、債権回収法、競争および消費財の供給に関する法、競争および商品供給に関する法、競争および商品供給（価格規制、販売拒否）に関する法、消費者法、輸送法、海商法、航空法、税法（関税および為替）、個人税法、間接税（付加価値税）法、法人税法、通関法、フランスへの外国からの投資およびフランスからの海外投資に関する法、EC法、通信法、マスコミ法、広告法、農業法、鉱山および石油法、収用法、人権法、国際法、国際私法、国際取引法、訴訟および仲裁、外国法（英米法、イタリア法、イスラム法、アフリカ法、極東法、ドイツ法）

　人数としては、一般、商契約、競争法等の諸分野に登録している弁護士が相対的に多いようである。パリ弁護士会の場合は、弁護士の人数が多いので、専門分野は、このようにきわめて細分化されているが、人数の少ない地方の弁護士会の場合には、分野の数は当然少なくなっている。実際、ソンム弁護士会の例を見ると分野は、11に区分されているに過ぎない。

　(3) スペイン

　スペインについては、詳述しないが、やはり類似の専門分野の区分けを有するリストの作成が15～16年前から行なわれている。マドリード弁護士会に関しては、ゼネラリストは相対的に少数で得意分野を有する弁護士が多いとのことである。分野別では、労働、商事・会社関係を専門とするものの数が多く、労働を専門とする弁護士が多いのは、労働組合の力が強く、解雇事件を中心に多くの訴訟があるためと言われる。このため、使用者側、労働者側それぞれの弁護を専門とする弁護士集団が形成されている。

　(4) ドイツ

　ドイツも同様の制度を有している。たとえば、ケルン弁護士会のリストには、約30の専門分野が記載されている。そこには、刑事事件、少年事件、宇宙法、海商法を始めあらゆる分野が含まれている。ただし、後述するように、労働法、税法、社会保障法、行政法という4分野については、他の専門分野とは異なる扱いがなされており、これらは区別して考えなければならない。1990年4月現在、この4分野の専門家と認められている弁護士数は、ドイツ全体で以下の通りである。

　　行政法　　　314名
　　税法　　　　2,167名

労働法　　　952名
社会保障法　200名　（計3,633名）
　これら4分野の専門家は、個人ないし小規模の法律事務所において増加の傾向にある。これは、専門家としての表示を認められることが小さい事務所にとって知名度を高める大きな機会と受け止められているからであろう。

3　制度の中身
　ここでは制度の内容を検討してみる。
　(1) ベルギー
　まず、専門弁護士リスト作成の有無は、各単位弁護士会の裁量となっており作成が義務付けられているわけではない。弁護士の同リストへの登録も義務ではない。しかし、ブリュッセル弁護士会の例をみると少なくとも半数以上の弁護士がそのリストに自らを登録している。ただし、大規模法律事務所の弁護士は必ずしもリストの利用に積極的ではない。
　リストへの登録については特に要件があるわけではない。リストは毎年作成されるが、弁護士会の事務局に対する弁護士よりの自己申告に基づいて作成されるものであり、その申告に対し何らかの審査が行なわれるわけではない。したがって、当該専門分野の経験をまったく持たず、ただその分野の事件を取り扱いたいという意欲を持つだけの弁護士であっても真実に専門家である弁護士と同様にこのリストに登載される。弁護士会は、リストの内容については、何らの責任を負わない。したがって、このリストが果たしてどこまで依頼者に対して有効な情報を与えるものであるか疑問視されてもいる。
　リストは、一般にも公開され、たとえば、弁護士に依頼しようとする者は、弁護士会へ行けばそれを見ることができる。一方、このリスト以外（たとえば、レターヘッド、看板）で専門についての表示を弁護士が行なうことは禁じられている。
　なお、リストは、弁護士が誰でもあらゆる種類の事案を取り扱うことができる点に言及するとされている。
　(2) フランス
　フランスの場合もリストへの登録は、すべての弁護士が行なっているわけではなく、登録について特に要件があるわけでもない。登録手続は、毎

年弁護士会から送られてくる用紙に記入して送り返すだけである。複数の分野に登録することも可能であるが、最大4つまでとされている。依頼者のリストへのアクセスも可能である。このリスト以外に専門分野の表示が許されないのもベルギーと同様である。

(3) スペイン

スペインのリストは、実物を見ることはできなかったが、むしろ通常の弁護士名簿に弁護士の氏名、連絡先とともに専門分野の記載を認めるもののようである。この名簿は、弁護士会に対して申告することにより毎年作成される。名簿は、一般に公刊・販売されるものではないが、やはり弁護士会等で閲覧可能である。これ以外に専門分野の表示・宣伝が認められないのも前記二国と同様である。ただし、スペインでは、税法に関してのみ、他の専門分野と異なる扱いが事実上記められており、たとえば、名刺・レターヘッドなどで表示を行なうことが許容されている。この分野は、弁護士と他の職種（会計士事務所等）との競合領域であり、競争が激しく、この分野を通じて非弁護士が一般法律業務に事実上参入するなど種々の問題が生じている。このため、現在この分野を規制する立法を政府が準備中と伝えられている。

(4) ドイツ

弁護士は、4つの例外を除いて自由に自分の名前を特定の専門分野にのせることができ、弁護士の資質については、何のコントロールもされず、広告がこのリストへの登載以外禁止されているのも他国と同様である。

ドイツが他国と異なるのは、前記4つの専門分野について他の分野と異なる扱いをし、それらについては弁護士に一般への表示を認める（たとえば、レターヘッドにその表示が行なわれる）一方、専門家としての資質の有無を弁護士会が審査するという制度を有していることである。これら4分野については、それぞれを管轄する特別裁判所が存在しており、そのことが他と異なる扱いをする一つの理由と考えられる。したがって、以上の4分野の専門家として自らを表示しようとする者は、まず、単位弁護士会に申請しなければならず、申請を受けた弁護士会は申請者の資質について審査する。審査の対象は、通常、第一に、当該分野に関する実務経験（普通、3年以上の経験が必要である）、第二に学問的経験（当該分野について特別の課程を受講した等）、第三に訴状・準備書面等、その分野について

申請者が起案した書面、第四に、訴訟を実際に担当した経験で、これらを検討して弁護士会が判断を下す。認められた専門家の場合、個人事務所の場合でも通常、業務の過半は、当該専門分野の仕事により占められていると言われている。

現在、既存の４分野に加えて刑事法についても同様の制度を導入すべきではないかという議論が活発に行なわれており、推進派は、依頼者が専門家を識別することの容易さを根拠としている。

オランダの状況

オランダは、ここまで説明してきた４カ国とはいささか異なる行き方を示している。1989年、オランダ弁護士会は、従来の広告規制を変更し、弁護士がレターヘッド等において自己を特定分野の専門家である旨表示することを認めた。専門家として表示しうる分野については何の制約もなく、また、その表示にあたって、特に要件（実務経験等）もない。ただし、依頼者は、専門家と称した弁護士がそれに見合った能力を有していないと判断した場合は、弁護士会に対して苦情申し立てを行なうことができる。現在までのところ、弁護士会が受理したその種の申し立ての数は少ないと言う。

新しい制度の導入と時を同じくして、特定分野の専門家たらんとする弁護士の集団が各種結成された。現時点で、人身事故を扱う弁護士協会、離婚事件を専門とする弁護士協会、労働事件を専門とするロッテルダム弁護士協会が活動を開始しており、さらに幾つかの同種の弁護士集団が設立準備中である。これらの組織では、各組織の内規で定める基準を満たす弁護士を会員として受け入れており、弁護士の側では、これらの組織への参加を広告宣伝の機会ととらえている。現在までのところでは、必ずしも十分には行なわれていないが、今後これらの組織は、弁護士研修の組織や会員の資質維持に重要な役割を果たしていくものと期待されている。

なお、専門分野の表示の許容について、いわゆる大規模法律事務所の関心は必ずしも高くなく、むしろ小規模の事務所の弁護士が、専門分野の表示により利益を受けるとみられている。このため、専門弁護士組織の形成もむしろ小規模の弁護士事務所が扱うことの多い法分野でむしろ進展する傾向がある。したがって、今のところ、会社法、EC法等大規模事務所が

扱うことの多い分野での組織結成の動きはない。

専門化の実情

　以上、各国の制度の視点から専門化について見てきた。ここでは、その視点から離れて、専門化一般についての概観を試みる。
　ヨーロッパにおいても弁護士の専門化の進展を一般的傾向として指摘することは可能である（たとえば、スペインの弁護士は、最近専門化がより進んでいる領域として、EC競争法、知的所有権の分野をあげていた）。
　とりわけ、大規模ローファーム（その規模は、英米に比べれば小さく、弁護士全体の中では未だ例外に属するが、近年拡大する傾向にある）の中で専門化が進展しつつあることを否定するものはいない。ただし、この場合の専門化もアメリカに比すると、より緩い専門化が念頭に置かれているように思われる。換言すると、一つ一つの専門分野の範囲が相対的にアメリカより広いような印象を受ける。たとえば、フランスの弁護士は、アメリカのような細分化された専門化にはむしろ批判的であった。
　他方、それ以外の個人ないし小規模な事務所においても、大多数の弁護士はどんな種類の事件も扱う（たとえば、ドイツでも80％以上の弁護士は、あらゆる種類の事件を扱う一般弁護士であると言われる）と指摘される一方で、専門弁護士リストに見るように幾つかの専門分野を有するという形態での専門化の進展（少なくとも、弁護士の専門化への指向）を看取できるように思う。もっとも、生計の大半を特定の専門より得るという意味での専門化は、日本と同様に特定の限られた分野でのみ進むと見るものが多い。
　専門化の進展については、当然のことであるが、大都市と地方で大きな差異があり、その傾向は今後も続くと見られている。
　従来、専門家となるための道筋は、日常の業務を通じた経験の蓄積がすべてであった。同種の事件を多く取り扱うことによって自らの知識・技術を高めていく方法である。しかし、近来は、それに加えて各種セミナーへの参加等の研修を継続的に受けることが併用される傾向が出てきている。たとえば、EC法の分野では、高額な参加費を必要とするセミナーが頻繁にブリュッセルないしロンドンで開催されており、EC法を専門とする者にとってこれらのセミナーへの参加は、無視することができない。この意

味では、専門化が積極的な投資および継続的教育を必要としてきたと言うこともできよう。

最後に

　弁護士の専門化は、社会の側からの弁護士に対する要請と司法制度内部での当該専門業務の成立可能性という二つの要因に支配されて進展せざるをえない。たとえば、スペインで医療過誤の専門弁護士がいない理由として、裁判所が原告の主張をほとんど認容しないことが指摘されたし、ドイツでやはりその種の弁護士がいないことには、アメリカのような成功報酬が認められていないことが原因として指摘された。その意味で本質的に、弁護士の専門化は受動的たらざるをえない。
　しかし、それらの条件が存在する場合に、専門化にどのように対処するかは、きわめて政策的な問題である。ここであげた各国では、いずれも弁護士の専門化を主として業務対策と依頼者の利益の統合という視点から捉え、広告規制と関連して弁護士会を中心にそれに対応する専門分野の表示制度の整備を図っている。同様の論点は、将来日本でも検討が必要となる可能性なしとしない。そして、その際には、制度は、大規模事務所（これらは、セミナーの開催、ニュースレターの発行等様々な形で自己の知名度を高めることが可能である）ではなく、小規模な事務所にとってよりメリットがあるという指摘、および専門分野が必ずしも先端的な新しい分野についてだけでなく、弁護士の伝統的な業務分野についても同様に観念されている事実（フランス、ベルギーのリストよりこの点は明らかである）には十分に留意する必要があろう。

　本論稿のための聞き取り調査に快く協力し多くの時間を割いて頂いた Alliance of European Lawyers 傘下の Thomas Oerter（Boden Oppenhoff Rasor, Raue 法律事務所、ドイツ）、Gerwin van Gerven（De Bandt, van Hecke & Lagae 法律事務所、ベルギー）、Erik Pijnacker Hordijk（De Brauw Blackstone Westbroek 法律事務所、オランダ）、Christophe Raux（Jeantet & Associes 法律事務所、フランス）、Juan Manuel Rozaz Valdes（Uria & Menendez 法律事務所、スペイン）の各弁護士に心より御礼申し上げる次第である。

大陸法諸国における「法曹一元」的対応——ヨーロッパ大陸諸国における裁判官任用制度についての考察

序——大陸法諸国と「法曹一元」

　日本の「法曹一元」をめぐる現在の議論は、どのような問題意識に基づくものであろうか。

　歴史的経緯はさておき、最近の日本における議論は、「日本の司法においては、職業裁判官（キャリア）制度に依拠した官僚司法が強化されたために、裁判官の独立が弱体化し、違憲立法審査権の基本的不行使状態を始めとして、司法が機能不全に陥っている」という認識を基礎としている[1]。このため法曹一元は、司法民主化の文脈において語られることが多く、法曹一元は、司法民主化の「究極の姿」であり、「もっとも望ましい制度」と主張される[2]。

　ところで、そのような問題意識への対応は、本来、法曹一元制度の採用に限定されるわけではない。後述のようにヨーロッパ大陸の大陸法諸国は、基本的にキャリア裁判官制度を採用しており、アメリカ・イギリスに見られるような法曹一元制度は採用していない。しかし、それらの各国においては、キャリア裁判官制度の弊害に対応するために様々な工夫がなされ、相当程度に機能している。それらは、裁判官の市民的自由の拡大[3]、裁判官組合の許容[4]、裁判官研修の改善[5]から、裁判官選任制度の多様化まで様々であり、キャリア制度を採用している諸国が、常に日本のような問題に悩んでいるわけではない。したがって、前述の問題意識に応えるためには、本来は、それらの諸対応をも合わせて検討し、全体として各国の司法制度がどのように機能しているのかを明確にしなければならないはずである[6]。しかし、本稿では、筆者の能力・紙数の関係から、日本において法曹一元制度の文脈で論じられる弁護士任官・非常勤裁判官など裁判官の任用制度に見られる「法曹一元」的対応だけを検討対象とする。

　なお本稿では、「法曹一元」を、弁護士を実務法曹の基本として位置付け、一定期間の弁護士経験を有する者を中心とした一定の法曹有資格者から裁

判官を採用する制度であると広く定義して、論述を進めることとする[7]。

大陸諸国における裁判官任用制度――多様なキャリア制度

1 始めに

以下では、ヨーロッパ大陸諸国のうちフランス・ドイツなど複数の国を選び、それらにおける裁判官任用制度を考察する。アメリカ・イギリスと異なり、ヨーロッパ大陸諸国はいずれも職業裁判官制度を基本的に採用している。しかし、その内容には国ごとに相当程度の差違があり、キャリア制度の弊害への対処の仕方も国によって異なる。

対象国の選択は、主として資料入手の便宜によっている。ところで、各国において、裁判官は複数の種類に区分され、それぞれ異なる任用方法が用いられる場合がある。特に、最高裁など上級審の裁判官と下級審の裁判官の任用とでは、異なる方法によることが普通である。本稿は、一審裁判所など下級裁判所裁判官の任用だけを対象としている。

また、以下の検討において留意しなければならないことは、前項で指摘したようなキャリア裁判官制度への批判は、ヨーロッパ大陸諸国においては日本と同程度には共有されていないことである。

司法制度について緊急な対応が最近議論されているのは、たとえば、訴訟の遅延に対する対処の必要性である。ベルギーでは、遅延の解決のために、高裁レベルについて非常勤裁判官を大学教授ないし20年以上の実務経験を有する弁護士から選任し、裁判所に設ける特別部に所属させ、通常の裁判官と同じ業務を遂行させるという改革が進行しつつある[8]。これは、法曹一元の方向性に沿った変化であるようにも見えるが、その動機は日本とは異なる。また、裁判官任官後の研修のあり方も議論されている。たとえば、「欧州評議会（Council of Europe）」は、政治・文化・法律という各分野において広範な活動を展開する欧州の地域的国際機構であるが[9]、司法制度分野では、民主主義社会において基本的な価値を保証するためには、裁判官・検察官の任官直後の新任研修およびその後の継続的研修が重要であると認識し、1995年4月に、裁判官・検察官の研修についての情報交換を目的とした国際会議を開催している[10]。これは、東欧諸国の社会主義体制からの移行を主として考慮したものである。

制度の比較にあたっては、このような日本との事情の相違を前提としなければならない。

2 ドイツ[11]

(1) 裁判官の任命資格

まずドイツにおける裁判官の任命資格から順次検討する。

裁判官と検察官の任命資格は同一であり、三つの要件が法定されている。すなわち、志望者は、第一に、ドイツ国籍を保有し、第二に、自由民主主義的な憲法体制を保証する意思を有し、第三に、職務を遂行できる資格を持っていなければならない。そして、この最後の要件を満たすためには、大学教育と実務教育という二段階の法律教育を終了する必要がある。なお、これらの教育を終了するために必要な期間は、他の大陸諸国において法曹資格取得に要する期間よりも長期に及んでいる[12]。

(2) 司法試験と実務修習

法曹養成の第一段階は、州ごとに行なわれる第1回法律国家試験（修習生試験）によって終了する最低3年半の大学法学部教育であり、大学教育の主要な目的は、法曹資格取得後に実務で直面するような具体的問題の解決能力を発展させることに置かれている。試験合格者は、「司法修習生（Referendar）」として養成の第2段階に進むことになる。

第2段階は、第2回法律国家試験（試補試験）により終了する2年の実務修習期間である[13]。実務修習は、民事裁判所・刑事裁判所等の義務的修習機関と立法機関・特別裁判所（行政・労働・社会・財政の各裁判所）・企業・国際機関等の選択的修習機関で行なわれる修習およびその他の養成学習課程より成る[14]。そして、第2回試験に合格した者には、法曹資格が与えられ、有資格法曹として弁護士・検察官という他の法曹への資格とともに裁判官への任命資格が与えられる[15]。

(3) 裁判官の任用

ドイツには、連邦裁判所と各州の州裁判所がある。本稿では、後者のみ検討する。

州裁判所の裁判官は、法曹有資格者の中から各州によって採用される。採用のための競争試験が新たに行なわれることはない。通常の場合、裁判官志望者は、第二次国家試験受験後、各州の裁判官採用を担当する大臣に

自らの採用を申請する。州の所管大臣は、裁判所の種類により異なり、司法大臣は通常裁判所の裁判官を任命する。行政裁判所および租税裁判所の裁判官の選任も司法大臣が担当することが普通である。これに対して、社会裁判所および労働裁判所の裁判官の選任は、州の社会保障ないし労働問題担当の大臣が行なうことが多い。

州によっては、司法大臣による任命に、裁判官選出委員会の同意が必要とされる場合がある。選出委員会は、州議会議員・裁判官・弁護士などにより構成される。この場合、大臣は、選出委員会の承認がない志望者を採用することはできない。

ドイツ基本法33条2項は、公務員の採用基準を定めている。州裁判所に勤務する裁判官は州の公務員であり、基準を満たす限り、志望者には裁判官への平等な任用機会が保障されることになっている[16]。実際には、任用にあたっての決定的要素は、試験の成績であり、特に第2回国家試験の成績が重視される。しかし、試験の成績を主に選抜すると、裁判官の職務を遂行するのに適さない者を採用してしまう危険性がある。このため、試用期間が設けられている。すなわち、採用後3年ないし5年間は、見習い期間であり、試用裁判官として勤務し、その後定年までの身分保障を与えられる終身裁判官に任命される[17]。裁判官に不適格である者は、この試用期間中に解任されることが予定されており、実際にも試用期間中の裁判官が自主的に退職したり、解任されることは必ずしも珍しくない。

このようなドイツの裁判官任用制度に、批判がないわけではない[18]。たとえば、裁判官は実務修習後ただちに任官するのであるから、任官時の年齢は若く、31～32歳以下であることが普通である。このような若年齢は社会経験の不足を意味し、そのため訴訟当事者および弁護士に裁判への信頼の念を起こさせることができないと指摘される。また、任官後の裁判官の昇進制度と比較的若年での採用は、裁判官に保守的な傾向を醸成する。このため、裁判官は、自ら法原則を発展させることに消極的であり、単に既存の法を適用することに満足しがちであるとも批判される。これらの指摘は日本と問題意識を共通にするが、このような欠陥を克服するために、法曹一元が提案されているとの事実は確認できなかった。

(4) 小括

このようにドイツは、基本的に日本と類似したキャリア裁判官制度を採

用しており、法曹一元的要素は、任官前の実務修習の段階に限定されている。もっとも、司法研修所のような統一的な法曹養成機関はなく、実務修習は各実施機関によって分担されている。そして、第2回試験合格後、法律家としての進路がいったん選択されると、その後の各職種間の移動は、実際には限定されている[19]。

ただし、ドイツには、司法制度への市民参加の長い歴史があり、現在も様々な裁判所において市民参加が実現し、裁判官の知識・経験を補充していることに留意しなければならない。すなわち、刑事裁判には、4万名以上の「素人（名誉職）裁判官（Laienrichter）」が職業裁判官とともに裁判所を構成する参審制が採用されており、「区裁判所（Amtsgericht）」においては、法定刑が懲役1年以上の事案が、参審制の裁判所によって裁かれている[20]。民事裁判への市民参加は、刑事裁判ほど進んではいない[21]。これに対して、労働・社会・行政など一連の特別裁判所においては、市民参加は活発である。たとえば、第1審の労働裁判所の場合は、職業裁判官1名・非職業（素人）裁判官2名によって裁判所が構成され、連邦労働裁判所の場合も、3名の職業裁判官と2名の非職業裁判官によって裁判所が構成される。非職業裁判官は、雇用者側・労働者側双方から選任される。これらの非職業裁判官は、裁判官・裁判所職員・市民によって構成される委員会によって、地方自治体が4年ごとに作成して、地方裁判所に提出するリストから選抜される。彼らは非常勤であり、少額の報酬を受け取る[22]。

3　フランス[23]

(1) 司法官の分離養成

フランスの裁判所は、行政裁判所と通常裁判所の二系列が、完全に分離されている。以下は、私人間の紛争を処理する通常裁判所についてのみ検討する[24]。

フランスもキャリア裁判官制度を採用している。フランスでは、職業裁判官と検察官の全体を司法官として同じ方法によって採用・養成するが、それは弁護士の養成とは分離されている。司法官は、修習期間のごく一部を弁護実務修習にあてるだけであり、両者は一般にも異なる職業として認識されている。その意味で、フランスの制度は、法曹一元とはかけ離れた制度である。

裁判官を含む司法官の任用方法は、第一に、競争試験による司法官試補の採用であり、第二に、試験によらない司法官の直接採用である。前者が主たる任用方法となっている。

(2) 競争試験による任用

競争試験は、「国立司法学院（Ecole Nationale de la Magistrature)」への入所資格を付与するために行なわれる。司法学院は、1970年に、従来の司法研修所に代わって設立されたものであり、新人裁判官採用方法の改善・裁判官の職業的技能の保証・司法官の地位向上を目的とする、司法省管轄下の機関である。

実施される試験は3種類ある。第一は、「学生のための競争試験（concours externe)」であり、バカロレア（大学入学資格）取得後の4年間の大学教育により得られる高等教育学位（法学部であれば、第2課程終了者[25]）を有する27歳以下の志願者に対して行なわれる。第二は、「公務員のための競争試験（concours interne)」であり、行政府部内で最低4年の勤続経験を有する40歳以下の公務員である志願者に対して行なわれる。学位保有は、受験のための要件ではない。ただし、学位を有しない者は、受験前に数年間の準備過程に参加するのが普通である[26]。

これら二つの試験は基本的に同じ試験であり、一つの試験委員会が両者を実施し、同じ基準によって合否が判断される。そして、前者の試験により採用される司法官が数としては圧倒的に多く、後者の試験による採用数は、前者の試験の約20%にとどまる[27]。前者の倍率は、近時高くなっており、たとえば、1993年は16倍、1994年は18倍であった。これに対して、後者の試験の受験者は減少傾向にあり、本来予定されていた定員を充足できない場合も生じている[28]。

以前は上記2種類の試験のみであったが、1992年に、「第三の種類の試験（troisieme concours)」が導入された。この試験は、民間において8年以上の職業経験を有する者、地方自治体の議員または非常勤裁判官の職務経験を有する者を対象とし、1996年に初めて実施された。試験は、受験者の職業に応じた修正を加えてなされるが、合格には他の2種類の試験と同じ水準が求められ、採用数の5ないし10%がこの試験の合格者に割り当てられることが予定されている[29]。

これらの競争試験に合格した者は、司法官試補に任命され、司法学院に

入所し、31カ月の修習を受ける。修習終了時には、最終試験が行なわれ、合格者は司法官に任命される。司法学院における成績は、司法官の任用・昇進に大きく影響し、当初の任命の際には、志願者は、成績順に任命可能なポジションを選択することができる[30]。

(3) 司法官への直接任用

以上のような競争試験のほかに、国立司法学院を経ないで、直接に司法官に任官する方法がある。すなわち、バカロレア取得後4年間の大学教育による学位を保有し、かつ司法官の職務に適する職業経験を有する者は、直接に司法官候補者となることができる。司法官の地位には、職階制がとられているが、候補者は、第2級の官職（大審裁判所部長裁判官、同首席裁判官など）に任命されるためには最低7年間の、第1級の官職（控訴院裁判官など）に任命されるためには最低17年間の実務経験を持っていなければならない。さらに、候補者が司法官に任命されるためには、破毀院院長が議長を務める委員会の同意が必要である。候補者は6カ月間の研修に参加し、研修終了時に司法官としての適性を評価される。この方法による任命は、年度により採用数の25ないし30％に達する場合もあったが、現在は10％程度にとどまっている。なお、選任される候補者は、実際には弁護士、公務員、民間企業の法務部員として実務に就いていた者が大半である。

(4) 小括

フランスにおいては、行政権に対する司法官の独立強化が、裁判官の任命に関する司法官職高等評議会の権限を強化することにより最近なされた[31]。また、不可動性の原理、それを具体化する昇進制度など、裁判官の独立を阻害する危険を除去するための制度を整備する努力が継続され、これにより裁判官への政治的影響力は担当程度遮断されている[32]。

他方、現行のキャリア制自体を法曹一元的に変革しようという問題意識は、フランスでは見られない。しかし、裁判官の給源の観点から見る限り、キャリア制自体の中に、多様な人材を確保するための仕組みがすでに組み込まれている。すなわち、前述のように競争試験は多様化され、試験を経ない任用の途もあり、弁護士を含めて様々な経験・経歴を持った人材が相当数、司法官に採用されている[33]。さらに、司法裁判所・行政裁判所のほかに、参審制の特別裁判所が広く存在することにも注意しなければならない。これらは、商事裁判所・労働裁判所・農事賃貸借同数裁判所・社会

保障裁判所・少年裁判所などである。これらの裁判所の裁判官は、選挙によって選ばれた素人裁判官を中心に構成されているのである[34]。

4 スペイン[35]

(1) 司法権総評議会

スペインにおける裁判官の任用は、「司法権総評議会（Consejo General del Poder Judicial）」の権限に属している。同評議会は、司法制度全般を監督する権限を付与され、裁判官の任用だけでなく、任用後の研修・裁判官の懲戒に関する権限も与えられている[36]。同評議会は、議会が任命する20名の委員によって構成され、裁判官の任命について、自主的に行動することができる。この制度の特徴は、第一に、憲法上の機関が、裁判官の選任を担当していることであり、第二に、一部の裁判所を除いて、法曹資格を有すること（法学位を取得していること）が裁判官の要件であり、第三に、裁判官には公務員として終身雇用が保障されていることである。

従来、裁判官の任用および新任研修は、司法省の権限に属していた。しかし、1994年11月に司法改革の一環として制定された機構法によって、同評議会が裁判官の選任と新任研修に責任を負うようになったのである。

(2) 裁判官の任命資格

裁判官に任命されるためには、裁判官の研修のための施設である「裁判官研修所（Centro de Estudios Judiciales）」に入所しなければならない。入所の方法は2種類ある。第一は、通常の競争試験の合格である。試験は、必要な法律知識の習得を確認することを意図しており、受験には、法学位を有することが条件である。第二に、志望者が、弁護士・大学教授などとして最低6年間の実務経験を有する場合には、上記試験とは別の面接試験の結果により、入所を認められる。面接では、法律知識だけでなく実務経験も評価の対象となる。そして、入所した裁判官候補者は、最低2年間の理論および実務研修を受けることになる。

選抜される人員は、前者の競争試験によるものが主であり、前者により選ばれる者が3に対して、後者により選ばれる者が1の割合が維持されている[37]。以上は、下級審の裁判官についてであるが、上級審の裁判官についても、その3分の1は、最低10年の実務経験を有する優秀な実務法曹より選出されることが通例となっている。

(3) 小括

このようにスペインにおいては、キャリア裁判官制度を基本としながら、上級審・下級審を問わず、裁判官の少なからぬ一部が、常に一定期間の実務経験を有する弁護士から供給されるようになっており、ここに法曹一元的対応を見ることができる。

5 オランダ[38]

(1) 司法官試補と外部法律家

オランダにおいても裁判官と検察官は、ともに司法官として同様に扱われている。

オランダの司法官は、司法官試補として6年間の研修終了後に任命される若年の法律家と外部から採用される実務経験のある法曹の双方によって構成されている。最近では、両者の割合は、ほぼ一対一となっている。これは、同様の経歴を有する者だけが裁判官に任命されることを避けるために採られた方策であり、異なる経験を有する法律家が混合されることが司法部にとって重要であるとの認識に基づいている。

(2) 司法官試補の任用

司法官試補に任命されるための要件は、年齢30歳未満で品行方正なオランダ国民であり、オランダの法学位を取得していることである。司法官試補は、1990年代前半には、毎年2回各25人ずつ採用されていた。志願者は、約450人程度であり、この中から数カ月に及ぶ選考試験により選抜される。試験の内容には、法律知識だけでなく、一般教養・知能試験・性格に関する心理テストなども含まれる。また、面接試験を行なう考査委員会には、裁判所・司法省からの委員のほかに、外部の第三者が社会を代表する立場から加えられている。この第三者委員には、現実には、ジャーナリスト・弁護士・大学教授などが選ばれている。委員会は、すべての志願者について予備的な意見を採択し、その意見は心理テストの結果と比較検討される。その後各委員は、最終的な採否決定のために、各志願者について、任官の動機・法律試験の結果・裁判官としての資格・社会的関心・協調性・勤務態度・バランス感覚等の各項目について、2ないし9点の範囲で採点する。満点は360点であるところ270点が合格最低点とされているが、実際には、合格者は300点以上を得点している。このような方法を採ることにより、

委員会は、可能な限り客観的に、委員の主観を評価しようとするのである。委員会は、上位25人の採用を司法省に勧告し、司法省は勧告された志願者をそのまま任命するのが通常である。

(3) 外部法律家の採用

外部法律家が司法官として採用されるためには、以下の要件を満たす必要がある。すなわち、第一に、オランダ法の学位を取得し、第二に、弁護士・企業内弁護士・大学教員・公務員などとして最低6年間の法律家としての実務経験を有し、第三に、オランダ国籍を保有し、第四に、品行方正であり、第五に、50歳以下であり、第六に、協調性を有することである。選任手続は、別の考査委員会によって行なわれ、任用された後は、志望者は、自らが裁判官として勤務する種類の裁判所に、初任研修のためのポジションを見つけることができる。

(4) 小括

オランダもキャリア裁判官制度を採用しながら、多様な経歴の法律家を採用するための制度を構築している。すなわち、司法官試補については、選任のための考査委員会に第三者委員が入ることにより、それを担保しようとしている。また採用人員の半数に達する外部法律家の採用により多数の弁護士が任官しており、部分的に法曹一元が実現しているとも評価できよう。なお、オランダにおいては法学位の取得と弁護士資格が直結していることを考慮すると、弁護士以外の者もいずれも弁護士有資格者である[39]。

6 総括

以上のように、これまで検討してきた大陸諸国は、いずれも職業裁判官制度を採用しながら、裁判所が、社会経験に乏しい裁判官によってのみ閉鎖的に構成されることを避けるために、様々な工夫をこらし、いわば純粋なキャリア裁判官制度を相当程度修正している。その方法は、第一に、キャリア制度と一定の経験を積んだ弁護士等の実務法曹から任官させる制度を組み合わせることである。これは、キャリア制度の弊害に対する法曹一元的対応とも評価でき、スペイン・オランダなどでは、裁判官層の相当部分が弁護士出身者によって占められている。これまで検討した各国のほかに、たとえば、ポルトガルでも任官には司法研修所での修習が必要であるところ、実務経験を有して一定の条件を満たす法曹については筆記試験が

免除され、全体の採用人数の5分の1までは、この種の志願者を採用することが認められている(40)。第二は、法律家以外の素人裁判官を裁判所の審理に参加させる参審制を利用することである。これは、ドイツ・フランスにおいて顕著である。またオランダにおいても、特別裁判所である社会保障裁判所・企業裁判所などでは、素人裁判官が合議体に参加するようになっている(41)。第三に、社会経験の乏しい若年の法律家を裁判官に採用する場合であっても、採用時点でなるべく多様な人材を採用するための制度を整備することである。法曹界以外の有識者を加えたオランダの考査委員会は、その例である。

大陸諸国は、いずれも純粋なキャリア制度の弊害・限界を良く認識し、それゆえに、これらの方法を採用して、キャリア制度に伴う弊害をできるだけ最小限に押さえこもうとしていると評価できるであろう。

スウェーデンにおける法曹一元の議論(42)

1 議論の経緯

ここまで検討してきた各国についても、キャリア裁判官制度への問題意識に関する限り、我が国との共通点を見いだすことができる。もっとも、それらの国では全面的な法曹一元の実現を目指した議論の存在は必ずしも確認できなかった。しかし、同様にキャリア制度を採っているスウェーデンでは、そのような法曹一元の実現が真剣に議論された経過がある。すなわち、1972年に法務大臣は、裁判官制度調査会に、当時のキャリア制度の短所として、若年で任官した場合、それ以上の審査を受けることなく正規の裁判官職にまで昇進できること、裁判官層がその他の社会活動ならびに社会の各層に妥当する価値判断および見解から孤立する危険を包蔵していることを各指摘して、裁判官層に他の社会領域からの経験を保証するための改革の検討を指示した(43)。そこでは、裁判官としての職務以外の社会経験が裁判官の職務遂行にきわめて重要であることが強く認識されている。

2 調査会報告の要点

指示を受けた調査会は、1974年に報告書を提出した。報告書は法務大臣の指示と同様に、裁判所に、外部の弁護士・検察官などから異なる経験が

供給されることの重要性を強調し[44]、そのための制度を模索する。そして報告書は、基礎的裁判官養成教育を終了した者は、非正規の裁判官職[45]に採用される一部の者を除いて、他の職域に活動の場を求め（具体的には、検察庁・国家行政機関・地方自治体・法律事務所・民間企業など）、そこで必要な社会経験を取得すべきであると考え、そのよう経験を取得した者の中から、正規裁判官の多数が採用される制度を構想する。そこでは、基礎的裁判官養成教育を受けていない者から採用する可能性も併せて考慮されていた。

調査会の提案は、一部を除くと具体的な立法作業に入ることなく葬られ、法曹一元的な改革は実現せずに終わってしまった。しかし、報告をめぐる議論には、興味深い点が少なくない。

3 調査会報告をめぐる議論

調査会報告は様々な議論を呼んだが、裁判官が豊富な社会経験を有するべきであることに異論はなかった。また、他の法曹出身者からそのような経験が供給されることにも反対はなかった。問題は、それを現行のキャリア制度の中で実現するか、それとも法曹一元を目指す抜本的改革によって実現するかの選択にあった。

より詳細に考察すると、報告をめぐる争点の第一は、裁判官が社会から孤立化する危険性の評価であり、報告の立場と異なり、この危険性はそれほど大きくないと主張する意見もあった。たとえば、スウェーデン裁判官協会は、裁判官は職務を通じて様々な社会問題に接することに加えて、素人裁判官との共同作業を通じて、彼らの経験を受け継ぐことができるという理由で、裁判官層の孤立化の危険を否定し、報告に従った制度改革に反対した[46]。また、弁護士会もキャリア制度を積極的に評価し、裁判官層が孤立化する危険をやはり否定した[47]。

争点の第二は、孤立化の危険性または裁判官の経験拡大の有用性を認めたとしても、それに対する対処方法についてである。たとえば、調査会報告には、専門員の特別意見が付されているが、特別意見は、孤立化の危険を認識しながらも、養成教育終了者にいったん裁判所外で働かせる制度は、優秀な裁判官の継続的供給を妨げる危険があるとして、その採用に反対している[48]。弁護士会の意見も、報告による改革は、裁判官の質的低下を

もたらす危険があると述べる。弁護士会は、キャリア制度を維持した上で、異なる法曹間の人事交流を促進するというより緩やかな改革が適切であると考えたのである[49]。質的低下とは、改革を実施した場合、弁護士として成功した者は、裁判官への任官を希望するとは考えられず、他方弁護士として成功しなかった者が、裁判官として優秀である公算は低いという考え方を背景にしている[50]。

4 その後の進展

いったん終了した裁判官制度をめぐる議論は、1980年代に入って再燃する。1984年に法務省は、非正規裁判官の休職制度について大幅な改革を行なった。そして、この時期の議論には、現在の日本と同様にキャリア制度の欠陥を指摘して、法曹一元的な指向を明らかにするものが見られる。すなわち、1984年に弁護士会の機関誌に掲載された国会議員の論説は、最高裁および行政最高裁の裁判官の約半数が行政庁で執務した経験を有する者によって占められていることを重視し、長期の行政経験は無意識に行政よりの判断に結び付く危険があるとして、任命制度の改革を議論する必要性を強調した[51]。このようなキャリア制度への批判は、裁判官内部からもあり、同じ機関誌上において、ある高裁部長判事は、キャリア制度の短所として、長い職業裁判官としての生活から、公衆の実態への理解を欠くだけでなく、国家権力および国家的利益との心的同一性が形成されてしまうと指摘した[52]。これらの諸説は、日本における法曹一元を求める立場と問題意識を共有していると言って良いであろう。もっとも、機関誌上のアンケートによれば、イギリスのような法曹一元制の採用には、法制度の違いを指摘して、それに消極的な意見が少なくなかったことに留意しなければならない[53]。

結語

裁判所が十分に期待される機能を果たすためには、裁判官層が社会における多様な文化・階層・価値観を反映して構成されている必要がある。たとえば、アメリカにおいて判事の多くがアングロ・サクソン系アメリカ人であることが問題視されるのは、まさにそのような文脈においてである。

また、裁判官は、他の権力からの独立を保障されていなければならない。法曹一元制度は、基本的にこれら両者の要請を満たす制度であると評価することができる。

　しかし、キャリア裁判官制度にも、職務の効率性・判例統一の容易さなど長所がないわけではない。ヨーロッパ大陸諸国の女性裁判官の比率の高さなどからして、社会における多様な集団から裁判官を採用するには、キャリア制度のほうが適切であるとの評価すらある[54]。また、大陸法諸国は、本稿で取り上げたヨーロッパ諸国に限らず、一般的にキャリア裁判官制度を採用しており、英米法諸国における法曹一元制度と大陸法諸国におけるキャリア制度は、それぞれに固有な法的伝統であるとも説明される[55]。

　しかしながら、キャリア裁判官制度に弊害のあることは疑問の余地のないところであり、その弊害を取り除くことが常に意識されなければならない。本稿で明らかになったように、そのためにヨーロッパ大陸各国は、法曹一元の概念には必ずしも該当しないとしても、多様な経験・経歴を備えた者を裁判官として受け入れることに積極的であり、それを可能にする制度の整備に取り組んでいる[56]。

　要は、司法がその機能を果たすために適切な裁判官層を構築することが、抜本的な法曹一元の実現によってしか実現しえないのか、それともキャリア制度を前提とした部分的改革によっても達成できるのかであろう。そして、日本における法曹一元の全面的導入が説得力を持って提案されるためには、日本ではなぜ大陸諸国のようなキャリア制度の部分的改革では目的を達することができないのかを明確にする努力が必要であろう。

〈注〉
(1) 日弁連第17回司法シンポジウム運営委員会「第17回司法シンポジウム問題提起・法曹一元を目指す司法改革の実践——国民のための裁判官任用制度を！」（1997年1月）、湯川二朗「国民の司法参加・法曹一元と非常勤裁判官制度」法律時報66巻11号（1988年）35頁。裁判官経験者からも、キャリア制度の限界（過重な事件負担・市民生活上の権利放棄・最高裁事務総局による差別的管理）が指摘されている（秋山賢三「職業裁判官制度と非常勤裁判官」法律時報66巻11号〔1988年〕40頁）。
(2) 日弁連司法基盤整備・法曹人口問題基本計画等策定協議会「2010年への司法

改革——あたらしい時代の弁護士と司法についてのふたつの基本計画」自由と正義49巻4号（1998年）162・173頁。
(3) 最近の新聞報道によれば、組織犯罪対策法案反対の集会に出席し、発言した判事補に対して裁判官分限法に基づく懲戒申立てがなされた（朝日新聞1998年5月2日）。諸外国では、裁判官にも市民的自由が保障されている。たとえば、フランスでは、裁判官の表現の自由が承認されている。もっとも、その自由は公的職務の遂行を妨げないように、慎重かつ抑制的に行使されなければならず（C. Dadomo and S. Farran, The French Legal System 139 〔Sweet & Maxwell, 1993〕）。具体的には、集団示威行動への参加のような明白な政治活動は禁止される（A. West, Y. Desdevises, A. Fenet, D. Gaurier and M. Heussaff, The French Legal System An Introduction 111 〔Fourmat Publishing, 1992〕）。
(4) ヨーロッパ各国では、裁判官組合の結成が認められている（C. Dadomo and S. Farran, supra note 3, at 138; ピエール・リヨン・カーン「ヨーロッパおよびフランスにおける司法官の組合活動」法と民主主義315号〔1997年〕52頁；倉田原志「ドイツにおける裁判官の団結権——労働裁判所裁判官の研究チームへの参加をめぐって」法律時報66巻11号〔1988年〕66頁；ホセ・マリア・メナ・アルバレス「スペインの司法制度の発展と現状」法と民主主義315号〔1997年〕6頁）。
(5) 西川知一郎「フランスにおける司法官研修制度」司法研修所論集86号（1991年）202頁。
(6) これらの諸方策が、日本で過去に検討されてこなかったわけではない。しかし、現実にはこれまでのところ見るべき成果をあげているとは言えない。実は、そのこと自体に大きな問題があるのであるが、その種の改革が成功していない結果として、法曹一元が現時点において議論されているという側面を正面から見据える必要がある。そうでなければ、法曹一元を求める理由は、一般的抽象論の枠組みを出ず、それが真に日本で必要とされ、効果的である理由も十分に説明することができないだろう。
(7) 臨時司法制度調査会意見書（1964年）がすでに指摘したように、「法曹一元」という用語の定義は、確立しているとは言いがたく、現在においても論者により異なる意味に使用されている。本稿は、法曹一元の内容を論じることを目的とするものではなく、本文中の定義は、特に他の定義を排除する意図を有するわけではない。
(8) 本文の記述は、1998年3月にカトリックルーヴァン大学法学部（ベルギー）の Frans Vanistendael 教授よりの聞き取り調査による。同教授は、非常勤裁

判官の研修に関与されていた。
(9)　欧州評議会は、1997年8月末現在でヨーロッパの40カ国が加盟する地域的国際機関であり、本稿で検討対象とした国を含むヨーロッパ大陸の主要国はすべて加盟国である。
(10)　同会議の概要は、Council of Europe, The training of judges and public prosecutors in Europe (Council of Europe Publishing, 1966) によって知ることができる。
(11)　ドイツについては、以下の文献を主として参考にした。村上淳一／ハニス・ペーター・マルチュケ『ドイツ法入門（改訂三版）』（有斐閣、1997年）、Staats, Requirements for admission to the professions of judge and public prosecutor - Selection criteria and means of recruitment in The training of judges and public prosecutors in Europe, supra note 10, at 9; N. Foster, German Legal System & Laws 90 (2nd ed., Blackstone Press, 1966).
(12)　村上淳一「ドイツにおける法律家養成の現況」ジュリスト1016号（1993年）75-76頁。
(13)　同75-76頁、日弁連『西欧諸国の法曹養成制度――フランス・西ドイツ・イギリス視察団報告書』（日本評論社、1987年）77頁、三村量一「ドイツの司法制度」NBL549号（1994年）63頁。
(14)　同75-76頁；小田中聰樹「ドイツにおける最近の法曹養成制度改革の動きとその特徴」ジュリスト1018号（1993年）59頁。
(15)　ドイツの法曹養成制度は、行政庁で活動する行政法律家、企業等で活動する経済法律家を含む「統一法律家」を養成するものである（日弁連・前掲注（13）73頁）。制度は、裁判官を全法律職の中核と位置付けて形成されているが、EC法の保証する弁護士の自由移動による他加盟国での資格取得者の参入に対応するため、法曹養成制度の改革が議論され、養成期間の短縮とともに弁護士の養成と裁判官職との連結性を廃止すべきであるとの意見もある（小田中・前掲注（14）59・61頁）。なお、法曹資格取得者のうち弁護士業務に従事する者は、全体の約30％、キャリアの行政官となるものは約27％、さらに企業に雇用され企業内弁護士として勤務する者も約30％ある。その残りが、検察官を含む司法官である（片岡弘「欧米の法曹資格付与制度の変遷と法的役務の供給」ジュリスト984号〔1991年〕145頁）。
(16)　ドイツ連邦共和国基本法33条2項は、「各ドイツ人は、その適性、能力および専門的業績に応じて、ひとしく、各公職に就くことができる」と規定している（宮沢俊義編『世界憲法集（第四版）』岩波文庫〔1983年〕）。
(17)　三村・前掲注（13）63頁。

(18) N. Foster, supra note 11, at 91.
(19) Id., at 89.
(20) Id., at 106-07.
(21) もっとも、地方裁判所商事部では商取引実務家から選任された裁判官2名が職業裁判官とともに合議体を形成する（三村・注（13）60頁）。
(22) N. Foster, supra note 11, at 107.
(23) フランスについては、主として以下の文献を参考にした。Ludet, The French system for recruiting judges and public prosecutors in The training of judges and public prosecutors in Europe, supra note 10, at 19; C. Dadomo and S. Farran, supra note 3; A. West, Y. Desdevises, A. Fenet, D. Gaurier and M. Heussaff, supra note 3; ピエール・リオン・カーン「フランスにおける司法官養成制度の民主化と司法官組合」法と民主主義315号（1997年）56頁、山口俊夫『概説フランス法（上）』（東大出版会、1978年）。
(24) 行政裁判所の裁判官は、司法裁判所の裁判官と同じ法的地位を有するわけではなく、通常は国立行政学院（Ecole Nationals de l'Administration）の卒業者より選任される（C. Dadomo and S. Farran, supra note 3, at 146-47）。
(25) フランスの大学法学部では、2年間の第1課程（「法学一般教育免状」を取得するための課程）に続いて、やはり2年間の第2課程があり、1年目の修了で「法学士」、2年目の修了で「法学修士」となる（山口俊夫「フランスにおける法曹養成の実情」ジュリスト1022号〔1993年〕96頁）。
(26) ピエール・リオン・カーン・前掲注（23）57頁。1987年当時には、パリ第二大学とグルノーブル社会科学大学に準備課程が開設されていた（佐々木正輝「フランスの司法官養成の実情」ジュリスト1029号〔1993年〕126頁）。
(27) ピエール・リオン・カーン・前掲注（23）58頁。
(28) Ludet, supra note 23, at 20.
(29) ピエール・リオン・カーン・前掲注（23）58頁
(30) Marie Provine, Courts in the Political Process in France in Courts, Law and Politics in Comparative Perspective 203 (Yale University Press, 1996).
(31) 江藤价泰「フランスにおける裁判官の身分保障」法と民主主義285号（1994年）7-8頁、ピエール・リオン・カーン「フランスの司法官の現状と直面している諸問題」法と民主主義315号（1997年）48頁。
(32) C. Dadomo and S. Farran, supra note 3, at 135; 日弁連・前掲注（13）88頁、江藤・前掲注（31）8-9頁。
(33) なお、経験者の直接任用に対しては、フランスの司法官の間では、生え抜きの司法官の昇進を妨げるものとしてむしろ批判が強い（日弁連・前掲注（13）

19頁)。
(34) 江藤价泰「フランスにおける法律家制度の歴史と現状」ジュリスト1023号 (1993年) 117頁。C. Dadomo and S. Farran, supra note 3, at 59, 63 and 66.
(35) スペインについては、主として以下の文献を参考にした。Pérez Tórtola, Selection of Judges in The training of judges and public prosecutors in Europe, supra note 10, at 13; E. Merino - Blanco, The Spanish Legal System 113 (Sweet & Maxwell, 1996).
(36) ホセ・マリア・メナ・アルバレス「スペインの司法制度の発展と現状」法と民主主義315号 (1997年) 76頁。
(37) E. Merino-Blanco, supra note 35, at 114.
(38) オランダについては、主として以下の文献を参考にした。Verburg, Requirements for Admission to The Professions of Judge and Public Prosecutors - Seleciton Criteria and Means of Recruitment in The training of judges and public prosecutors in Europe, supra note 10, at 23; 原優「オランダの司法制度」NBL550号 (1994年) 72頁。
(39) オランダでは、法学士の学位取得により、弁護士登録を行なうことができ、別個の司法試験を受験する必要はない (原・前掲注 (38) 78-79頁)。
(40) Leandro, Conditions of access to the profession of judge and public prosecutor in The training of judges and public prosecutors in Europe, supra note 10, at 27-28.
(41) 細川清「オランダの司法制度見聞記」法の支配52号 (1982年) 60頁。
(42) 萩原金美「スウェーデンにおける法曹一元論の形成と展開」神奈川法学21巻2・3合併号 (1986年) 23 (255) 頁；「スウェーデンにおける法曹一元論の形成と展開 (二・完)」同22巻2号 (1987年) 1 (289) 頁。本稿の記述は、これらの文献をもとにしている。
(43) 萩原・注 (42)「スウェーデンにおける法曹一元論の形成と展開」30 (262) -32 (264) 頁。
(44) 同40 (272) -41 (273) 頁。
(45) スウェーデンでは、正規の裁判官職に任命されるまで、司法修習を終了して法曹資格取得後、相当期間を要し、その間員外判事補などの非正規の裁判官職に就くことが通常であった (萩原金美『スウェーデンの司法』〔弘文堂・1986年〕130-131頁)。
(46) 萩原・前掲注 (42)「スウェーデンにおける法曹一元論の形成と展開 (二・完)」5 (293) 頁。
(47) 同9 (297) -10 (298) 頁。

(48) 萩原・前掲注(42)「スウェーデンにおける法曹一元論の形成と展開」52 (284) - 55 (287) 頁。
(49) 萩原・前掲注(42)「スウェーデンにおける法曹一元論の形成と展開 (二・完)」10 (298) 頁。
(50) 同17 (305) -18 (306)・27 (315) -28 (316) 頁。なお、このような弁護士会の報告への消極的姿勢には、スウェーデンでは、弁護士が裁判官と同等の社会的・法的地位を保障されたのは、比較的最近であるとの事情が影響していると説明されている (同37 (325) 頁)。
(51) 同59 (347) -60 (348) 頁。
(52) 同60 (348) -61 (349) 頁。
(53) 同70 (358) -71 (359) 頁。
(54) M. Glendon, M. Gordon and C. Osakwe, Comparative Legal Traditions 80, (West Publishing Company, 1982).
(55) Id., at 78-79; J. Merryman, The Civil Law Tradition 34-35, (2nd ed., Stanford University Press, 1985).
(56) たとえば、臨時司法制度調査会意見書によれば、「法曹一元」はあくまで裁判官・検察官・弁護士間の問題として位置付けられている。

オランダの裁判官制度——裁判官の多様性・独立性、そして国民参加をどのように実現するか

始めに

司法制度の中核が裁判官制度であることに、おそらく異論はないであろう。したがって、司法制度の抜本的な改革を構想する時に、それに触れない改革を考えることはむしろ困難である。特に日本の場合には、裁判官制度に多くの問題点があることが、以前よりしばしば指摘されてきた。それらは、第一に、裁判官が、行政官的な階層制度に組み込まれて、独立した判断者としての気概を保てないこと、第二に、裁判官に裁判官以外としての社会経験が不足するために、国民の意識との乖離が見られることである。それゆえに、日本の裁判所は、どうひいき目に見ても、行政・立法に対抗する三権の一翼としての役割を満足には果たしておらず、市民・労働者・企業の期待にも応えていないのである。

筆者は、2000年5月に、オランダにおいて、裁判官制度の調査を行ない、相当数のインタビューを行なった[1]。オランダの裁判官制度は、日本とは大きく異なる。本稿では、このオランダの制度を紹介し、その意味するところを考察したい。

オランダの裁判官制度の概要

オランダは、人口1,545万人（1995年現在）、ドイツ・ベルギーに国境を接する北海に面した小国である。オランダには、最高裁を頂点に、5つの控訴裁判所、19の地方裁判所、62の地区裁判所が存在し、1992年において、1,366名の常勤裁判官（研修中の裁判官219名を含む）と、弁護士・大学教授より選ばれる450名に相当する非常勤裁判官が執務している[2]。裁判官は、国王によって任命され、定年は70歳である[3]。オランダの民事訴訟件数は、1980年代後半から著しく増加しているとは言うものの、オランダの訴訟率は、訴訟外の紛争解決制度がよく整備されているために、ドイツな

ど他のヨーロッパ諸国に比べて低く、裁判官の数も他国より少ない。このため、オランダの研究者は日本との類似性すら指摘している[4]。しかし、人口が8倍以上の日本の裁判官数が、1996年時点で約2,900名であることに比すると、やはり大きな差があると言わざるをえない。

さてオランダの裁判官制度の特色は、裁判官に採用される者の「多様性」と採用された「裁判官の独立」がよく確保されていること、そして裁判官の選任過程に「国民の参加」が具体化されているところにある。以下に、それぞれ検討する。

裁判官給源の多様性

1　二本立ての裁判官採用

オランダは、キャリア裁判官制を採用している国であると一般に理解されている。しかし、その内容は、日本のキャリア裁判官制とは大きく異なり、裁判官の採用は、いわば二本立てになっている。すなわち、大学卒業直後の若い法律家を採用して、裁判官に養成する日本と類似したキャリア裁判官制度と、経験豊富な弁護士など外部法律家を途中から採用する制度が並存している。しかも、注目すべきことに、日本の弁護士任官制度の実状と異なり、外部法律家の採用が活発に行なわれていることである。すなわち、両者の割合は、従来ほぼ一対一であったが、最近は後述のように、後者が前者を大幅に上回るに至っている。

このような制度は、一方で優秀な若年者を早期に囲い込むことを可能にするとともに、弁護士などの外部法律家が持つ豊富な経験を裁判官集団に取り込むことを可能にし、社会経験の不足というキャリア制に避けられない弊害を緩和することに役立つと考えられる。それでは、前者の採用ルートから検討しよう。

2　若年法律家の採用

オランダの法曹資格は、大学が与える学位と直結しており、4年制の法学部教育を修了して、「法学位（meester in de rechten）」を取得することにより、日本で言う法曹資格が与えられ、法律事務所における実務訓練を受けることが可能になる[5]。

裁判官・検察官（両者はともに、司法官として扱われている）を採用する第一の方法は、若年法律家の採用であり、法学部卒業後30歳未満の者を、「司法官試補（rechhterlijk ambtenaar in opleiding, abbreviated "raio"）」として採用し、最長6年間の実務研修を経て、司法官に任命する[6]。1990年代後半には、平均して毎年50名程度が、試補に採用されている[7]。

6年間の研修は、内部実務研修と外部実務研修に分かれる。内部研修は当初の4年間であり、裁判所と検察庁で研修する。裁判所では、非常勤裁判官としての勤務を始め、その他判事を補助する様々な職務を経験し、この期間内に、司法大臣によって任命された独立の教育機関である「司法官研修所（Stichting Studieecentrum Rechtspleging）」で理論教育も受ける[8]。内部研修に続く2年間の外部研修は、法律事務所で行なうことが多いが、企業・官公庁で行なうことも可能であり、また司法官試補がすでに職務経験を有する場合は、外部研修は通常免除されている[9]。このことは、外部研修の目的が、司法官になろうとする者に、必要な社会経験を与えることにあることを意味している。そして、6年間の研修を終了することにより、「裁判官（Rechter）」・「検察官（Officier van justitie）」に任命される資格が与えられる。

一見すると日本の司法修習制度と似ているが、日本の場合、法律事務所での弁護修習は、現在わずか3カ月であり、オランダの2年間と比べて貧弱である。また、裁判修習も期間の相違に加えて、日本では裁判官の業務しか行なわないのに対して、オランダでは、日本で言う書記官に相当する業務に従事する期間が長く、その意味ではかなり異なる。

3 外部法律家からの採用

第二の方法は、外部法律家からの採用であり、実務経験6年以上で年齢30歳以上の法律家（弁護士・大学教員・企業内弁護士・公務員等）が、司法官試補を経ずに、直接司法官に応募して採用される。採用される者は、「非常勤裁判官（rechter-plaatsvervanger）」として、数年間週1日ないし2日の割合で、裁判所で執務した経験を持つ者が少なくなく、年齢はかなり高い。具体的には、地裁で45歳近い者、高裁ではより高齢の者が任命されることも例外ではない[10]。

弁護士経験に限らず、様々な経験を持った法律家を司法官に採用するこ

とは、開放的な司法部の構築に資するとともに、キャリア裁判官に欠けている多様な経験を裁判官集団に持ち込むものと評価されている[11]。その必要性は、第二次大戦後に強調されるようになり、これまで両者の割合は、ほぼ一対一であり、「50：50ポリシー」と呼ばれていた。しかし、過去10年間の訴訟件数の増加に対応するために、最近は、外部法律家の採用が増加し、2000年度は採用人員の80％近くを占めるに至っており、2001年の採用予定も、司法官試補からの採用予定20名に対して、外部法律家の採用予定は45名となっている。訴訟件数増加のために、裁判官需要が増大しているにもかかわらず、最近は司法官試補の魅力が薄れ、採用されても途中で転職するものが少なくない。このため、外部法律家の採用がより重視される傾向にあり、この傾向は今後も当分続くことが予想される[12]。

　外部法律家からの採用が過半数を大幅に上回る状況は、弁護士からの任官が著しく少ない日本とは好対照であるとともに、オランダの裁判官制度の実質は、弁護士経験者から裁判官を採用する「法曹一元」制度にかなり近いと評価することができよう。

4　外部法律家の採用を支える理念

　外部法律家からの採用増は、裁判官需要の増大という現実的必要に対応して発展した側面が強い。しかし、それとともに、外部法律家の採用が、理念的にも評価されていることに注意しなければならない。

　異なるタイプの裁判官を混合するオランダの制度を支えているものは、第一に、多様性の尊重という思想である。すなわち、現実の社会には様々な立場・利益・階層が存在するところ、裁判官集団も、そのような相違を反映して構成されることが望ましいという考え方であり[13]、キャリア裁判官と外部法律家を組み合わせることは、多様性の維持に資すると考えられている。

　第二に、経験豊富な法律家の採用には、キャリア裁判官に不足する様々な経験を補う効果があると考えられている。ここでは、その前提として、若年より裁判所内で成長するために、一般社会との距離が離れてしまうというキャリア裁判官の欠点が認識されている。

　これらの観点から、オランダでは、混合制度は当然のことと受け止められている。たとえば、アムステルダム地方裁判所副所長のTonkens判事は、

裁判所は「若い雛（early birds）」だけを採用したくはないし、「弁護士経験は裁判官にとって有益である」と表現されていた[14]。また、欧州連合弁護士会評議会（CCBE）元会長であったWackie Eysten弁護士も、裁判官の半数を主として経験のある弁護士から採用する政策は、裁判官集団が全体として不十分な社会経験しか持ちえないことを避けるためであると説明された。

このように、給源の多様化、換言すればキャリア制の限定は、オランダでは広く支持されている。完璧な制度などおよそ世の中に存在しないが、オランダでは、キャリア裁判官制の弱点を認識し、それを克服するための制度的工夫が実践されていると評価できよう。

裁判官の独立の保障

1 中央集権的人事管理の不在

採用された裁判官に対する中央集権的な人事管理、具体的には、裁判官の転勤・転任・昇給などを一元的に管理することは、それ自体、裁判官の独立と抵触する危険性を内包している。特定の人事権者に、裁判官を評価する権限を与え、その評価に基づいて一元的に人事を管理しようとすれば、人事権者の裁量を排除することが不可能である以上、どうしても人事権者の意向を裁判官集団全体に押しつけることになり、個々の裁判官の独立と抵触する危険を避けられないからである。

そして、人事管理制度の点でも、オランダの制度は、日本とは大きく異なっている。すなわち、オランダでは、最高裁事務総局のように、裁判官全体の人事を統一的に管理する権限を有する部署が存在せず、人事は裁判所ごとに分権的に行なわれている。このため、転勤・昇進・昇給などが、人事管理の手段として機能する余地が排除されてしまっている。ヨーロッパにおいて、オランダのようなあり方は例外ではない。ベルギーなど他の諸国でも、日本のような中央集権的な人事管理を必要としない制度が作られているのである。

2 自分で決める転勤・転任

まず転勤については、オランダの裁判官には、日本のように、人事権者

の事実上の命令に従って、ある裁判所から別の裁判所へ、ほぼ定期的に移動するような現象は見られない[15]。それでは、ある裁判所で働き出した裁判官は、一生そこに勤務し続けるのであろうか。現実には、そのようなことはあまりない。日本と異なるのは、転勤のイニシアチブが、第三者にあるのではなく、裁判官本人にあることである。すなわち、ある裁判所になんらかの理由で空きポストが生じると、そのポストにつく裁判官が募集される。他の裁判所の裁判官で、そこへ移動したいと思う者は、そのポストに自ら応募する。そして、裁判所に設けられた選考委員会が、応募者の中から適当と思う者を選び、最終的に司法省が任命する。逆に言えば、自ら応募しない限り、裁判官は、他の裁判所への移動を事実上にせよ強制されることはない。このことは、管理職の選任についても同様であり、たとえば、地方裁判所の所長の選任は同様の方式によっている。仮に地方裁判所の所長になりたいとある裁判官が思えば、彼は、自らそのポストに応募することになる。そして、裁判所内に選考委員会が組織され、応募者を審査することになる。この委員会には、他の地裁の所長2名が入って、判断の客観性を担保する。最終的な決定は、やはり司法省の権限である。なお、最近は批判も出ているが、裁判所所長には、所内の人員配置について、一定の権限が付与されている[16]。

3 自動的な昇給

給与の決定についても、人事権者の評価が影響する余地はない[17]。すなわち、裁判官の給与は、ポストごとにあらかじめ定められた給与表に基づいて、毎年少しずつ自動的に昇給し、人事評価に基づいて給与額が左右される余地はない。したがって、同格のポストに就いている限り、裁判官の給与額は同じであり、たとえば、地裁の副所長であれば、オランダ中どこの地裁でも給与の額は同じである。以前は、大規模庁・中規模庁・小規模庁で給与が違っていたが、現在は同額に改められている。このため、給与を大幅に上げるためには、空きポストへの応募によって、自己の地位自体を変えるしかない。多くの裁判官は、地方裁判所の陪席判事から自己のキャリアをスタートさせ、それから地区裁判所で単独判事となり、さらに、再度地方裁判所または控訴裁判所の裁判官に応募するという道筋をたどるようである。

4 法律家の流動性

このような制度のもとでは、個々の裁判官および裁判所の独立性は高く、裁判官集団を全体として特定の方向に誘導することは困難である。裁判官の独立を保障する観点からは、高く評価できよう。

もっとも、いくつかの点に注意する必要がある。第一に、ポストごとに給与が固定され、自己の地位の改善は、他のポストへの応募によって実現するというシステムは、裁判官に特有のものではなく、企業社会を中心にして、オランダを含むヨーロッパ社会に一般的なシステムである。オランダの研究者・弁護士・司法官の間に見られる移動性の高さも[18]、そのような社会システムの表れである。日本のキャリア裁判官制度を弁護すれば、社会全体が、終身雇用制のもとで、会社の命令で転勤することを当然としている時に、裁判所だけがそれと異なるシステムを採用することは難しかったかもしれない。しかし現在は、終身雇用制が変容し、労働力の移動性が高まりつつある時代である。そうであれば、現行の閉鎖的なキャリア制度が、そのまま21世紀に生き延びることは、やはり困難であると言わざるをえないだろう。

第二に、オランダのような制度では、裁判官による業務の質をどのように維持するかが課題となる。独立性が保障される反面、真摯に執務しなくても、不利益が課される可能性がないために、裁判官が業務の質を維持しようとする動機づけに欠けるおそれがあるからである。このためオランダでは現在、裁判官業務の質を維持するために、裁判官の法律的な能力・その他の能力（たとえば、所長であれば、運営能力が問われる）について、司法省が一定のガイドラインを作成し、それに照らして業務を評価する制度が議論されている[19]。ただし、この評価制度は、現行制度の枠組みを変更するものではなく、また、裁判官の評価を裁判官だけが行なうのは妥当ではないと考えられており、基準の作成にあたっても、裁判所の利用者である国民・弁護士の意見を考慮することが当然であると理解されている。

国民の司法参加

1　裁判官選任過程への国民参加

　司法の役割が増大するに伴い、司法の民主的正統性を強化する必要性が高まり、国民の司法参加が促進されることは、各国に共通の現象であろう。国民の司法参加は、陪審・参審などによる裁判手続への参加だけでなく、司法の様々な場面に対して考えられるが、オランダでは、裁判官の選任過程への参加が実践されている。

　以下には、特に、外部法律家からの採用について考察する。外部法律家の採用にあたって、直接に選考を担当するのは、「裁判官採用委員会 (Commissie Aantrekken Leden Rechterlijke Macht)」である。同委員会は、4年の任期で司法省によって任命された35名の委員によって組織され、応募者の適格性について勧告する任務を負う[20]。委員の主力は裁判官であるが、その他、弁護士・大学教授、また非法曹として、企業人・主婦・公務員などが任命されている。委員会は、6人ずつの小委員会に組織されて、選考を実施する[21]。

2　選考手続の実状

　委員会による選考の具体的手続は、以下のように行なわれている[22]。まず外部法律家から応募があると、提出された申請書は、司法省内にある委員会事務局を通じて、委員会に送付される。申請書には、応募者の経歴に加えて、これまでの上司など応募者についての問合せ先が記載されている。たとえば、1993年から1998年まで委員を務めた前述のWackie Eysten弁護士の経験では、依頼者企業の企業内弁護士から、委員会宛の意見の提出を求められたことがあったとのことである。審査を具体的に担当するのは小委員会であり、担当の小委員会が決定すると、これらの書類は、小委員会の構成員全員に送られる。

　次の段階は、面接審査である。面接審査は、以下のような手順で行なわれている。6人の小委員会は、2人ずつ3つのグループに分けられ、応募者は、この3グループのそれぞれと順番に面接する。各グループとの面接時間は20分程度であり、全体としては1時間ないし1時間30分程度の面接

となる。面接の際に尋ねることは、応募の動機・希望する法分野・今までの経歴・その他一般的な事項（社会的な活動・政治的な見解・自主的な活動など）であり、グループごとに質問事項をあらかじめ決めておき、質問の重複を避けている。1人が終わると、次の応募者を同様に面接することになる。そして、面接がすべて終了すると、今度は全員で応募者に対する印象を交換し合い、暫定的な評価を下す。

面接に合格した応募者は、思考力（intelligence）・分析能力・コミュニケーション能力・精神的安定性・社会的行動・判断能力を審査するための心理テスト（psychological examination）を受ける。心理テストは1日かけて行なわれるが、テスト結果は、面接の印象を裏付けることが多いという。

そして、面接と心理テスト双方の結果を踏まえて、小委員会で検討し、最終的な判断が下されると、委員会は、その結果を司法省に答申する[23]。委員会が自ら決定した採用の基準は、社会に対する偏りのない見方・判断能力・人の話を注意深く聞けること・忍耐強さ・知性などである。たとえば、Wackie Eysten弁護士は、ジャーナリストとして優れた経歴を持った者が応募したことがあったが、小委員会は、裁判官には不適格と判断した。それは、彼には、批評する能力はあるが、対立する当事者の間で判断を下す能力は十分にないと考えられたからであるという例を紹介されたが、審査の内容を示す好例であろう。

委員会は、応募者がただちに裁判官に任官するに適すると判断する場合もあるが、基本的には裁判官に適当であるが、裁判所で実務訓練を受けて、さらに経験を積む必要があると判断する場合が多い。ここでの実務訓練とは、合議体に配属され、経験豊富な判事のもとで、通常1年間以上、職務を行なうことを意味し、この期間を無事に終了すると判事に任命されることになる。もっとも任命は不確定なので、この訓練期間の間、候補者は現在の仕事を継続することが通常である。

このような選考手続は、ほぼ1年中数週間おきに繰り返されている。なお、委員会によって任官に適すると判断されることが、自動的に任官を意味しないことは、司法官試補の場合と同様である。最終的な任命のためには、空きポストへの応募と司法省による任命という別個の手続が必要となる。

3 選考手続の意義

　このような選考手続は、その過程に裁判官以外の国民が関与するという意味で、国民の司法参加の一形態と理解することができる。選考委員会の答申に法的拘束力はないが、司法省は、実際には選考委員会の意見を十分尊重して、裁判官の任命を行なっている。そのことは、国民が参加する手続の持つ重みと無関係ではあるまい。

　また、面接において応募者に尋ねられる質問・委員会の作成した採用基準の内容は、オランダにおいて、裁判官にどのような資質・能力が必要と考えられているかを示すものとして興味深い。すなわち、心理テストの実施と採用基準としてあげられた諸事項は、裁判官には、単なる法律的知識だけでなく、人間としての成熟性が要求されることを示している。委員会が考慮している諸要素は、裁判官にとっての普遍的要件と思われるが、応募者がそれらを満たしているか否かを様々な角度から検討するという手続は、裁判官選任のあり方として注目される。

最後に

　キャリア裁判官制という意味では、日本とオランダは、共通しているかもしれない。しかし重要なことは、キャリア制と一口に言っても、その中身は、様々でありうることである。そのため実際には、「キャリア制」という概念は、「法曹一元」の対立概念としての意味しか持っていない[24]。オランダの裁判官制度は、単にキャリアの裁判官だけでなく、豊富な社会経験を持った多様な裁判官を裁判官集団に統合し、実質としては「法曹一元」にかなり接近している。また裁判官は、裁判所内の上司の評価を気にする必要も少なく、「裁判官の独立」の保障の面でも優れ、さらに「国民の司法参加」にも配慮している。日本と同じ大陸法系の国で、このようなキャリア制度の弊害に自覚的に対処する制度が作られていることは、真に示唆に富むものである。

　司法制度改革審議会は、2000年8月の集中審議において、裁判官制度の改革について合意している[25]。オランダは、審議会の海外調査対象には含まれていなかったが、その制度は、改革を具体化する今後の議論におい

て、参考とするに値するであろう。

〈注〉
(1) 筆者の聞取り調査に応じてくださったのは、E. Blankenburgアムステルダム自由大学教授、Tonkensアムステルダム地方裁判所副所長、P. Wackie Eysten弁護士（Linklaters & Alliance/De Brauw Blackstone Westbroek法律事務所）、N. Baas司法省研究・文書センター所員、E. Niemeijer同所員、P. A. J. Sieverding司法省司法官任用担当の各氏である。
(2) P. Tak, The Dutch Criminal Justice System 22 (1999); E. Blankenburg, Patterns of Legal Culture: The Netherlands Compared to Neighboring Germany 14 (1997)。なお、1996年1月現在の裁判官数も、1,366名と報告されている（河邊義典「オランダの民事司法手続——暫定的審理手続を中心に」『ヨーロッパにおける民事訴訟の実情（下）』〔法曹会、1998年〕424頁）。この数字は、常勤裁判官を意味していると思われる。
(3) P. Tak, supra note 2, at 22.
(4) E. Blankenburg, supra note 2, at 29-35; Blankenburg, Dutch Legal Culture - Perisisting or Waning? (Chapter 2), in Introduction to Dutch Law 28-30 (J. Chorus, P. H. Gerver, E. Hondius and A. Koekkoek 3rd revised ed. 1999).
(5) Blankenburg, supra note 4, at 21-22; E. Blankenburg, supra note 2, at 16; オランダには、日本における司法試験のような統一した国家試験はなく、各大学が独自に行なう試験が、それに相当する（de Groot, Legal Education and the Legal Profession (Chapter 4), in Introduction to Dutch Law 57 (J. Chorus, P. H. Gerver, E. Hondius and A. Koekkoek 3rd revised ed. 1999)）。
(6) Buitendam, Good judges are not born but made, Recruitment, selection and the training of judges in the Netherlands, Discussion paper for the annual conference of the European Group of Public Administration 'Delivering Justice in the 21st century', (September, 1999).司法官試補の選考手続は、数月間にわたる長期の手続である。手続は、書類審査に続き、分析能力・知性・性格を判定する2種類の心理テストが行なわれ、その後に選考委員会による面接がある。ある段階の結果がよくないと次の段階には進めず、すべての段階に合格すると試補に採用される（Id.）。
(7) Id.なお、毎年約40名程度が採用されていたとの報告もあり（河邊・前掲注(2) 424頁）、Tonkens判事は、最近は60名程度採用されていると述べた。
(8) de Groot, supra note 5, at 60; Buitendam, supra note 6; Blankenburg, supra

note 4, at 23.
(9) Buitendam, supra note 6.
(10) Blankenburg, supra note 4, at 16.
(11) Buitendam, supra note 6.
(12) Buitendam, supra note 6; 2002年の採用予定も、試補からの採用20名に対して、外部法律家からの採用64名である（Id.）。
(13) 司法省P. A. J. Sieverding氏とのインタビュー。
(14) 同判事は、弁護士としてキャリアをスタートさせ、出産後裁判官に転じた経歴であったが、さらにキャリア裁判官の問題点は、早い段階で裁判官として専門化してしまうことであると述べられていた。また、司法省のP. A. J. Sieverd-ing氏も同趣旨を述べておられ、これがオランダの支配的な見解であることがわかる。
(15) 転勤についての記述は、主としてTonkens判事の説明による。
(16) Blankenburg, supra note 4, at 23.
(17) 昇給についての記述も、Tonkens判事の説明による。
(18) Blankenburg, supra 4, at 16.
(19) Buitendam, supra note 6; 評価制度についての記述は、主としてE. Nijmayer氏の説明による。
(20) Buitendam, supra note 6.
(21) P. Wackie Eysten弁護士およびN. Baas氏とのインタビュー。
(22) Buitendam, supra note 6; 選考手続の詳細は、主としてP. Wackie Eysten弁護士の説明による。
(23) なお、小委員会の決定は、多数決によって行なわれるが、3対3の賛否同数の場合には、志願者には、別の小委員会の審査を受ける権利が保障されている（Wackie Eysten弁護士とのインタビュー）。
(24) 須網隆夫「大陸諸国に見る『法曹一元』的対応——欧州大陸諸国における裁判官任用制度についての考察」自由と正義49巻7号（1998年）34頁以下（本書第4部222頁）。
(25) 「司法制度改革審議会集中審議第3日議事概要」月刊司法改革13号（2000年）165-167頁。

ベルギーの裁判官制度
―― 市民の批判に応える司法改革

始めに ―― ベルギーの司法改革

　現在、ベルギーの司法制度は改革のさなかにあり、裁判官制度もその例外ではない。改革の契機となったのは、1996年に発覚した連続少女誘拐監禁殺人事件であった。この事件の捜査の過程で生じた警察および司法機関のいい加減な対応に抗議して、1996年10月には、ベルギー史上空前の30万人の市民によるデモ行進が、首都ブリュッセル市を埋め尽くした。この時、市民を憤慨させたのは、司法の非人間性と閉鎖性であり、市民の抗議を前にして当時のデハーネ首相は、司法の改革を約束せざるをえなかった。そのため、警察・司法の改革は、その後のベルギーにおいて大きな政治的争点となってきた。議会は、誘拐された少女たちを救うことができなかった原因の究明に乗り出し、1998年には、被害者となった少女たちの父親の一人が、警察・司法制度の改革を求めて、政党を結成するまでに至っている[1]。ブリュッセルにある最高裁判所（破棄院）の正面玄関横には、今でも被害者となった子どもたちの死を悼み、市民の保護に無力であった司法に抗議する祭壇がしつらえられ、市民からの献花が絶えない。

　筆者は、2000年5月にベルギーにおいて、変わりつつある司法制度、特に裁判官制度を調査し、相当数のインタビューを行なった[2]。そこで本稿では、ベルギーの裁判官制度の現状と改革の方向性を、前号で示したオランダの裁判官制度とも対比させながら検討する。

高等司法評議会の設立 ―― 国民参加と司法の独立

　司法制度改革の成果を象徴するものは、1999年の「高等司法評議会（Conseil Superieur de la Justice、以下、司法評議会と言う）」の設立である[3]。司法評議会は、ベルギーの司法制度とその運営全般を監督する機関として新たに設立されたものであり、警察とともに市民の厳しい批判にさ

らされるに至った司法の改革のために、今後大きな役割を果たすと考えられている。司法評議会の任務は、司法制度が国民の利益のために満足に機能しているかを監視することにあり、具体的には、評議会は、司法官の採用を監督するとともに、国民の司法に対する苦情を受け付け、司法政策について必要な意見を述べ、提案を行なう役割を担う。後述する司法官の評価基準を作成するのもこの司法評議会である。

　司法評議会は、再任可能な4年の任期で選出される44名の委員によって構成される「総会（Assemblée Generale）」を最高機関として組織されている。ベルギーは、北部のオランダ語系地域と南部のフランス語系地域を中心とする連邦国家であるので[4]、委員もオランダ語系・フランス語系両者から22名ずつ選任される。そして、各地域に割り当てられた22名のうち11名は、裁判官と検察官を中心とする「司法官（magistrat）」から選ばれる。残りの11名は司法官以外から選ばれ、実際には、大学ないし高等教育機関（d'Ecole supérieure）の教授3名、弁護士4名、市民代表4名によって構成されている。特に市民代表は、高等教育学位を持ち、司法評議会にとって有益な10年以上の職務経験を持つ者から選ばれる[5]。22名の委員のうち司法官である11名の委員の選出は、1999年6月に、全司法官が参加する直接選挙によって行なわれた。残り11名の外部委員の選出は、個人的に立候補した者・弁護士会または大学・高等教育機関によって推薦された候補者について、上院の3分の2の多数によって決定される。委員の選出にあたっては、男女の均衡も図られ、選出された44名の委員は、前述の総会によって会長を互選する。

　このように司法制度全体のあり方・運営を監督する独立した機関を創設し、そこに弁護士など外部の法律家とともに市民代表を参加させたことは、今回の改革の方向性を象徴するものである。法律専門家が国民と無関係に司法の運営を独占することは、市民の厳しい批判を考慮するとすでに限界に達していたのであり、市民の司法への失われた信頼を回復するためには、市民代表の参加は不可欠と考えられたのであろう。そして、裁判官の採用手続も、以下のように改革された。

裁判官の採用手続——国民参加の強化

1　1991年法による採用手続

裁判官の採用手続に対する改革の中心は、採用を担当する機関に指向された。

ベルギーにおける司法官の任命は、伝統的に、政治的に行なわれてきた。すなわち、任命は司法大臣の推薦に基づき、国王によって行なわれていたが、有力者の友人とか、同じ政党のメンバーが、しばしば任命されていた[6]。このような政治的任命それ自体は、民主主義の反映として理解され、各政党が一定数の裁判官を事実上指名する現象は、必ずしも否定的には捉えられていなかった。しかし、政治的任命には、特に裁判官の資質・能力の観点から批判が強かった。このため、1991年に司法官の採用に対する政治的な影響を排除するための裁判法の改正が行なわれ、司法官に任命されるためには、客観的な試験に合格することが必要となった[7]。この改正後、司法官の採用に実質的責任を負ったのは、「司法官選考委員会（Collège de recrutement des magistrates）」であり、同委員会が採用試験の実施を担当した。同委員会は、4年の任期で上院により選ばれる22名の委員によって構成され、その内訳は、フランス語系11名・オランダ語系11名であり、それぞれ司法官5名・弁護士3名・大学教授3名がメンバーとなっていた[8]。

2　現在の採用手続

2000年6月以降、裁判官の採用を担当しているのは、改革の一環として、司法評議会のもとに置かれた「司法官任命委員会（Commission de nomination et désignation reunie）」である[9]。同委員会は、上記の司法官選考委員会よりも広範な権限を付与され、裁判官を含む司法官の採用・昇進、研修の組織、司法官採用試験の実施を担当する（Code Judiciaire 259bis）。すなわち、司法官任命委員会は、司法官任命のために候補者を推薦する権限を与えられ、そのために、後述する2種類の裁判官採用試験を実施し、さらに司法官・司法官試補に対する教育の権限を有している。委員会はまた、その活動について年次報告書を司法評議会総会に提出する。

従来の選考委員会と比較して、委員数は28名に増員され、委員はやはりフランス語系14名・オランダ語系14名と両者に同数ずつ割り振られている。そして14名の内訳は、司法官7名・外部委員7名となり、司法評議会の場合と同様に、外部委員には弁護士が任命されるほか、ジャーナリストなど市民を代表する者が新たに加わることになった。選考委員会のメンバーが専門家に限定されていたのに対して、市民代表の参加が認められたことは、市民の法律専門家に対する不信を基礎とする司法制度への批判を抜きには理解できないであろう。

　それでは、裁判官の給源・裁判官の独立は、ベルギーではどのようになっているであろうか。以下に、改革の動きと関連させながら、それぞれ検討する。

裁判官給源の多様性──外部法律家の積極的採用

1　若年法律家の採用

　ベルギーは、オランダの南に隣接する人口約1,011万人（1995年当時）の小国であり、1993年4月時点で、1,970名（フランス語系903名・オランダ語系1,067名）の裁判官が執務している[10]。オランダと比べて人口比あたりの裁判官数が多いが、ベルギーはオランダほど訴訟以外の紛争解決手段が整備されておらず、そのためオランダより訴訟率が高く、このことがより多くの裁判官を必要とする理由であると言われている。

　ベルギーでも、オランダと同様に、司法官になる道筋には二通りのルートがある[11]。前述の1991年法による制度改革の結果、以下に説明する制度が、現在まで適用されてきた。

　第一は、大学卒業直後の若年の法律家を採用する方法である。ベルギーにおいても大学法学部を修了して法学位を取得すると、弁護士として3年間の実務研修を受ける資格が生じるところ、弁護士として最低1年以上実務を行なった後に、司法官選考委員会の実施する「研修許可試験」に合格し、「司法官試補（stagiare judiciaire）」として、実務・理論両面の研修を受けて任官することができる。司法官研修には、3年の長期研修と1年半の短期研修の2種類があり、前者を修了した者は、裁判官・検察官のどちらにも任命されうるのに対して、後者を修了した者は、検察官にだけ任

命される。前者と後者の数的割合はほぼ五分五分であり、長期研修を修了した者の95％は、裁判官になることを選択している。研修許可試験は、ペーパーテストと面接試験により構成され、前者に合格して、後者の受験が可能となる。ペーパーテストでは、まず指定された複数の判決の中から一つを選んで評釈し、さらに一般的な法律上の争点について判決理由書の要約を作り、解説することが要求される。次の面接試験では、複数の判決理由書の中から一つを選択させ、それに含まれる法律問題について、面接官の質問に解答する。その際にペーパーテストの答案に対する質問がなされることもある。なお、ベルギーには、オランダと異なり、司法官研修所のような独立した教育機関は存在しないので、研修はすべて実務庁で行なわれている。過去8年間での応募者は約2,000人、合格率は約24％であり、次に述べる外部法律家からの採用試験より合格は容易であると考えられている。

2 外部法律家からの採用

第二は、主として弁護士、その他大学教員・公務員（いずれも弁護士資格を有する）として一定年数勤務した外部法律家が、司法官選考委員会の実施する「職業能力試験」に合格して直接司法官に任官する方法である。弁護士の場合は、大規模なローファームに勤務した者・独立して事務所を経営していた者など、あらゆるタイプの弁護士がこれまで任官している。試験の目的は、法律家としての過去の経験を判断することにあり、法律的能力を試すペーパーテストと面接試験が行なわれる[12]。ペーパーテストは1日で行なわれ、午前・午後の2部に分かれる。具体的には、午前の部では、具体的な事件記録を与えて判決を起案させ、午後の部では、一般的な課題を与えて論文を作成させることが行なわれている。その後、面接試験が行なわれる。面接試験の形式は、司法官試補の場合と同様であり、起案した結論について尋ねられることもある[13]。試験の合格は相対的に難しく、過去8年間の受験者は約2,800人、合格率は約16％であった。合格者の80％以上は弁護士であり、実際には、実務経験10年以上、年齢30歳以上の者が合格することが多いようである。

なお、能力試験合格が自動的に司法官への任命を意味するわけではないことは、オランダの場合と同様である。合格者は、希望する裁判所に空き

ポストがあれば、それに応募して、審査を経て採用されることになる。もっとも、ベルギーの場合には空きポストが多いので、採用される確率は実際にはかなり高い。そして採用後、裁判官としての実務に就く前には、特別の研修を受けることになる。

ところで、以上のような現行制度は、司法評議会によって今後改革される可能性がある。改革の方向性は、未だ明確とはなっていない。おそらく現行制度の枠組み自体は当分の間維持されるであろうが、司法官任命の客観化・司法官研修所の設立などの諸点が議論されており、司法官の任命が、司法評議会によって監督されるようになることに加えて[14]、近い将来なんらかの制度改革が行なわれる可能性は小さくないと予想される。

3　活発な外部法律家の採用

以上からも理解できるように、ベルギーでも、オランダと同様に、外部法律家の採用が活発に行なわれており、外部法律家より任官した司法官は、決して少数派ではない[15]。以前は外部法律家からの採用が多かったが、最近では経験のある法律家の採用が、主として待遇面の理由（裁判官の給与水準は低い）によって、より困難になっており、そのため若年の法律家からより多く採用しなければならなくなっていると指摘されているが[16]、現在でも司法官試補より多い人数の外部法律家が採用されている。たとえば、司法官試補への応募者は、今年は350人程度、毎年決定される採用数は、2000年度は、フランス語系30人・オランダ語系40人の合計70人であった[17]。これに対して、外部法律家の採用は、本年度において応募者は600人程度、約100人が合格し、合格しても採用を希望しない者を除き、希望者全員が司法官に採用されるであろうと予想されている。

今後の改革の方向性が不明確であるとは言え、このような外部法律家の積極的採用は、今後も継続すると考えられる。たとえば、両者のルートからの採用を併用して、なるべく多様な裁判官集団を構成しようとするのが、司法省の考え方である。司法省のE. Stassijns氏は、司法官が弁護士としての実務経験を持っていることは重要であると述べられていた。同氏は、他方では、弁護士経験と裁判官経験は異なるので、経験のある弁護士が常に裁判官として適任ではなく、彼らが法技術上多くの過ちを犯すことも指摘されていた。しかし、そのような短所にもかかわらず、両者の混合体制

を変更することは適当ではないと述べられており、給源の多様化の必要は、ベルギーでも一般に承認されていると考えて差し支えなかろう。

裁判官の独立

1 中央集権的人事管理の不在

ベルギーの裁判官制度も、オランダと同様、個々の裁判官の独立を強く保障しており、そこには、日本的な意味での裁判官に対する人事管理は存在していない。

まず裁判官の任地は、本人の意思のみによって決定される。裁判官の独立を保障するベルギー憲法100条は、裁判官が終身官として任命されることとともに、裁判官の転勤は、本人の同意する新たな任命によってのみ可能であると規定している[18]。具体的には、初任地の決定は、本人が特定の裁判所の空きポストに応募し、司法省の決定によって任命される（これからは、司法評議会の提議に基づくことになろう）[19]。希望した任地に空きポストがないときに、司法省が本人に他の任地を薦めることはあるが、それはあくまでも提案にとどまる。そもそも、ベルギーには分権的な気風が強く、任地による給与面での相違もないので、試験成績の良かった者がブリュッセルの裁判所に集中するような現象は見られない。いったんある裁判所に配属が決定すると、同一裁判所内での配置（たとえば、刑事・民事、民事の中で専門部への配属）については、所長に事実上の人事権が与えられており、個々の裁判官が、所長の意向を拒否することは難しい[20]。しかし、裁判所間の移動については、あくまで裁判官本人にイニシアチブがあり、裁判官は、自ら別の裁判所の空きポストに応募し、憲法の定めるように新たにその裁判所の裁判官に任命されることによって移動する。たとえば、インタビューに応じていただいた A. Papen 判事も、現在控訴裁判所（控訴院）の空きポストに応募しているとのことであった。

なお、司法官の中でも上級の裁判官の採用には、異なる手続が用意されていた。すなわち、控訴裁判所の裁判官・第一審裁判所の所長・副所長の任免には、司法部と政治部がそれぞれ2名の候補者を指名したリストを提出し、そのなかから国王が任命する方法がとられている。最高裁判所裁判官にも、同様の手続が適用されている。これらの手続は、司法部における

縁故主義と政治的任命による裁判官資質の低下の双方を回避することを意図したものであり、任命前にすべての候補者の氏名が公表されることも、任命過程の適正さを担保することに貢献している[21]。このほか、控訴裁判所・最高裁判所の所長および副所長は、同僚裁判官の互選によって選ばれている[22]。

2 裁判官評価制度の導入

ところで裁判官の独立については、今回の改革の中で、裁判官を含む司法官は、公式に評価の対象とされなければならないと考えられるようになり、そのための評価基準が司法評議会によって作成中であることに留意する必要がある[23]。評価の対象は、しかるべき時間内に仕事を完成する能力・傍聴人を指揮する能力・法律知識・コミュニケーション能力などであり、判決内容は対象から除外されている。このような裁判官評価制度の必要は、オランダでも議論されていたが、日本とは異なる文脈で議論の俎上に上っていることに注意しなければならない。すなわち、前述のように、ベルギーにおいても裁判官の独立は強固に保障されており、評価制度の創設は、独立を保障しながら、裁判官業務の質を高めるインセンティブを導入しようという問題意識に基づくものである。そして、ここでも基準の作成に、市民代表が参加する道筋が確保されていることが注目される。なお、評価基準の作成は容易ではないので、とりあえず暫定的な基準を作成して、評価手続を開始する予定である。

評価制度の導入は、裁判官の給与額の決定にも影響を及ぼす。これまで給与は、オランダと同様に、一定期間ごとに自動的に定められた額だけ昇給するシステムであり、そこに第三者の裁量が入る余地はなかった。しかし、改革の結果として適用される新しい制度では、裁判官評価の結果が昇給に影響するようになる[24]。すなわち第一審裁判所では、所長が個々の裁判官を評価し、その評価と、別に設けられる評価委員会の勧告とを合わせて、昇給の是非が決定される。たとえば、評価委員会が賛成しなければ、昇給は認められないことになろう。評価委員会には、裁判官による投票によって選ばれる2名の裁判官が委員として加わるが、2000年5月の時点では、委員会の構成は、まだ決定していなかった。新制度は、動きだしたばかりであり、制度の詳細は未だつまびらかではなく、さらに継続して調査

する必要がある。

最後に

　ベルギーの裁判官制度と前号で紹介したオランダの制度との間には、多くの共通点を見出すことができる。
　第一に、ベルギーでも、裁判官集団が、社会内の様々な利益を反映する多様な裁判官によって構成されることが重要であると広く理解されている。この点では、ベルギーのキャリア裁判官制も日本のそれとは大きく異なる。
　第二に、ベルギーにおいても、裁判官の移動・昇給が、裁判官を管理するための手段として使われる余地は制度的に排除されてきた。日本では、司法サービスの均質性を維持する観点から、中央集権的人事管理の必要が説かれることがある[25]。しかし、均質性の過度の強調は、独立した裁判官による判断という司法の本質と矛盾し、司法を行政と混同するものである。個々の裁判官が、ばらついた判断をすることが前提となっているからこそ、行政機関と異なって、判断の統一のために上級審による見直しが行なわれるのであり、どの裁判所でも同じ判断が出るのなら上訴制度など不要のはずである。
　そして、「国民の司法参加」の観点からは、司法の運営全体を監視する司法評議会の創設が、司法の運営に国民の意思を反映させる仕組みとして注目に値する。司法への国民参加とは、決して陪審・参審など裁判手続への参加だけではないのである。
　前述の最高裁判所正面玄関横の祭壇には、被害者となった子どもたちの写真とともに、市民からの司法を批判する厳しいメッセージが掲げられている。司法が国民の批判から自由である時代は、すでに過ぎ去ったのである。このことは、日本の司法に携わる者すべてが記憶しなければならない教訓であろう。

〈注〉
(1)　東京新聞1998年2月17日付夕刊。
(2)　聞き取り調査に応じてくださったのは、カトリック・ルーヴァン大学法学部

S. Parmentier 助教授、高等司法評議会の E. Van den Broeck 氏、同じく
　　Devos氏、ブリュッセル第一審裁判所裁判長 A. Papen 氏、司法省司法官採用
　　担当E. Stassijns 氏、大学財団のM. Stormeゲント大学名誉教授、T. Van
　　Overstraten弁護士（Linklaters & Alliance/De Bandt, van Hecke, Lagae &
　　Loesh法律事務所）である。
(3)　司法評議会についての記述は、主としてE. Van den Broeck 氏・J. Devos氏
　　の説明による。
(4)　ベルギーは、1993年の憲法改正により連邦制に移行したが、その構成単位は、
　　地域と言語共同体という二重構造になっている（岩崎美紀子『分権と連邦制』
　　〔ぎょうせい、1998年〕220頁以下）。
(5)　一定の欠格事由があり、非常勤裁判官・選挙によって選ばれた官職に就く者
　　などは、委員になることはできない。
(6)　林道晴「ベルギーの民事訴訟――審理の公開を中心として」『ヨーロッパに
　　おける民事訴訟の実情（下）』（法曹会、1998年）388頁。
(7)　同379頁；E. Van den Broeck氏とのインタビュー；Treatise on Belgian
　　Constitutional Law 102 (A, Alen ed. 1992).
(8)　林・前掲注（6）389頁。
(9)　総会に附属する事務局（Bureau）のもとに、「調査・勧告委員会」と「司法
　　官任命委員会」が置かれている。司法官任命委員会についての記述は、主とし
　　てE. Van den Broeck 氏の説明および同氏より入手した資料（C. Vermylen,
　　Le Conseil Superieur de la Justice, Une introduction）による。
(10)　林・前掲注（6）386頁。
(11)　E. Van den Broeck 氏およびE. Stassijns 氏とのインタビュー；Treatise on
　　Belgian Constitutional Law, supra note 7, at 102；林・前掲（6）389頁。
(12)　A. Papen 判事とのインタビュー。
(13)　オランダと異なり、試験は法律的能力だけを試すものであるが、これには試
　　験の対象が狭すぎるとの批判がある。
(14)　すでに司法官選考委員会の業務は、司法官任命委員会が担当するようになっ
　　ている。
(15)　E. Stassijns 氏とのインタビュー。なお、林道晴判事は、前者の司法官試補
　　からの採用が原則であり、後者の外部法律家からの採用は「あくまでも例外的
　　なものである」と述べられているが（林・前掲注（6）389頁）、誤解と思われ
　　る。
(16)　E. Stassijns 氏とのインタビュー。
(17)　試験は、どちらも年1回行なわれている。司法官試補の採用試験は、毎年3

月にペーパーテストが実施され、面接試験が5月に行なわれるため、インタビュー時点では結果は出ていなかった。これに対して、外部法律家の採用試験は、ペーパーテストが12月に実施され、最終結果は3月に出ていた。

(18) Treatise on Belgian Constitutional Law, supra note 7, at 103；宮沢俊義編『世界憲法集〔第4版〕』(岩波書店、1983年) 92頁。
(19) E. Stassijns氏とのインタビュー。
(20) A. Papen氏とのインタビュー。
(21) Treatise on Belgian Constitutional Law, supra note 7, at 102.
(22) Id., at 103.
(23) E. Van den Broeck氏とのインタビュー。
(24) A. Papen氏とのインタビュー。
(25) 園部逸夫元最高裁判事へのインタビュー「最高裁人事システムのあり方を探る――元最高裁判事・園部逸夫氏インタビュー」月刊司法改革10号 (2000年) 37頁。

須網隆夫（すあみ・たかお）
1954年　東京都生まれ
1979年 3 月　東京大学法学部卒業
1981年 4 月　弁護士登録（第二東京弁護士会）
1988年 6 月　コーネル大学ロースクール修士課程修了
1988年 9 月～1994年 3 月　ベルギー・ブリュッセルにおいて弁護士活動
1993年 7 月　カトリック・ルーヴァン大学法学部大学院修士課程修了
1994年 4 月　横浜国立大学助教授
1996年 4 月　早稲田大学法学部教授（現在に至る）

主要著書
『ヨーロッパ経済法』（新世社、1997年）
『EC市場統合と企業活動の法的規制』（共編著、成文堂、1995年）
『EC経済法』（共著、有斐閣、1993年）

グローバル社会の法律家論

2002年 6 月25日　第 1 版第 1 刷発行

著　者　須網隆夫
発行人　成澤壽信
発行所　株式会社　現代人文社
　　　　〒160-0016 東京都新宿区信濃町20 佐藤ビル201
　　　　電話：03-5379-0307（代）　FAX：03-5379-5388
　　　　E-mail: daihyo@genjin.jp　Web: http://www.genjin.jp
発売所　株式会社　大学図書
印　刷　株式会社　ミツワ
装　幀　清水良洋（Push-up）
検印省略　Printed in JAPAN
ISBN 4-87798-095-4 C3032
ⓒ2002 SUAMI Takao

本書の一部あるいは全部を無断で複写・転載・転訳載などをすること、または磁気媒体等に入力することは、法律で認められた場合を除き、編著者および出版者の権利の侵害となりますので、これらの行為を行なう場合には、あらかじめ小社または著者宛に承諾を求めてください。